王朝拐点系列

元末明初大变局

姜越◎编著

辽宁人民出版社

© 姜越 2017

图书在版编目（CIP）数据

元末明初大变局 / 姜越编著. —沈阳：辽宁人民
出版社，2018.1

（"王朝拐点"系列）

ISBN 978-7-205-09190-3

Ⅰ. ①元… Ⅱ. ①姜… Ⅲ. ①中国历史—元代—通俗
读物②中国历史—明代—通俗读物 Ⅳ. ①K247.09②K248.09

中国版本图书馆CIP数据核字（2017）第296238号

出版发行：辽宁人民出版社
    地址：沈阳市和平区十一纬路25号　邮编：110003
    电话：024-23284321（邮　购）　024-23284324（发行部）
    传真：024-23284191（发行部）　024-23284304（办公室）
    http://www.lnpph.com.cn
印　　刷：三河市航远印刷有限公司
幅面尺寸：170mm×240mm
印　　张：15.75
字　　数：221千字
出版时间：2018年1月第1版
印刷时间：2018年1月第1次印刷
责任编辑：赵维宁
封面设计：侯　泰
版式设计：姚　雪
责任校对：解炎武
书　　号：ISBN 978-7-205-09190-3
定　　价：43.80元

前 言

元朝自建立以来，黄金家族内部争夺皇位继承权的斗争一直没有停止。除仁宗、英宗两朝的政治路线一脉相承外，随着皇帝的更迭，统治政策也不时发生变化。大都之变开创了权臣选定皇帝的先例，武宗、仁宗、英宗三朝又出现了铁木迭儿依靠太后的庇护专权跋扈的政治局面。两都之战，更将皇位的争夺诉诸武力，进一步造成了皇帝最高统治权的旁落，使权臣专横擅权的状况愈演愈烈。政治路线按照权臣的意志改变，政治风云随着皇位的更迭频繁变化。

人们常常把贾鲁治河说成是导致元末农民大起义的直接原因，"殊不知元之所以亡者，实基于上下因循，狃于宴安之习，纪纲废弛，风俗偷薄，其致乱之阶，非一朝一夕之故，所由来久矣"。元末的叶子奇也曾形容当时的元军队伍是"将家之子，累世承袭，骄奢淫佚，自奉而已，至于武事，略之不讲，但以飞觞为飞炮，酒令为军令，肉阵为军阵，讴歌为凯歌，兵政于是不修也久矣"。

当元朝的最后一位皇帝顺帝登位后，更是荒淫残暴。国库空虚，物价飞涨，导致官僚们对农民残酷剥削，阶级矛盾与民族矛盾在他统治的时候达到了白热化的程度。多种问题归结在一起，最终引发连年战乱，加之水灾、旱灾、蝗灾、瘟疫等天灾不断，使得人们终于忍无可忍，发动起义。

最初的起义领袖是韩山童，他利用白莲教向人们传播民谣："石人一只眼，挑动黄河天下反。"后又安排人在工地埋了石人以验证民谣，鼓动人心。随后，徐寿辉、张士诚、郭子兴相继起兵，群雄争霸。

在众多义军中，红巾军是一支最主要的农民起义力量。出身贫贱的朱元璋投奔义军后，崭露头角，迅速崛起。其间，朱元璋攻占徽州后，他又听说附近有能人贤士，便亲自去石门拜访当地名士朱升。当时朱元璋向他讨教治国平天下之策，朱升没有多说话，只是送给了朱元璋三句话九个字："高筑墙，广积粮，缓称王。"

区区九个字，却成了朱元璋克敌制胜的法宝。其中"高筑墙"的意思是让朱元璋先谋求自保，其次才是领土扩张。以当时朱元璋所处的形势，周围被各种势力所围困，虽然当时局面很好，但前景却是非常凶险。而单纯从防务上巩固根据地是不够的，防务和军需如同一个人的两条腿。"广积粮"的道理其实就是要做好打持久战的准备。行军打仗，最重要的一点就是粮草要充足，俗话说得好，手中有粮，心中不慌。同时以"缓称王"的方式减少自己的舆论压力，意思就是不要让自己过早地成为众矢之的，成为别人攻击的靶子，大力发展，但要低调处事。

这九个字，可以说堪称经典，对于朱元璋来说，字字都是无价之宝。朱元璋也是个识大局的人，将这九个字作为以后的行动纲领，最终指导自己走上了成为一朝开国皇帝的征程。后来经过一系列的南征北伐，平定了陈友谅、张士诚、方国珍、陈友定等割据势力，于洪武元年（1368）在应天（今江苏南京）称帝，建立了明王朝。

在中国封建社会，臣是最高统治者皇帝和被统治者百姓之间的一个中间环节。臣对君来说，是"事君之吏"，是为皇帝分忧，尤其是一代开国之君身边更要有一群能臣良将才能成就霸业。那么，明太祖朱元璋身边的一班文武大臣们又有怎样的风采呢?文臣有李善长、刘伯温、宋濂等，武臣有徐达、汤和、常遇春、邓愈、冯胜、蓝玉等众多骁将。但是，在明朝建立，国土统一之后，新的问题就会出现。

朱元璋为了加强皇权，实行铁腕政治。其实，所有君王都会产生

"非我族类，其心必异"的想法，只是在明太祖朱元璋身上表现得更为明显。朱元璋登基之后，他想到的最重要的事情便是如何永掌天下，让其后世子孙永远当皇帝。因此，他常常对当初为他赴汤蹈火打下江山、劳苦功高的功臣们产生猜疑，怕他们有一天会造反篡权。

"胡蓝之狱"让我们看到，一个社会最底层的赤贫农民，一个游方僧，一旦登上皇帝的宝座，要实现绝对集权，并欲使之传之久远，表现出了怎样的残忍，而他的残忍又让多少人断送性命、付出鲜血！古人评论当年汉高祖刘邦诛杀功臣时说："飞鸟尽，良弓藏。狡兔死，走狗烹。"我们看，朱元璋屠戮功臣的行为较汉高祖刘邦实在是远远过之矣。更甚者，因为胡惟庸案，朱元璋更是废除了自春秋战国（公元前770年）到明朝（公元1390年）长达两千多年的相制度，独揽大权。

他建立锦衣卫的特务制度。锦衣卫原为亲军，是保卫皇帝和皇室的禁军，但后来渐渐发展为特务机构，专门监视官员和百姓的言行，成为朱元璋实行特务政治的重要手段，也形成了历史上有名的明代特务政治。

他大兴文字狱，严密控制臣民。曾经向朱元璋建议"高筑墙，广积粮，缓称王"的朱升，预感到主公疑忌功臣的倾向，众醉而独醒，洪武三年（1370）就申请告老还乡。由于顾虑自己与儿子朱同难保平安无事，特地向皇帝请求赏赐"免死券"。第二年，朱升寿终正寝，享年72岁。他的儿子朱同却并未得到"免死券"的庇护，最后还是死在朱元璋的手下——赐自缢。令人欷歔不已。

他严惩贪官。因为贫寒出身，他深刻地认识到"官吏清则海宇平，官吏贪则国家乱"的道理，意识到吏治的好坏关系着社稷安危。为了永葆大明江山，朱元璋在位三十余年间，一直不遗余力地惩治贪官污吏，并且建立了一整套行之有效的惩贪措施，使明朝初年出现了"官吏守令畏法，百姓安居乐业"的景象。朱元璋也由此成为中国历史上惩治贪官态度最坚决、手段最残酷、效果最明显的封建皇帝。

朱元璋在军事、监察等领域也是如此，从而完成了中国君主集权政治。朱元璋疑心颇重，他对辅助其立国的文臣武将采取了兔死狗烹的办法，刘伯温、宋濂、李善长、徐达、蓝玉等均被除掉，其残酷超过历代开国之君，被人称为"有史以来权力最大、地位最高、最专制、最独裁、最强暴、最缺少人性的大皇帝"。

朱元璋一直把刘邦作为自己打天下的楷模。刘邦凭借一支只有百余人的队伍起家，最后击败比自己强大得多的政治对手，夺取农民起义的胜利果实，其间走过了一条从小到大、由败转胜的漫长的道路。这条成功的道路始终贯穿着一个基本思想，用他自己的话说，就是"宁斗智，不能斗力"，从而改变了秦汉之际的历史面貌。它更多地表明：战争就是争民心，争人才，争后勤，争策略……不是只凭借勇力就能解决问题的。这个道理，朱元璋自然也是懂得的。要不然，他一个贫困子弟，一个甚至当过游方僧和乞丐的人，又岂能没有任何凭借，一举登上皇帝宝座呢？

朱元璋是元末农民起义领袖之一，又是维持二百多年统治的明王朝的开国皇帝，在中国封建社会后期是一个有很大影响力的历史人物。

到底该怎样评价朱元璋的历史功过，这是一个难题，因为他留下的历史遗产实在太复杂了。这种复杂性主要表现在：其功和过、较易得到正面评价和较易得到负面评价的东西，往往交织在一起，不可分割。可以说，朱元璋是伟大的草根皇帝，也许功过难评，但是统一中国的伟绩和贡献是绝对受千秋万代景仰的。

第一章　风雨飘摇，大厦将倾

元顺帝即位后的元朝，可谓是天灾人祸不断。统治集团的骄奢淫逸，官僚队伍的腐化堕落和庞大的军费开支，造成了财政的困窘。元朝统治者解决财政困难的办法就是大量发行纸币，这就造成了后来的交钞贬值。脱脱改变钞法，不但没有解决元朝财政的困难状况，反而加剧了通货膨胀，引起了社会的广泛不满，元朝的统治已经到了崩溃的边缘。风雨飘摇，大厦摇摇欲坠。

第二章　石人一只眼，挑动黄河天下反

在天灾人祸的折磨下，红巾军应时而起。韩山童的"石人一只眼，挑动黄河天下反"叫醒了千千万万受苦受难的人们。之后是借"佛"之名起义的徐寿辉，先发制人从而占领濠州的郭子兴，应声而起的芝麻李，号召盐丁起兵的张士诚，等等。元朝可以说是大势已去，就看奋起的群雄谁得天下了。

第三章 元璋崛起，投军濠州

　　朱元璋可谓是真正的草根皇帝。他出生在一个贫困家庭，食不果腹，他从没有想在纷乱的征战中分得一杯羹，只渴求着能吃一顿饱饭就已心满意足，可以说是元朝逼得他不得不反。投军后的朱元璋，初战定远就凯旋，后来又以少胜多，攻下横涧山；解六合之围，取天平之城，逐渐展现出了他独有的才能，并逐渐在众人中崭露出头角，赢得众人追随。

第四章 招贤纳士，并吞八方

　　在征战中逐渐得心应手的朱元璋知道，即使一个人再有才，也敌不过众人之力。所以，他在攻打元军的同时，也在不断地招揽天下的

能人异士。在他打着"为百姓着想"的口号下，徐达、汤和、邓愈、常遇春等武将忠心相随；更有李善长、刘伯温、宋濂等文人谋士相伴。招贤纳士之后，开始了朱元璋的并吞八方之大计。

第五章 建国称帝，定鼎金陵

此时的朱元璋在军事上可以说是势如破竹，政治上也越来越得民心。他采取避强击弱的作战方略，成功攻下了镇江。他知道如何用人，又有人在其身边出谋划策，所以，后来经过一系列的南征北伐，平定了陈友谅、张士诚、方国珍、陈友定等割据势力，于洪武元年（1368）在应天（今江苏南京）称帝，建立了明王朝。

第六章 铁腕治国，兔死狗烹

　　建立大明王朝之后的朱元璋，开始采取一系列的铁腕政策。对于那些为开国立下汗马功劳的功臣，他开始忌惮于他们的权力、威望，所以，朱元璋对他们开始逐一除之，留下了历史上有名的"胡蓝之狱"；他惩治贪官，大兴文字狱，造成了文化历史的停滞不前。

第一章

风雨飘摇，大厦将倾

元顺帝即位后的元朝，可谓是天灾人祸不断。统治集团的骄奢淫逸，官僚队伍的腐化堕落和庞大的军费开支，造成了财政的困窘。元朝统治者解决财政困难的办法就是大量发行纸币，这就造成了后来的交钞贬值。脱脱改变钞法，不但没有解决元朝财政的困难状况，反而加剧了通货膨胀，引起了社会的广泛不满，元朝的统治已经到了崩溃的边缘。风雨飘摇，大厦摇摇欲坠。

新皇交替，逃不过权倾掌控

1273 年，忽必烈依汉制册立真金为皇太子。但遗憾的是这位皇太子却没能活过他的父亲。1285 年，在一次意外事故中真金皇太子去世了。在这以后，忽必烈这位苍老的国君再也没有册立太子。一直到 1293 年，当他意识到自己时日不多的时候，才把已故皇太子真金的旧印交到这位太子最小的儿子铁穆耳的手上。但这种举动并不是一个合乎继承法的仪式，仅仅是一个象征着要将帝位授予此人的举动而已。

忽必烈这种不正规的册立方法，无论是在蒙古人，还是在汉人的眼里都是无效的。按照蒙古人的旧俗，大汗去世后，将由皇后临朝摄政，再择期举行忽里台大会，由宗室勋旧"协谋推戴"新汗登位。在这样的过程中，皇后本人的意志就变得十分重要，甚至可以影响到新君

忽必烈像

的人选。当年贵由的登基就得到了其母乃马真后的全力支持，以至于撤销了窝阔台生前的已定人选。

察必皇后逝世后，南必被立为皇后。忽必烈晚年，由于身体的衰老，她在朝中的权势日益增大，大臣们经常看不见大汗，各种事情多

由南必皇后转奏。而南必有一个儿子，名叫铁蔑赤。因此，她是不会轻易同意铁穆耳继承汗位的。

不过忽必烈逝世之前已经意识到了这一点，他又派遣内侍对太子遗孀真金妃说："张留孙是我的旧臣，他一定能好好侍奉太子的。"但忽必烈清楚只这样做是不够的，必须要有一名强有力的大臣支持才行。1293 年 12 月，他将驻守大同的大将伯颜召回，决定采用中原王朝以顾命大臣宣布遗诏的方法，来实现自己的意志。伯颜是平宋战争的主帅，这时又以知枢密院事掌天下兵权，所以他是在这关键时刻擎起帝国大旗的最佳人选。1294 年 1 月，伯颜抵达大都。从这一天起，直到忽必烈去世，他与中书平章政事不忽木便始终不离忽必烈左右。伯颜回京十天后，忽必烈病逝。

于是伯颜与不忽木便以顾命大臣的身份控制住了朝廷局势。伯颜"总百官以定国论"；由不忽木主持引枢北葬等治丧事宜。后来，经过伯颜的一番努力，最终将铁穆耳拥登汗位，完成了忽必烈的遗命。在中国的史书中称铁穆耳为成宗。

成宗朝的军国重臣，基本上全是忽必烈朝后期政府的原班人马，这就从人事方面保证了按忽必烈的遗规实施"持盈守成"的国策。成宗即位后基本上停止了大规模的对外战争。1295 年停止对安南的征伐，释放安南国陪臣陶子回国，遣使持诏抚慰，将 1293 年忽必烈任命到安南任平章的大将刘国杰调到了湖广做行枢密院副使。1298 年，成宗又拒绝了大臣们出兵日本的建议，并在这一时期将西北防线内移，减少了与西北藩王间的摩擦。成宗的这一系列维护安定的军事举措，使饱受战争摧残的社会经济得到了恢复，"世道清平，人获休息"。对长期用兵不断的元廷来说，成宗的守成政策使元朝摆脱了忽必烈统治后期长期陷于泥沼的局面，但这并不是说成宗是一个毫无武功建树的帝王。成宗用兵的宗旨可以概括为"既不开疆，也无丧土"，安定国内政治局势，恢复经济生产，维护忽必烈统治时期的疆域，成为他的统治宗旨。

1298 年，缅国发生内乱，阿散哥也兄弟势力增大，攻入缅都蒲甘，杀死缅王及世子宗室等百余人。缅王是经元政府册立的，被擅自废立

杀戮的举动引起了成宗的警觉。忠于缅王的地方官员和出逃的缅王王子，也都向成宗告发阿散哥也兄弟藐视元朝对缅的宗主权力。1300年，元军出动12000人，取道永昌腾冲，十月入缅作战，十二月围困阿散哥也的木连城。元军围城两个月，1301年二月末，木连城中薪食俱尽。阿散哥也用重金贿赂元军将领高阿康、察罕不花等人，使元军以"天热瘴发"为由，擅自引兵撤围。同时阿散哥也派人入朝请罪，承认元的宗主权。这一年秋天，成宗处死了高阿康、察罕不花，但也认可了阿散哥也统治缅国的事实。

成宗即位后，并没有放弃对蒙古草原的控制。他从北边回朝即位后，任命叔父宁远王阔阔出镇守北方。1298年冬，阔阔出遭都哇偷袭兵败。第二年，成宗令皇侄海山出镇北边。1301年秋，元军与海都、都哇于金山附近的铁坚古山会战，元军先胜海都。后与海都、都哇联军再战，互有胜负，但都受到了重创。海都在会战中负伤，不久死去。海都死后，1303年，都哇"先众请和"。接着，他以元廷支持为后盾，向察八儿要求归还海都从察合台汗国夺去的草地，并胁迫他与元廷约和。同年秋，都哇、察八儿约和使臣到达元廷。又过一年，都哇、察八儿又联合伊利汗、钦察汗王廷与元朝约和。自此，元西北边境战火基本平息，从忽必烈与阿里不哥争位以来的蒙古内部纷争告一段落。

历史有时候也会发生凑巧的事。成宗和忽必烈一样，他所册立的太子也先他而去。1305年6月，成宗在病中册立德寿为皇太子。只半年，德寿竟先成宗死去。跟着，仅一年多，成宗也去世了。成宗去世前，并没有来得及再立皇太子。这就使忽必烈处心积虑初步解决的汗位问题重新显露出来，一场觊觎汗位的激烈角逐不可避免。

成宗后期，卜鲁罕干政，与许多回族大臣深相结纳，打算临朝称制。她与手握重兵，欲以世祖嫡孙的身份争夺皇位的阿难答联手，为共同对付出镇漠北的海山和他弟弟爱育黎拔力八达而结为联盟。当时人称这一冲突为"回邪诗张，势挟中闱"。

争夺大汗位的另一方——海山兄弟，长年统兵漠北，战功卓著，又是真金嫡孙，因此颇得漠北诸王将领的拥护。而海山弟爱育黎拔力八达因喜好汉学，所以也得到了元朝大多士人的青睐。这样一来，海山兄弟在这场争夺中就明显处于优势。

按蒙古旧俗，大汗死后，应由皇后摄政，主持选立新汗的忽里台。但为防止得到多数人拥护的海山得势，卜鲁罕企图控制朝议以达到她的个人野心。而这种野心被右丞相哈剌哈孙在相当大的程度上遏制住了。成宗死后，哈剌哈孙立即秘密遣人通知漠北的海山。然后哈剌哈孙收回了京城百司的所有符印，封在府库内，自己称病在家。卜鲁罕的内旨一天下达数次，但都被他装聋作哑搪塞过去，不下发任何公文。这样一来，就使卜鲁罕筹划临朝称制的计划，与皇后集团想以左丞相阿忽台取而代之，控制中书省的计划破产了。

海山接到成宗去世的消息后，本准备立即回朝。这时他获悉答己与爱育黎拔力八达已经回到大都，于是依仗手中握有重兵，对帝位志在必得，便决定先在和林观望动向。

爱育黎拔力八达到达大都后，得到了朝廷官僚中枢的支持和配合。他先派李孟装扮成医生与称病的哈剌哈孙取得了联系。不久，哈剌哈孙诈称海山遣使至京，要阿难答、卜鲁罕、阿忽台等入朝议事，最后将他们一网打尽，全部拘捕。

1307 年 5 月，海山会答己、爱育黎拔力八达于上都，在忽里台大会上就任新汗，是为武宗。

武宗继位后，朝廷中枢用人，差不多都在西北从征的蒙古、色目将领中挑选。拥立他登基的哈剌哈孙也被调往和林任职，将乞台普济升为中书右丞相，封其为"安吉王"。武宗感到，成宗后期以来，元代社会政治和经济问题正逐步恶化，所以他开始调整成宗时期的国策。对于武宗的施政，可以用"惟和惟新"四字概括。

武宗执政的各项措施的出发点是好的，但他的才能似乎有些不足。他的"惟和惟新"的政策，其实是想用大量赏赐笼络群臣，发行新钞，实行重利经济，以满足政治上的需要。这种政策一施行就出现了问题。

武宗主政不久，就开始对诸王大加赏赐，结果赏赐的朝臣还不到一半，两京府储就已用光了。以后，请赏者仍络绎不绝，财赋不支，

武宗只好用滥封爵位的办法作为补偿。忽必烈时非嫡系子孙从不封一字王。武宗时，晋封一字王位的人多达十五六人，甚至驸马也给封了一字王。这一时期朝廷中官吏的数量增多，官职提高，朝纲混乱，名位不清。有记载说："天子即位，加恩近臣，佩相印者以百数。"这一时期，什么道士、僧人、唱戏的名角，只要武宗高兴，都被授予左丞、平章、参政一类的官职。一时间国公、司徒、丞相满朝都是。当时人评价说："自有国以来，名器之轻，无甚今日。"选法的混乱必然会促成吏治的紊乱。朝廷制诏变更无常，地方官吏往往擅自离职，去经营自己的买卖。朝中正在讨论未决的事情，也经常泄露到民间，甚至到了诏书的稿子还没写完，"奸民已复群然诵之"的地步。武宗通过各种途径开辟财源，增加国入。这一点与传统儒家中的注重节流的观点正好相悖。儒臣们一直通过各种方式批评和阻挠武宗错误的理财措施，但都毫无效果。1309 年八月，因元钞贬值发展到难以收拾的地步，武宗下诏立尚书省整顿财务，铸尚书省印，进行财政改革。可由于尚书省乱发"大银钞"，反而造成了更严重的通货膨胀。后来改发"至大通宝"重新进行货币改革，才稳定住局势。

1311 年一月，武宗因沉溺酒色，在位还不到四年就死去了，时年31 岁。武宗的弟弟，爱育黎拔力八达以武宗册立的储君身份入朝主政，罢尚书省。武宗的"惟新"政治在推行不到一年半后及时地废止了。

但武宗所遗留下的诸多问题，却给元朝日后的发展带来了极为不利的影响。也可以说，元朝自此逐渐走向衰败。

奸臣当道，傀儡皇帝命难保

　　元朝复杂的宫廷斗争，给一些奸佞小人提供了表演的舞台。奸臣铁木迭儿就是在这种环境中应运而生的弄潮儿。铁木迭儿是成吉思汗时的功臣者该的玄孙，经历了世祖、成宗、武宗、仁宗和英宗五朝。在世祖和成宗时期，他还算老实，可到了武宗时期他的种种劣迹就显现了出来。

　　武宗时铁木迭儿做过同知宣慰院事兼通政院使、中书平章政事、江西与云南的行省平章政事等一品大员，到了仁宗时出任中书右丞，更被授予太子太师这样的重要职务。铁木迭儿之所以能够在这一时期展现锋芒，是因为他是武宗和仁宗的母亲兴圣太后答己的亲信。早在武宗统治时期，铁木迭儿在云南做地方官，曾因玩忽职守受到处分，却被太后答己保了下来。武宗死后，太后答己为扩张自己的势力，趁仁宗尚未执政时，就下旨召铁木迭儿做了中书右丞。仁宗要比武宗的性格怯懦，他孝敬母亲，事情也就总是迁就过去。

　　但铁木迭儿罪恶昭彰，仁宗曾多次想处置他，都因母亲的出面，最后作罢，只是提拔御史中丞萧拜住为中书右丞，用来牵制铁木迭儿的势力。可铁木迭儿居相位仅两年，自己就因罪被罢了官。当时有个叫张弼的富人犯了杀人罪，被关入牢中。他就叫亲友派人向铁木迭儿送了5万贯钱。铁木迭儿收了钱，一句话，就把人给放了。事情被揭发出来后，中书右丞萧拜住、中丞杨朵儿只、中都留守贺胜等40余名官员联合御史，联名弹劾铁木迭儿，揭发铁木迭儿欺下瞒上，乱政害民，罪证确实，因此要求处死铁木迭儿，以平民愤。仁宗看到众臣的

奏章，怒不可遏，立即下诏逮捕铁木迭儿。可铁木迭儿一见势头不妙，赶快逃到太后的宫中躲了起来。这一招还真就把仁宗给制住了。仁宗投鼠忌器，始终拿他毫无办法，最后只是把铁木迭儿罢相了事。等风平浪静以后，不久铁木迭儿不仅奇怪地官复原职，还被授予了太子太师的职位。

太子太师是什么职位？太子自然是未来大汗位的继承人，太师就是太子的老师。像这种品行不端的人做太子老师，那不是在开天大的玩笑吗！朝廷内外，一片哗然。大臣都十分气愤，参政兼任御史中丞赵世延率领御史弹劾铁木迭儿违法的事情有几十条之多，都认为他不能辅佐太子。可太后多方庇护，仁宗又是个绝对的孝子，这个元朝中期的头号奸臣就在这风口浪尖上扬帆破浪，行动自由。真叫人无可奈何啊！

打这以后，铁木迭儿的胆子就更大了，受贿卖官，强占民田，无所不为，而且正应了那句"一人得道，鸡犬升天"的话，他的儿子也都先后入朝为官，弄得朝中人心惶惶，谁都忌惮他们父子三分。

要是铁木迭儿仅仅做了上边说的那些事的话，也就不会对后来的历史有那么大的影响了。铁木迭儿能够遗臭万年，是因为他影响了元朝的大汗继承问题。

当年武宗海山即位时和弟弟爱育黎拔力八达，也就是仁宗曾有过约定，等武宗百年后，传位给弟弟爱育黎拔力八达，而爱育黎拔力八达在逝世后要传位给武宗的儿子，然后再由武宗子传给爱育黎拔力八达的一个儿子。可在仁宗即位后，这一约定却在武宗与仁宗的母亲兴圣太后和铁木迭儿的左右掣肘下被背弃了。首先，仁宗在铁木迭儿的怂恿下于 1315 年 11 月将海山之子封为周王，1316 年 3 月又命海山之子去守云南，这实际上就等于流放。海山之子在去云南的途中，于陕西造反，结果失败，只好改道西北，逃到了察合台汗国。背弃约定后，1316 年 12 月，仁宗立了自己的亲生儿子硕德八剌为太子。兴圣太后和铁木迭儿看着太子被册立，以为这样就可以长远地控制朝政，然而却不知道已经为日后的"南坡事变"种下了祸根。

1320 年 1 月，仁宗也和窝阔台、海山等大汗一样，因饮酒过量而去世了。4月19日，仁宗的儿子18岁的硕德八剌即位，是为英宗。

仁宗刚刚去世，英宗尚未即位，大权在手的铁木迭儿，便开始大肆迫害曾经上书弹劾过他的诸位大臣。他假传太后旨意，将萧拜住、杨朵儿只逮捕，罪名是"曾经违背太后旨意"。

杨朵儿只冷笑着说："当初以我们的职权，要杀你一点儿不难。如果我们真的不从太后的旨意，你还能活到今天吗？"铁木迭儿一看这罪名成立不了，就找来两名朝臣，想让他们证明杨朵儿只有罪。

杨朵儿只对这两人说："你们两位也是御史，不应干下流的勾当。"两人深感羞愧，也一言不发。尽管铁木迭儿抓不住杨朵儿只等人的任何把柄，但他还是借着太后的旨意，硬是将萧拜住和杨朵儿只当众斩首了。跟着铁木迭儿又杀了贺胜，罪名竟然是"便服迎诏大不敬"，真是"欲加之罪，何患无辞"啊！贺胜死时，百姓围在尸体边上痛哭，焚烧纸钱为他送行，可见贺胜深得民心。至于弹劾过他的赵世延，铁木迭儿将他逮回大都，严刑拷打。英宗这时候已经初步稳定了自己的地位，他知道这件事后，曾下旨两次赦免了赵世延，可铁木迭儿仍然将赵世延关进了死牢，想逼他自杀。赵世延在牢里足足被关了两年，最后在大臣的营救下，才得以获释。铁木迭儿听说后，找到英宗说："这是朝臣欺骗皇上干的事。"英宗也不客气，直接说："这是我的旨意。"这才使赵世延逃过了大难。

其实，英宗是元代唯一在临朝执政前未经任何困难磨砺的皇帝。尽管他自幼接受儒家的说教，思想十分汉化，但他却缺少政治经验，也不像他的祖辈那样有一个声望足可信赖的侍臣班子。所以在面对太皇太后答己和铁木迭儿这样的实力派时就显得十分无力。英宗要实现自己的志向，前进的道路是十分艰难的。刚即位时，英宗可说是孤立无援，"孑然宫中"。经过太皇太后答己和铁木迭儿在他即位前的那场清洗，仁宗时期曾与答己和铁木迭儿相对抗的汉法派中坚分子，无一幸免，造成了英宗在他后来的统治中，所能依赖的人就只有一个与他同样不谙世故的年轻丞相拜住。

尽管处于十分不利的政治环境，但年轻的英宗似乎没有意识到自

己的经验不足。在他登基不久，就急切地希望做出些事情，以逞快一时。英宗在位不久，就将与铁木迭儿一党的左丞相合散免了职，改任木华黎的曾孙拜住为左相。铁木迭儿与合散等人在兴圣太后的支持下决定发动政变，废掉英宗。庆幸的是阴谋泄露，被英宗提前知道了。他先发制人，率先捕杀了合散等人，而铁木迭儿依旧因有太后庇护，逃过了这一劫，没有被治罪。但打这以后，铁木迭儿称病，躲在家中，再也不敢过问中书省政事了。1322 年，铁木迭儿和兴圣太后先后亡故。

铁木迭儿和兴圣太后一死，英宗将权力全部交给拜住，推行"新政"。他大量起用汉族知识分子，淘汰官僚，实行"助役法"，从地主那里收取助役费，用来补贴农民，完善货币制度，采取了一些政治改革。可是在这次拨乱反正的过程中，铁木迭儿的义子铁失因为与皇家联姻，幸免于被清洗，英宗这一仁义的举动终为自己引来了杀身之祸。

1323 年夏，英宗去上都避暑，因为沿途护卫的军队都由铁失控制，这就给了他机会。他决定刺杀英宗，拥立晋王也孙铁木儿，重掌朝政。他派斡罗思去劝说晋王。晋王不肯，反将斡罗思绑了，送往上都。可当把斡罗思押到上都时，英宗已经离开了。

同年八月五日，英宗在上都以南 30 里的南坡扎营过夜。当天夜里，铁失派阿速卫兵值夜，自己和锁南等 16 人，闯进拜住和英宗的大帐，杀死了英宗和拜住。然后铁失等人就按原计划，带着玺绶，于1323 年十月，拥立晋王也孙铁木儿即位，即泰定帝。泰定帝即位一个多月后，就将正以功臣自居的铁失等人一齐捕杀了。

泰定帝在位时间不长，只有五年时间。他即位后，为预防身后汗位再次发生争夺，刚登基几个月，就将自己 5 岁的儿子阿速吉八立为了太子，他的统治保留了英宗改革的一些成果。因为他笃信佛教，朝中事情全交给亲信回族人倒剌沙处理。

倒剌沙被泰定帝任命为中书左丞后，开始培植亲信，排除异己，引起了蒙古贵族的不满。怀王图帖睦尔是武宗海山的次子，本住在今江苏南京。1328 年，怀王的卫士也先捏向倒剌沙报告说："怀王有夺帝位的野心，不可不防。"于是倒剌沙得到了泰定帝的命令，将怀王图帖睦尔迁到江陵（今属湖北）。就在这一年的八月，时年 36 岁的泰定帝病逝了。

虽然泰定帝对他身后的汗位问题做了预防，可他用人不当，却酿成了更大的祸端。

泰定帝死后，倒剌沙却迟迟不让阿速吉八即位，这引起了文武百官的不满。留守在京师大都的燕铁木儿就乘机发难。然而，这位发难的燕铁木儿的心意却不在阿速吉八身上。燕铁木儿是武宗的旧臣，曾担任过武宗的警卫，后被提拔为禁军的首领。泰定帝时燕铁木儿已成为元朝最高军事机构枢密院的检枢密院事，可说是手握重兵的权臣。这个时候，燕铁木儿的意图是想将武宗海山的次子怀王图帖睦尔拥立为汗。燕铁木儿与西安王阿剌忒纳失里密谋后，决定迎接怀王图帖睦尔入朝。他们先趁新君未立这一时机发动政变，将大都的异己逮捕诛杀，控制了朝廷。随后命令士兵把守宫门，不让消息走漏，然后立即派人去湖北迎接怀王来京，同时让武宗的另一个旧臣、河南行省平章政事伯颜在途中接应。燕铁木儿并在暗中通知了正在上都的弟弟撒敦，儿子唐其势，要他们立刻赶回大都。

尽管做了这些保密工作，上都的倒剌沙还是很快就得知燕铁木儿等人发动了政变。他很快作出了反应，决定先发制人，首先将燕铁木儿在上都的心腹全部捕杀，接着赶紧将只有 9 岁的皇太子阿速吉八扶上了汗位。随后派大将失着率军队进攻大都，可是这支军队还没到达古北口，就被燕铁木儿的军队击败了。就在这一厮杀过程中，怀王图帖睦尔已到达大都，被燕铁木儿和西安王立为大汗，改年号为天历。但图帖睦尔在即位时和诸臣说明，他要将逃难到察合台汗国的哥哥接回，让位于他。这之后，倒剌沙在上都被击败，处死，而阿速吉八在战斗中不知去向。

1329 年，图帖睦尔把哥哥和世㻋接回，拥立为汗，称明宗。可这位新主只在位一个月即暴卒于卧床之上。这不能不让人怀疑图帖睦尔。但这已成为历史之谜。总之权力又回到了图帖睦尔手中。图帖睦尔即位，称文宗。这一事件，史称"天历之变"。

伯颜专政，独揽大权惹众怒

伯颜祖父称海，为领军百户，从宪宗攻宋合州钓鱼山死；父谨只儿，仁宗时总领太后兴圣宫宿卫。伯颜年十五，成宗命侍皇侄海山。大德三年（1299）至大德十一年（1307），从海山出镇北边，与西北叛王海都、都哇战，屡立战功。

大德十一年，成宗死，海山率部南还争位，大会诸王驸马于和林，赐伯颜号"拔都儿"。

海山即位，是为元武宗，授伯颜吏部尚书，不久改任尚服院使，又任御史中丞。至大二年（1309）十一月，任尚书平章政事，特赐蛟龙虎符，领右卫阿速亲军都指挥使司达鲁花赤。

延祐三年（1316），元仁宗命伯颜为周王（武宗子和世瓎）府常侍。其后历任江南行台御史中丞、御史大夫，江浙行省平章政事，陕西行台御史大夫等职。至治二年（1322），复任南台御史大夫。

泰定二年（1325），又任江西行省平章政事。三年（1326），任河南行省平章政事，佩虎符，节制江淮诸军。

致和元年（1328）七月，泰定帝死于上都，武宗旧属燕铁木儿任金枢密院事留守大都，谋立武宗子为帝，联结同党发动政变，拘杀异己，严控枢密诸要害，遣同党明里董阿等驰乘驿迎武宗次子怀王图帖睦尔于江陵（今属湖北），并命以其谋密告伯颜，使选兵以备扈从。伯颜立即响应，筹集粮饷费用，征发民丁，增置驿马，补城浚濠，修战守之具，选募骁勇士五千遣往护卫怀王北行。同僚平章曲烈等持异议，参政脱烈台谋刺伯颜，都被伯颜处死。怀王至汴梁，伯颜劝请即速北上大都即位,并亲自披坚执锐,率军护送。同年九月,怀王即位于大都,是为文宗。伯颜以功特加银青荣禄大夫,仍领宿卫,寻加太尉,进开府仪同三司、录军国重事、御史大夫、中政院使。天历二年(1329)正月,拜太保,加忠翊侍卫亲军都指挥使。元明宗即位,任中书左丞相。明宗暴死,文宗嗣位,加伯颜储政院使。天历三年(1330)正月,任知枢密院事。至顺元年(1330),文宗以伯颜功大,特令凡饮宴比照诸宗王赐"喝盏"之礼,并赐怯薛歹百人,蔑儿乞百人,阿速百人为其宿卫,又命尚世祖阔阔出太子女孙卜颜的斤。至顺二年(1331)八月,进封浚宁王,并追封其先三世为王。至顺三年(1332),诏建伯颜生祠于涿州、汴梁,立碑记其拥立之功。

至顺三年(1332)八月,文宗死,同受顾命,立明宗次子,是为元宁宗;拜太傅,加徽政使。不久宁宗死,复依文宗皇后意,将明宗长子妥懽帖睦尔从静江迎入京。自文宗即位以来,朝廷大权一直掌握在右丞相燕铁木儿手中,伯颜地位虽仅居其次,但在实际国务中作用不大。次年(1333),燕铁木儿死,妥懽帖睦尔(元顺帝)即帝位,伯颜以翊戴之功拜中书右丞相、上柱国、监修国史。元统二年(1334),进太师、奎章阁大学士,领太史院,兼领司天监、威武、阿速诸卫。十一月,进封秦王,继领太禧宗禋院、中政院、宣政院、隆祥使司、宫相诸内府,总领蒙古、钦察、斡罗思诸卫亲军都指挥使。

年幼的元顺帝根本不懂治国安邦,只知游玩嬉戏,朝中大权全由伯颜和燕铁木儿两大家族把持。

伯颜曾被授予中书右丞相的头衔,燕铁木儿的弟弟撒敦担任中书左丞相,伯颜的弟弟马札儿台与燕铁木儿的儿子唐其势并为御史大夫:文宗在位时期,伯颜的权势与威望远远比不上燕铁木儿,而今登上中书右丞相宝座,权势跃居燕铁木儿家族之上。

对此,唐其势愤愤不平地说:"天下本是我家的天下,伯颜是什么人?竟然官职比我还高!"唐其势几次想刺杀伯颜,终未得手。伯颜则不露声色,静观事态的发展,暗中却在寻找时机除去这个死对头。

顺帝至元元年(1335),撒敦死去,唐其势晋升为中书左丞相。他

见小皇帝越来越宠信伯颜。便抓紧行动，暗地里与他叔叔答里、弟弟塔剌海和宗王晃火帖木儿密谋策划，决定发动宫廷政变，废黜元顺帝，另立文宗的儿子燕铁古思为帝。

可是阴谋败露，至元元年（1335）六月三十日，当唐其势率领几位勇士闯入皇宫时，伯颜伏兵以待，将唐其势及其同党团团围住，唐其势当即死于乱刀之下。

元顺帝的一个皇后是伯牙吾氏，燕铁木儿之女。是塔剌海的姐姐，塔剌海看不敌伯颜的势力，慌乱中跑到伯牙吾氏的寝宫，寻找姐姐的庇护。伯颜随即闯入后宫，从伯牙吾氏的座位下拖出塔剌海，挥刀即斩，鲜血溅了伯牙吾氏满身。伯颜立即上奏元顺帝，指责皇后伯牙吾氏窝藏大逆不道的弟弟，并欲将伯牙吾氏抓走。

伯牙吾氏向元顺帝求救，高喊："陛下救救我！"

两年来，伯牙吾氏见元顺帝日益宠幸奇氏，非常恼恨，多次无故痛打奇氏，元顺帝表面上虽不敢做声，暗中则对伯牙吾氏咬牙切齿，而今她的兄弟犯上作乱，无论如何不能轻饶了她，所以当元顺帝听到伯牙吾氏向他呼救，冷笑一声，说道："你的兄弟想置我于死地，我岂能救你！"

接着下令将她逐出宫门，贬为平民，不久被伯颜毒死。伯牙吾氏惨死，元顺帝打算立奇氏为皇后，但遭到伯颜的反对，结果，在伯颜的荐举下，伯颜忽都做了皇后，奇氏被立为二皇后。据说，两宫皇后并立，就是从元顺帝开始的。

伯颜忽都素来庄重朴实，整天端坐宫中，从不伴随皇帝游乐，元顺帝觉得她缺少魅力，很少出入她的宫中。

燕铁木儿家族败亡后，元顺帝将一切大权委付伯颜，听他决断，朝中不再设置左丞相，伯颜以中书右丞相的身份独专相权。不久，元顺帝授予伯颜世袭的答剌罕封号。按照蒙古惯例，受封者可以随意出入宫禁，并享有许多特权。

这样一来，伯颜身价就更高了。他当政期间所得的封号、官衔加在一起长达 246 个字，其权势之显赫，为元朝历代宰相中前所未有。

自从诛灭唐其势，伯颜专政恣肆，肆行贪暴，越来越不把当朝小皇帝放在眼里。

伯颜自恃功高权重，毫无顾忌，又向蒙古诸王下了毒手。当时，蒙哥的后裔彻彻秃受封为郯王，伯颜的先祖是蒙哥家中的奴隶，按照蒙古传统，伯颜一家应该世代尊蒙哥后裔为使长。

伯颜觉得这是自家的奇耻大辱，愤怒地说道："我身为皇太师，一人之下，万人之上，为何要尊蒙哥后裔为使长？"于是，他在元顺帝面前诬陷彻彻秃谋反，请求将他处死，元顺帝不允，伯颜竟擅自行刑，使彻彻秃蒙冤而死。元顺帝对伯颜的所作所为日益不满，又拿他没办法。

尽管伯颜觉察到了元顺帝已对他不再信任，但他仍然肆意妄为，毫不顾忌。他的亲信布满朝中，他的居宅门庭若市，朝廷官员进进出出，好不热闹。每次退朝，他在众臣的簇拥下，趾高气扬地走出宫门，宛若宫内空无一人。

他在京城街道上通过，诸卫士精兵前呼后拥，挤满街头。相比之下，元顺帝的卫士则寥若晨星。

元顺帝明明看见伯颜多次夜间进入皇太后宫中，通宵不出，也耳闻京城上下议论纷纷，说伯颜"上把君欺，下把民虐"，但也无计可施。

宫中忠心耿耿为元顺帝效力的只有两个近侍官员，一个名叫阿鲁，另一个名叫世杰班。这二人职卑权小，哪里能够与伯颜相抗衡。元顺帝苦于没有得力之人帮助他铲除权臣伯颜，不免时常暗自伤心落泪。

伯颜专政的结局，就是让越来越多的大臣对其不满，虽然表面上不敢说，但心里却充满怨恨。不满的人多了，那么，离伯颜垮台的日期也就不远了。

大义灭亲，贤相脱脱杀伯颜

脱脱，亦作脱脱帖木儿，字大用，蒙古蔑儿乞部人。元仁宗延祐元年（1314）出生在一个地位显赫的蒙古贵族家庭里，其父马札儿台为元文宗朝大臣；伯父伯颜，元顺帝妥懽帖睦尔即位后任中书右丞相，独秉国政达八年之久。

脱脱对汉学有一定的认识，他自幼拜浦江名儒吴直方为师，后来吴直方成为脱脱的心腹幕僚。少年时代的脱脱膂力过人，能挽弓一石，是一位鲜见的将才。但经吴直方的谆谆善诱，他接受了许多儒家文化，虽然不习惯于终日坐读诗书的生活，他的进步依然是很明显的。脱脱善书画，书法刚毅有力，酷似颜真卿；画竹颇得妙趣。他受儒家思想影响最大的是用儒家标准做人，他立下了"日记古人嘉言善行，服之终身"的志向。

15岁时，脱脱为泰定帝皇太子阿剌吉八怯怜口怯薛官。文宗图帖睦尔即位，他渐被擢用，天历二年（1329）任内宰司丞兼成制提举司达鲁花赤，不久命为府正司丞。至顺二年（1331）授虎将、忠翊侍卫亲军都指挥使。妥懽帖睦尔即位后，伯父伯颜有翊戴之功而独揽大权，他亦随之飞黄腾达，元统二年（1334），由同知宣政院事兼前职升同知枢密院事。至元元年（1335），在挫败前右丞相燕铁木儿子唐其势余党塔里、塔剌海等的战斗中，立有战功，拜御史中丞、虎符亲军都指挥使，提调左阿速卫，进为御史大夫。

脱脱是伯颜的亲侄儿，伯颜当然视脱脱为亲信，曾企图以脱脱为宿卫，以监视妥懽帖睦尔的起居。脱脱虽自幼养于伯颜家中，但目睹伯颜倒行逆施，势焰熏灼，深感事态严重，虑一旦事败，伯颜有杀身之祸，自己也会受牵连。于是一场以家族内部斗争为形式，关系到政权易人和政策变化的政变正在酝酿着。

元顺帝在执政后期不再设置左丞相，导致右丞相伯颜独专相权，加号为大丞相，权势炙手可热。由于伯颜的威风，以致"天下贡赋尽入伯颜家；天下之人唯知伯颜而已"。作为蒙古贵族，伯颜极端仇视汉族文化，极力排斥汉人官员。他对顺帝说："陛下有太子休教读汉儿书。汉儿读书，好生欺负人。"有个巫婆给伯颜算命，说他要死在南方人手里。于是伯颜重申汉人南人不得执持兵器，北人殴打南人，不得还手，禁止汉人南人学习蒙古文字。

当时，广东等地爆发人民起义，伯颜看到起义者都是汉人，就向皇帝建议，杀光张、王、刘、李、赵五姓的汉人，以为由此就可杜绝祸患，幸亏顺帝没有答应。

伯颜的骄横跋扈激起其他官员的嫉恨，顺帝也极为恼火。伯颜的侄子脱脱，自幼被伯颜收养，视若己出。脱脱文武双全，立有军功，为亲军都指挥使。他见伯父如此胡作非为，担心早晚将祸及家门，私下对父亲说："伯父骄纵已甚，万一天子震怒，自家将遭灭族之灾。不如先设法除了他。"

他父亲觉得有理，但一时又下不了手。脱脱又去请教幼年时汉人老师吴直方。吴直方说："古代的先哲说'大义灭亲'，大丈夫只要忠于国家，不必有太多的顾虑。"脱脱向顺帝自陈忠诚，起初皇帝还有些不放心，就派心腹官员与脱脱交往，发现脱脱确实忠于国家，就对他加以重用。

伯颜唆使朝臣上书，说汉人不可为廉访使。脱脱向顺帝奏请，遵守祖宗法度，不要排斥汉人。伯颜大怒，对顺帝说："脱脱虽是我的养子，但袒护汉人，必当加以惩罚。"顺帝说："脱脱是好人，用汉人是我的意思。"对伯颜的专横，顺帝极为愤恨，在和脱脱谈到这些事时禁不住掉下眼泪，脱脱也为之泣下，君臣决心要除掉伯颜。

至元六年（1340）二月，伯颜邀顺帝外出打猎。顺帝知伯颜图谋

不轨，可又没有办法，正进退两难时，脱脱劝顺帝让皇太子代行。顺帝同意了脱脱的建议。有了皇太子在手中，伯颜就想趁机挟持皇太子，号召天下兵马，发动政变，废掉已经不再受控制的顺帝，拥皇太子即位。可伯颜万没料到，自己刚走出京城，脱脱就抢先发难了。脱脱先把大都内伯颜的亲信全部逮捕，马上连夜派人把皇太子接回了都城，用顺帝的名义下诏，宣布了伯颜的种种罪状，将这位伯父贬到了河南。伯颜接到诏书后知道自己大势已去，赶回都城，被脱脱在城楼上奚落一番后，只好南下。

伯颜南行到半路，皇帝又传旨将他贬到岭南。伯颜没料到自己会栽在养子的手中，愤愤不平地对一个过路老人说："可曾听说过儿子杀老子的事情吗？"老人答道："不曾见过子杀父，唯见臣杀君。"伯颜想起当年的威风，低下头面有惭色。走到江西，伯颜病倒了，没几天就死在驿站。江南汉人无不拍手称快，写诗歌嘲讽道："虎视南人如草芥，天教遗臭在南荒。"

元顺帝铲除伯颜时，已21岁。1340年，顺帝开始起用脱脱当政，改元至正，希望能使元朝中兴。他封马札儿台为太师和中书右丞相，脱脱知枢密院事，总领诸卫亲军，脱脱的弟弟也先帖木儿为御史大夫，马札儿台父子总揽军政大权。

马札儿台做了中书右丞相后，自恃辅佐皇帝铲除伯颜有功，私自在京城附近开酒馆、糟坊，派人去南方贩卖食盐。脱脱恐遭非议，祸及自身，暗中让人向元顺帝告了一状，上任仅半年的马札儿台被迫辞职。至元六年（1340）三月，元顺帝任命脱脱为中书右丞相。元顺帝决定任用脱脱进行改革，废除伯颜旧政，重振祖宗大业，大有恢复元朝盛世的向慕之志。

至正元年（1341），元顺帝恢复了中断六年的科举取士制度，亲试进士78人，以笼络汉族士大夫，同时大兴国子监，选名儒雅士传授儒学。他下诏将四个素有声望的儒士欧阳玄、李好文、黄潜、许有壬召进宫内，让他们五日进讲一次，帮助他读四书五经，练习书法。为了表达对儒学正统思想的尊崇，至正二年（1342），元顺帝派人到曲阜祭祀孔庙，第二年，下诏编修辽、金、宋三史，命脱脱为都总监官，许多汉人文士参加了编纂，形成了元顺帝新政中"文治"的重要内容。

脱脱在这国家存亡的关键时刻，开始施行他的改革措施。历史上把这次改革称为"脱脱更化"，可见还是取得了一些成就的。

脱脱的改革内容主要是：首先，为取得儒士的支持，恢复了被伯颜废除的科举制，置宣文阁，恢复太庙的祭祀。跟着脱脱开始平反昭雪一批冤案，这就使得满朝惊恐不安的人心得到了稳定，进而得到了众多朝臣的支持。对待百姓，脱脱下令免除百姓拖欠的各种税收，放宽了对汉人、南人的政策。这样就在一定条件下缓解了阶级矛盾。脱脱的"更化"不只表现在政治上，也体现在文化上。正是在这一时期，元人完成了对前代历史的编修工作。在脱脱的支持下，编成了宋、辽、金三史。自元朝建立以后，宋、辽、金代历史的编修就一直因以谁为正统这一点而争持不下。脱脱用汉族史学家欧阳玄，畏兀儿族人廉惠山海牙、沙剌班，唐兀人余阙，蒙古人泰不花等人一起修史，并决定宋、辽、金三朝全为正统，结束了这长达几十年的争论，且开创了各族史家合作修史的先例。

正是"久乱思治"，脱脱在四年多时间里，由于改革得当，使元朝末年的昏暗政治一度转为清明，取得了可人的成就。脱脱也因而获得了"贤相"的美誉，可是没过多久。朝中形势发生微妙的变化。中书左丞相别儿怯不花是元成宗时逆臣阿忽台的儿子，素与脱脱不和。他上台后，多次在元顺帝面前说脱脱的坏话，元顺帝本人也觉得脱脱权势太重，恐怕他走上伯颜独揽大权的老路，渐渐疏远脱脱。

至正四年（1344），脱脱被迫称疾家居，辞去相位。这时候，元顺帝尚存励精图治之心，任用成吉思汗四杰之一博尔术四代孙阿鲁图为中书右丞相。

至正五年（1345）十月，元顺帝遣使巡行天下，意在广布圣德，询民疾苦，寻访贤能，罢黜地方贪官污吏，规定有罪者四品以上停职，五品以下处决。可是奉命巡行各省的宣抚使不仅不按皇帝旨意秉公办事，反而借此机会敲诈勒索，虐害百姓，元顺帝的一番苦心全成

了泡影。

脱脱罢相后的几年中，右丞相一职数易其主，朝中大臣彼此倾轧，日甚一日，元顺帝的向慕之志渐渐消失。至正七年（1347）六月，他听信别儿怯不花谗言，罢免太师马札儿台，将他徙于西宁州，后又移居甘肃。脱脱忧郁不得志，请求随父同行，以尽孝道。

先前，太子爱猷识里达腊降生后，一直养于脱脱家中，因而二皇后奇氏与脱脱关系甚密。在脱脱罢相的日子里，奇氏一再在元顺帝面前为他求情，元顺帝自己也觉得，脱脱任中书右丞相的四年中为他出尽气力，其后，任命的丞相远不如脱脱精明能干。

一天，有人进献佛郎国马，元顺帝看着膘肥体壮的良马，感慨地说："人中有脱脱，马中有佛郎国马，都是世上出类拔萃的。"

不出半年，马札儿台病亡，奇氏得知后，立即对元顺帝说："脱脱是好人，不能让他久居外地。"

元顺帝点头赞同，下诏命脱脱回京。于是，脱脱开始了他人生中的第二次仕途之旅。

至正九年（1349），元顺帝任命他为太傅，总理后宫事务，七月，复命脱脱为右丞相。

元顺帝再一次起用脱脱后，把一切大权交付与他，自以为高枕无忧。而实际上，这时的元朝仿佛人到暮年，虚弱无力，几乎达到了无可整顿的地步。元顺帝开始深居宫中，与嫔妃嬉游玩乐，不理朝政，对国内形势茫然无知，前几年的"向慕之志"、图治之心早已消失殆尽。

脱脱复相后，虽有一番抱负，却无从施展，而且他犯了一个严重错误。上台后，他在各官署安插自己的亲信，将以前与自己结怨的官员一一贬黜，逐渐专横跋扈起来，为此得罪了一些皇帝近侍官员。朝中大臣为争权夺利，结党拉派；地方官员则互相勾结，鱼肉百姓。

元顺帝为了笼络人心，对贵族、官僚滥行赏赐，挥霍无度，造成国库入不敷出。脱脱复相后，元廷财政十分拮据，于至正十年（1350）发行了一种新的纸币，叫"至正宝钞"，用它来代替流通已久的"中统宝钞"和"至元宝钞"。为了搜括民脂民膏，政府拼命印造这种纸币，物价一下子暴涨十倍，老百姓来不及倒换新钞，只好以货易货，全国出现"米价贵似珠"的局面，搞得民不聊生，怨声载道。

从至正四年（1344）开始，黄河接连在白茅堤、金堤决口，河水暴溢。河南、山东、安徽、江苏等沿河地区受灾，有的地方水深达两丈左右。接着又发生旱灾和瘟疫。灾区人民死了一半。山东地方的盐场也被洪水冲毁，直接影响了政府的收入。

至正十一年（1351）四月，脱脱决定修治黄河，他任命贾鲁为工部尚书兼河防使，征发黄河沿岸15万民工和庐州（今合肥市）两万戍卒充当劳役，人们在监工的皮鞭下出苦力，衣不蔽体，食不果腹，怨恨、愤怒的气氛笼罩着治河工地，终于引发了红巾军起义。元顺帝调了几千名官兵前往镇压起义军。元军开赴前线后，主帅只顾饮酒作乐，士兵们则乘机抢掠，与红巾军刚一交战，主帅扬鞭高喊："阿卜！阿卜！（快跑！快跑）"回马便逃，元军不战而败。

脱脱这时候变得奸诈狡黠，他不仅向元顺帝隐瞒事情真相，而且每当朝中商讨军事，他一概不让汉人官员参与。

元·青花八棱罐

这时候，红巾军迅速发展，各地纷纷响应，以至义军遍布大江南北。后来，红巾军形成两大分支。

北方红巾军以刘福通、郭子兴等人的队伍为主，南方红巾军由彭莹玉、徐寿辉等人发动和领导。至正十一年（1351）十月，南方红巾军攻占蕲水（今湖北浠水），徐寿辉称帝，建国号为"天完"，"天完"就是压倒"大元"的意思，其势力逐渐发展到两湖、安徽、江渐、福建、广西等地。

脱脱见带兵镇压义军的弟弟吃了败仗，怕皇帝知道了怪罪下来，于己不利，所以不在皇帝面前提及红巾军起兵的事。可是纸里包不住火，一个名叫哈麻的近侍官员向元顺帝告了脱脱一状。元顺帝闻知天下大乱，而自己还蒙在鼓里，急忙召见脱脱，气愤地责备他说："你曾说天下太平无事。现在红巾军遍及半个国土，丞相你又有什么计策对付？"脱脱吓得瑟瑟发抖。

脱脱请命出兵高邮以后，哈麻凭着三寸不烂之舌，博得了元顺帝的信任，做了中书平章政事，弟弟雪雪也任了高官。

之后，哈麻告诉奇氏和爱猷识里达腊说，脱脱与其弟也先帖木儿拖延立嗣，有不轨之举。其实，在至正十三年（1353）六月，元顺帝已立爱猷识里达腊为皇太子，哈麻此举别具用心，奇氏和爱猷识里达腊心领神会，指使监察御史三次上奏元顺帝，指责脱脱出师三个月，空耗大量人力财力，毫无战功可言，请求罢免脱脱。

元顺帝听信了谗言，派使臣急赴军中下诏，以脱脱"劳师耗财，坐视寇盗"为借口，削除他的军权和官爵，将他贬居淮安（路治在今江苏淮安县），改派河南行省，左丞相太不花、中书平章月阔察儿、知枢密院事雪雪代替脱脱任前线指挥。

消息传开，军心大乱，脱脱的心腹龚伯遂对脱脱说："将在外，君命有所不受！"劝他不奉圣旨，待攻下高邮，小人谗言自会大白于天下。脱脱摇了摇头，说："天子诏我而我不从，这是与天子作对，君臣之分何在？"说完，骑马向北奔去，百万大军失去主帅，顿时溃散，使走投无路的红巾军抓住战机，反败为胜。

至正十五年（1355）三月，元顺帝再下诏书，将脱脱流放到云南大理，其弟也先帖木儿流放于四川，脱脱的两个儿子也因此受到牵连，分别被放逐兰州、肃州。是年十二月，哈麻假托元顺帝之命，派人毒死了脱脱。

脱脱一死，元朝的灭亡也就成了定局。

落日帝国，一代王朝终有时

随着蒙古族统治者封建化程度的逐步加深，他们利用土地的剥削也日益加重。如武宗时一个蒙古大臣占江南田 1230 顷，每年收租五十万石，平均每亩收租高达四石。利之所在，贵族们都趋之若鹜，他们往往采取包税制形式，争着承包政府的官田，然后分租给佃户耕种，从中进行剥削。南方汉族地主对佃户的剥削，和蒙古贵族相比也毫不逊色。

南宋亡后，元世祖有意识地把江南地主经济保全下来，因而江南地主对农民一直没有放松过控制和剥削。他们任意奴役佃客家属，干预"佃客男女婚姻"，甚至将佃客随田佃卖。

沉重的徭役也集中在贫苦劳动者身上。据记载，当时"浙右病于徭役，民充坊里正者皆破其家"。在赋税和徭役的双重盘剥下，广大劳动人民一遇灾荒，就只能流亡了，而列为一、二等的蒙古、色目人中的广大下层劳动者，同样遭受残酷的封建奴役和压榨。沉重的赋税、军役和站役，加上大封建主之间频繁的内讧和战争，官吏们的贪暴，以及自然灾害的袭击，使脆弱的蒙古、色目劳动者个体经济受到严重摧残，不断破产。关于蒙古人被卖给色目、汉人、南人为奴婢的记载，也是史不绝书。

至治二年（1322），元政府为了收容赎回被卖为奴的蒙古子女，成立了宗仁卫。到 1323 年正月，仅这一处收容的人数就"额足万户"。

元朝统治集团的骄奢淫逸，在其后期是十分惊人的。每一新帝即位，赏赐贵族们的金银钞币，都在数百万锭以上，田地的赐予也动辄千顷。如顺帝赐丞相伯颜田地，一次就达五千顷。他还花费大量财物于迷信活动上，挥霍浪费，国库为之枯竭。当时各级官吏都贪污勒索，巧立名目。如有拜见钱、撒花钱、追节钱、生日钱等。政府卖官鬻爵，高下有价。到了后期，就更加腐败了。

至正十年（1350）由于国库空虚开始发行至正钞，用来代替早已通行的中统钞和至元钞。这种不计后果的办法，当时人称为"钞买钞"。恶性通货膨胀，引起物价飞涨，社会经济陷入严重的危机。随着政治上的腐朽，各个政治集团之间的火并也经常发生。元朝的统治已面临崩溃的边缘。

高邮之战后，哈麻为了获取高官厚禄，极尽献媚之能事，想尽办法迎合元顺帝喜欢玩乐的心理，暗中向元顺帝推荐了一位西天僧（印度僧），教元顺帝学习淫术，号称"演揲儿法"，又称"秘密佛法"，汉语意为"大喜乐"。

不久，哈麻的妹婿秃鲁帖木儿又向元顺帝推荐了一个善行"秘密佛法"的西藏僧人，这位僧人对元顺帝说："陛下虽然贵为天子，富有四海，也不过保有现世而已。人生几何？当受我秘密大喜乐禅定，其乐无穷。"元顺帝受此诱惑，很快迷恋上了淫乱不堪的"秘密佛法"，对国家大事也就不管不问了。在西藏僧人的建议下，元顺帝选了十个皇亲国戚，称为"十倚纳"，在宫中练习"秘密佛法"，其中有元顺帝的母舅老的沙。他又派人四处搜罗美貌女子，召进皇宫，伴陪他与"十倚纳"从事"秘密佛法"，元顺帝整天与倚纳们偕同宫女相与亵狎，男女裸处，唯淫戏是乐。

元顺帝的丑声秽行，闻于内外。他还下令在避暑地上都（今内蒙古正蓝旗）建立穆清阁，连延数百间，奇妇美女充实其中，供他夏季到上都避暑时与亲信们行"秘密佛法"。元顺帝还嫌不足，又挑选了108个僧人进宫演练"秘密佛法"。并说，他之所以整日从事"大喜乐"，不理政事，乃是为天下生灵之故，真可谓荒谬绝伦。

由于朝廷中不少人投靠了红巾军。元朝政府军队一蹶不振，元顺帝不得不改变排汉政策，鼓励和依靠豪强地主武装去镇压农民起义。他廉价地授予地主武装头目以万户、千户等官衔，这样，相继出现了几支靠镇压农民起义发迹的地主武装，其中最主要的是答失八都鲁和察罕帖木儿两股势力。元顺帝起用搠思监为中书右丞相，汉人太平（原名贺惟一）为左丞相，他自己则不问政事，整天与嫔妃嬉游宫中。

元顺帝常常学着当初西藏僧人教他淫亵时的腔调说："百年光阴就像驰电一样，能有多少呢？日夜作乐还不满十万日，况且其间疾病相侵。有朝一日死去，富贵可就不归我所有了，何必自讨苦吃，虚度一生呢？"于是他亲自动手设计龙舟，龙舟长120尺，宽20尺，舟身及舟上殿宇皆饰以五彩金，舟行时龙首、眼、口、爪、尾一齐摆动，元顺帝经常乘舟在宫苑湖内往来游戏。他又选了十六个宫女，称为十六天魔，让她们身披璎珞，头戴象牙二佛冠，载歌载舞，供他与亲信观赏。元顺帝还为大臣们设计庭院房阁图样，然后交给工匠，照此修建，趋炎附势者为博得皇上欢心，称他是鲁班天子。

近侍官员看到元顺帝设计的房阁饰以金珠，就对他说，所建房阁不如某某官员居宅别致。元顺帝不服气，下令拆毁重建，近侍官员则把金珠刮去，装入自己腰包。元顺帝为了防止大臣们劝阻他与天魔舞女嬉游，竟想出了一个十分荒唐的主意，他秘密让人在宫内挖掘地道，在地道内与天魔舞女厮混，达到了昼夜不分的地步。他倾国家资财，把府库积粟全都赐给女宠，而百官官禄则支给茶、纸等杂物，朝野上下，怨声不绝。二皇后奇氏实在看不下去，再三恳求他爱惜身体，不要受天魔舞女迷惑，停止土木兴建。元顺帝听得此言勃然大怒，高声吼道："古今只我一人而已！"

哈麻对自己向顺帝推荐西天僧一事心有余悸，怕一旦朝臣知晓，自己名誉扫地，于是他找借口将西天僧打了170大板，放逐西北边远之地。可是，哈麻并未因此除却心病。当初，他向皇帝推荐西天僧时，他的妹婿秃鲁帖木儿是知道的，现在秃鲁帖木儿越来越受宠于皇帝，权势渐增，完全有力量与哈麻抗争，这使哈麻很不自在。更重要的是，

哈麻开始感到，身为一国之主的元顺帝整天沉迷于宫廷享乐，不理朝政，对大臣们放任自流，这样下去国家危在旦夕。最后，哈麻决定站在二皇后奇氏和皇太子爱猷识里达腊一边，逼迫元顺帝退位，并借机干掉秃鲁帖木儿。

至正十六年（1356）二月的一天，哈麻秘密对他父亲说："我们兄弟二人身为丞相、大夫，仰赖的是祖宗恩德。而今妹夫秃鲁帖木儿为取悦皇上，教他淫亵，必遭天下士大夫讥笑，我们兄弟有何脸面见人？我要除掉秃鲁帖木儿。而且皇上日趋昏聩，何以治天下？现在皇太子已长大成人，聪明过人，不如立他为帝，让元顺帝做太上皇算了。"不料，他妹妹正躲在屏风后面，偷听到哥哥与父亲的谈话，慌忙跑回家中告诉了丈夫，秃鲁帖木儿大惊失色，决定借元顺帝除掉哈麻。

秃鲁帖木儿急忙面见皇帝，不敢直说哈麻指责皇帝荒淫失道，只是笑着对元顺帝说："哈麻之所以想让陛下退位，是因为陛下年纪大了。"元顺帝听罢，十分惊讶地说："朕头发不白，牙齿没掉，怎么能说我老了呢！"在秃鲁帖木儿的挑唆下，元顺帝决定先发制人，铲除哈麻和雪雪。君臣二人商讨好计策后，秃鲁帖木儿躲入尼姑庵中暂避风声。

第二天，元顺帝遣使传旨，令哈麻、雪雪二人居家听命，不必入朝，兄弟二人不知是计。在这当口，元顺帝暗中授意御史大夫搠思监劾奏哈麻兄弟罪恶，没过几天，元顺帝下诏罢免哈麻、雪雪官职，将兄弟二人分别流放惠州（今河北宽城县北）和肇州（今黑龙江肇州县东)，兄弟俩还未来得及动身，就死于刑杖之下。

日落归山，顺帝的北逃耻辱

　　至正十七年（1357）夏天，刘福通在击败元军围剿，稳定住形势后，决定派出三路大军北伐，对大都形成包围，试图一举推翻元朝。从战争的部署和实际结果来看，刘福通的这次北伐举动过于轻率。这次北伐各军的协调十分不好。先出发的是由李武、崔德率领的西路军。后来这支军队又改由大刀敖、李喜喜等率领，在陕西，他们被察罕帖木儿打败。李武和崔德因一直没能取得战功，遭到刘福通的斥责。1361年五月，他们竟然向元朝汉将李思齐投降了。

　　中路军的结局也不比西路强到哪儿去。他们由关先生、破头潘等人率领，越过太行山，进入山西。这支部队犯了孤军深入的错误，他们原计划是从山西配合东路军进攻大都，可由于元军的堵截，竟贸然北上。尽管他们先后攻克了上都、金宁、辽阳，进入今天的朝鲜境内，但一直缺少补给，没有后援，而且攻击的地点都不是元朝的致命处，最后战败就是必然的了。最后关先生等人在高丽战死，破头潘退到辽阳时也战败被俘，中路军全军覆没。

　　在三路北伐军中，唯一能够有效打击元朝统治的是由毛贵率领的东路军。毛贵首先夺得了元朝的海船，从海路奇袭山东，只几个月，就占领了山东大部分地区。但他后来也犯了孤军深入的错误，1358年二月，毛贵继续北伐。先击败了元大将董抟霄兄弟，跟着又连克青、沧两州，三月，攻克蓟州，直逼大都。但很快元军从四面八方赶来支援，毛贵军被击败，退回到了山东济南。

　　在三路大军北伐的同时，刘福通展开了对宋朝故都汴梁的攻击。

1357年六月刘福通首次对汴梁发起攻击，但这一年却没能攻下。1358年，刘福通再次进攻汴梁，元守将竹贞弃城逃跑，刘福通终于攻下了汴梁，迎来韩林儿，将汴梁改为宋政权的都城，大有继承正统的意味。而事实证明，在没有强大的军事力量作后盾的情况下，刘福通的这一举动非常的不明智，他触动了元人非常警觉的神经。三路北伐军相继失败后，元军步步紧缩对汴梁的包围，刘福通也陷入了孤军奋战的境地。最后刘福通冲破元人重围，保护着韩林儿逃到了安丰。就在刘福通被迫逃入安丰的时候，1363年二月，同是起义军的张士诚投降了元人（尽管这种投降只是名义上的，不受元人任何制约）。张士诚为扩大自己的势力，他趁安丰空虚，对刘福通发起了进攻。而刘福通在北伐中已经失去了自己的主要军事力量，在这危急时刻，只好向在名义上仍然是红巾军的朱元璋求援。这一举动的直接结果就是使朱元璋在红巾军中的地位迅速飙升。

自脱脱被害后，起义军越闹越凶，在这"山河破碎风飘絮"的时刻，元军当年平定四方的气势哪里去了？元顺帝又在做些什么呢？答案是元朝统治集团内部在这关键时刻正忙着争权夺势，而元顺帝则早就失去了对江山社稷、祖宗基业的责任心，整天依红伴翠，"不爱江山爱美人"，沉迷在淫乐当中。

从1354年到元顺帝逃离元大都这十余年时间里，元顺帝先后起用右、左丞相竟有十余人之多，一个个不是奸佞小人、无能之辈，就是军阀武夫，结果祸国殃民，反而加速了元朝的灭亡。

元末的这场权力争夺从察罕帖木儿和答失八都鲁开始。答失八都鲁出身蒙古名门，他总领河南军马，但与红巾军在冀、鲁地区的交战中屡战屡败，于是，元政府派察罕帖木儿率军从关陕入河南，帮助答失八都鲁镇压起义军。没想到察罕帖木儿进入冀、鲁地区后却侵占了答失八都鲁的势力，答失八都鲁也因此忧愤而死。答失八都鲁的儿子孛罗帖木儿接替了父亲的职位，开始了与察罕帖木儿间的势力争夺战。这下可好，本来已经外战不断了，元朝内部自己人还打了起来。这两股元朝末期的主要军事力量，如果不是有起义军攻入他们的势力范围，根本就不理睬长江以南起义军的扩张，双方打得不亦乐乎，多次由元廷出面，命各还本镇才稍有停歇。

至正二十年（1360），察罕帖木儿在山东被起义军田丰、张士诚刺杀，他的养子王保保（蒙古名字是扩廓帖木儿）承袭父职，双方的内讧愈演愈烈。至正二十三年（1363）六月，孛罗帖木儿乘王保保与山东起义军交战的时候，他派竹贞攻击王保保统辖的陕西。王保保立即派部将李思齐攻击竹贞，竹贞战败投降了王保保。由此可以看出双方这一时期的战斗规模确实不小。

最可悲的是，两个地方军阀之间的交战与宫廷内部的矛盾又结合到了一起。脱脱死后，哈麻当上了中书左丞，他的弟弟雪雪成为御史大夫。元朝的朝政全把持在了这两兄弟手中。人的野心真是无法预测，已经专权的哈麻还想得到更大的权力，他密谋拥立皇太子爱猷识里达腊，想要废掉顺帝。结果被秃鲁帖木儿告发，被顺帝贬去了惠州，途中被乱杖打死，结束了他罪恶的一生。哈麻死后，搠思监主政。这搠思监是个大贪官，为了搜刮财物，他甚至下令印造伪钞。国家政府带头制造伪钞，政府腐败程度可见一斑。而元顺帝这时候更加沉迷在"大喜乐"的快感中，还很有"创造精神"地组织起身边的美人，编演了新的"大喜乐"舞蹈——天魔舞，对国家政事简直厌烦透顶。

元顺帝的昏庸使皇太子也起了野心。皇太子与自己生母奇皇后（高丽人）谋划篡权。他们让宦官朴不花联系左丞相太平，太平不同意，被皇太子和搠思监逼迫自杀。搠思监与朴不花两人狼狈为奸，使元朝政府达到了前所未有的昏暗局面。朝臣们对两人恨之入骨，纷纷上疏弹劾。这时御史大夫老的沙出场了。老的沙是元顺帝的母舅，他看到了朝臣们的不满后，就想要利用这一点排挤政敌。老的沙这一举动无疑是在玩火，搠思监与朴不花是皇太子和奇皇后的亲信。因此，在皇太子和奇皇后的唆使下，元顺帝将他封为雍王，逐回了高丽。老的沙却不想就这样一走了之，他走到大同后，跑到了孛罗帖木儿军中躲了起来。就这样，孛罗帖木儿和王保保两大军阀间的争夺进一步升级，成为元朝末年统治上层的两集团间的权力之争。

老的沙留在孛罗帖木儿军中后，搠思监、朴不花与皇太子结成一伙，以王保保为外援，强令孛罗帖木儿交出老的沙。孛罗帖木儿拒绝。于是搠思监、朴不花就诬陷孛罗帖木儿与老的沙图谋不轨，由元顺帝下诏，削去了孛罗帖木儿的官职，命令他交出兵权后回四川封地。孛罗帖木儿抗旨，于是，王保保就得到了朝廷出兵讨伐孛罗帖木儿的命令。就在这个时候，宗王不颜帖木儿也对搠思监、朴不花等人的专横感到了不满，他一面上书替孛罗帖木儿辩解，一面很快出兵与孛罗帖木儿会师。元顺帝看到这种局势，便又降下圣旨，流放了搠思监与朴不花，恢复了孛罗帖木儿的官职。可是，尽管元顺帝下了诏书，搠思监和朴不花仍然留在大都。拥兵自重的孛罗帖木儿就找到了进兵京师的借口。他率军进攻京师，在居庸关打败了大都的军队，皇太子也被迫逃出了大都。最后在孛罗帖木儿的要求下，元顺帝交出了搠思监和朴不花。这两名奸臣被孛罗帖木儿处死。就这样孛罗帖木儿便上演了一幕元末历史上"清君侧"的闹剧。这之后，孛罗帖木儿被元顺帝任命为太保、中书平章政事，兼知枢密院事等官职，率着军队浩浩荡荡地开出了元大都。

至正二十四年（1364）五月，皇太子回宫，他立刻命王保保调动军队，进攻孛罗帖木儿。王保保命白锁驻守京师，命貊高、竹贞、关保分别率军攻击孛罗帖木儿，自己亲驻太原，调督诸军。七月，孛罗帖木儿与秃坚、老的沙再一次以"清君侧"为名进攻京师，皇太子也再一次逃到了太原。孛罗帖木儿这次入京后处死了顺帝身边的一些佞臣，可见他确实没有造反的意思。可是很快，在至正二十五年（1365）三月，皇太子与王保保集结了岭北、甘肃、辽阳、陕西各地军队，共同讨伐孛罗帖木儿。这次孛罗帖木儿战败，自此意志消沉，整天与老的沙饮宴，荒淫无度，而且喜怒无常，经常酗酒杀人。孛罗帖木儿的这些举动也使得顺帝十分不满，他密令威顺王宽彻普化子和尚刺杀孛罗帖木儿。和尚雇杀手在这一年的七月二十九日将孛罗帖木儿刺杀。老的沙带着孛罗帖木儿的家眷逃到了秃坚的军中，随后与秃坚一起投奔了赵王，鼓动赵王起兵。赵王将老的沙和秃坚两人抓起来，送到了朝廷，这样孛罗帖木儿的势力就被彻底清除了。

孛罗帖木儿的势力被清除后，并不是说元朝各军阀间的混战就此停止了。很快，皇太子、王保保与北方汉人军阀李思齐之间的矛盾又成了新的军阀混战的导火索，而这一次混战一直到朱元璋攻进大都，仍然在继续。

就在元朝各大军阀势力在进行着毫无价值的消耗战的同时，朱元璋逐渐消灭吞并了南方各起义势力。至正二十七年（1367）十月，朱元璋消灭了张士诚后，他命徐达北伐。1368年，明军会集在德州，分水陆两路沿运河北上，占长芦，克青州，到达直沽，进逼大都。七月二十六日夜，元顺帝放弃了防御坚固的元大都，仓皇北逃。八月，徐达率明军兵不血刃进入大都。元朝在整个中原的统治就此结束。

元顺帝逃出大都后，在1370年四月病死在了应昌，皇太子爱猷识里达腊继位，是为昭宗。逃到漠北的蒙古人虽然仍沿用"大元"的国号，但元朝在中原的统治已经结束，所以历史上称这个流亡政权为"北元"。北元在爱猷识里达腊以后，一直到被明朝大将蓝玉灭亡为止，又存在了相当长一段时间。

第二章

石人一只眼，挑动黄河天下反

　　在天灾人祸的折磨下，红巾军应时而起。韩山童的"石人一只眼，挑动黄河天下反"叫醒了千千万万受苦受难的人们。之后是借"佛"之名起义的徐寿辉，先发制人从而占领濠州的郭子兴，应声而起的芝麻李，号召盐丁起兵的张士诚，等等。元朝可以说是大势已去，就看奋起的群雄谁得天下了。

反元复宋，初立红巾军

1333 年，元朝的第十一位皇帝元顺帝（即元惠宗）继位后，皇室内部的斗争愈演愈烈，政治也越来越腐败。再加上他的荒淫无道和连续的天灾人祸，使得处于水深火热之中的百姓终于忍无可忍，揭竿而起，在很多地方爆发了农民起义。

元至正十一年（1351）三月，连日大雨使得江淮大地河水渐涨，人心惶惶。人们担忧的是自己的生计和性命，这十年来的黄淮流域，不是洪灾就是饥荒，元朝政府管理不力，盗贼四起，百姓苦不堪言。

河北有个农民叫韩山童，他祖父是个教书先生，曾经利用传教的形式，暗地组织农民反抗元朝，被官府发现，充军到永年（今河北邯郸东北）。韩山童长大以后，继续组织白莲教，并当了教头，聚集了不少受苦受难的农民，烧香拜佛。于是，韩山童对他们说：现在天下大乱，佛祖将要派弥勒佛下凡，拯救百姓。这个传说很快就传到河南和江淮一带，百姓们都盼望着有那么一天，弥勒佛真会下凡来。

韩山童认为，如今世道已乱，不能再指望朝廷过上好日子了。他要靠自己的能力做一番事业，他的心一直被一件事鼓动着，那就是前几年反了朝廷的方国珍。方国珍在海边称王，浙江行省的官兵都奈何不得他，势力越来越大。韩山童的心，每想到这件事就很激动，那是一种冲动：证明自己，发展自己，展现自己能力的冲动。这个冲动在韩山童那里渐渐变成行动，他总觉得这种世道为成就一番事业提供了机会。

正巧在这个时候，黄河在白茅堤决口，又碰上接连下了二十多天大雨，洪水泛滥，两岸百姓遭受严重水灾。有人向朝廷建议，把决口的地方堵住，另外在黄陵冈（今山东曹县西南）开挖河道，疏通河水。1351年，元王朝征发了汴梁（今河南开封）、大名等十三路民工十五万和兵士两万人，到黄陵冈开河。

韩山童深思很久，他决定抓住这个机会，集合信众反抗朝廷。白莲教在这一地区流传甚广，除了韩山童是总头目，还有其他几个负责人，韩山童计划的第一步是先召集各位负责人，征求意见。

于是，他秘密联系了一些可信的人在颍州地区的白鹿庄召开了一次密谈。这其中有白莲教各地的负责人刘福通、杜遵道、罗文素、韩咬儿，还有颍上县城里的盛文郁、王显忠。几人稍稍寒暄之后，一片寂静，寂静中隐藏着些许压抑，似乎有什么重要的事情正待爆发。韩山童身高七尺，头戴红布巾，颇有洒落气度。

此刻，他坐在庄主的位子上，沉着地想着什么，一声不响。其实聚集之前，韩山童已经用密信透露了此次商讨的事情。沉默中，刚刚到来的盛文郁轻轻咳了一声，环顾四周，最后对韩山童说："教主，最近县城闹得沸沸扬扬，说是朝廷要修治黄河。"在座的各位并不惊讶，只是互相对视了一下，好像已有所闻。

盛文郁继续说："宰相脱脱不顾异议，将于今年四月在黄淮地区征数十万农民开工修整黄河，发汴梁民夫十五万，泸州戍军二万，大兴工程，预计开河二百八十里，让黄河决堤的地方重回旧道。"

"如今百姓已经怨声载道，可说是民不聊生了，哪有心思为朝廷效力修治黄河？我看元朝离灭亡不久了。"说话的人正是刘福通，此人性情豪爽，有智谋，跟随韩山童在民间传教多时，很受众人爱戴。

韩山童略有所思地说道："如今这世道，看来只有靠自己撑起一片天地了，指望朝廷是没什么可能的。如今朝廷若要征集民众修黄河，只能引起民众的反感怨恨，依我之见，这是聚众反叛朝廷的好时机。"

各位头领此前也都有过慎重考虑，在韩山童的鼓动说服下，纷纷响应，推举韩山童为首领。

韩山童说道："历来起义都有自己的口号来号召群众，于此，大

家有何意见?"

刘福通说道:"现在元朝压迫百姓那么厉害,百姓还想念着宋朝。而且宋朝灭亡不过才七十余年,遗民较多,江淮、黄淮地区的汉人多不服元胡统治,反心一直都有。如果打起恢复宋朝的旗帜,先攻下附近的州县,同时鼓动修黄河的十几万民夫反叛,应是得人心之举。"

韩山童立即走向刘福通,应声"好",对着众人神秘地一笑,道:"各位稍等,且看一样宝物。"

只见韩山童关上房门,谨慎地取出一个陈旧的黄布包。众人依然一脸迷茫,屏着气息,不知韩山童到底要展示什么宝贝,跟起事有何关系。

"诸位且过来一下。"众人细细辨认,却难分辨出印文到底是什么。曾做过朝廷小官的杜遵道研究半晌,大惊道:"这……这可是天子之宝啊!"众人再看,将信将疑,都怔住了,齐齐望着韩山童。

韩山童沉沉地说道:"实不相瞒,这是大宋天子宋徽宗的玉玺。说来话长,靖康二年(1127)四月,金人虏宋徽宗,皇室潜逃。为避免金人盘查,太上皇将这块玉印,偷偷托付给一个随从,让他在民间的儿子收藏,这个儿子从此改名换姓,叫韩明。这块玉印也代代相传,传到我这里已是第九世了。"

众人面对此番情形顿时失语,不知这玉印是真是假。韩山童正色道:"我祖上还传下另外两件宝物——徽宗的画和内府的玉镇纸。各位请随我前往观看。"几经周折到了一间秘密房间,韩山童如此这般介绍这两件宝物如何如何,众人由狐疑逐渐变得相信了。

回到堂上,众人犹在不可思议之中,韩山童唤人去喊夫人。

只见韩夫人抱着一个小孩进来。

众人不知这又是为何。韩山童指着孩子诡异地说道:"恐怕你们还不知道他是谁。"

刘福通说:"这不就是令郎吗?"众人皆说:"是啊,是令郎啊!"

韩山童道:"这是我从民间收养的孩子,他可是大宋朝的皇子。我乃宋代宗室。"

这仿佛一出戏剧，众人心中狐疑，却无法发问。

刘福通说道："原来韩庄主是宋代宗室，有天子玉印，收养皇孙，当恢复宋室才是。如今时机成熟，我等应鼎力相助，恢复大宋伟绩。"众人当下拥立韩山童为主，决意即刻采取行动谋划大业，反元一事算是达成了共识。

刘福通化身为颍州商人，带领几个随从，前往黄河沿岸准备发动民工反抗朝廷。同时，韩山童在黄河沿岸散布童谣："石人一只眼，挑动黄河天下反。"同时，在河道中埋设一石人，背刻："石人一只眼，挑动黄河天下反。"还让几百个教徒扮成修河的农夫，暗暗在这些河工中宣传这些思想。此时，元朝政府所拨的修河经费被修河官贪污，河工拿不到工钱，连饭都吃不饱，心中都对朝廷充满了怨恨，民工们虽然不懂这歌谣是什么意思，但是听到里面有"天下反"三个字，就觉得好日子快要到来了。开河开到了黄陵冈，有几个民工忽然挖出一个石人来。大家好奇地聚拢来一瞧，只见石人脸上正是一只眼，而且背上刻的字正是最近流传的民谣："石人一只眼，挑动黄河天下反。"大家心里都想，民谣说的真的应验了，既然石人出来，天下造反的日子自然来到了。

于是，韩山童趁机在白鹿庄聚集了3000人，杀白马黑牛，祭告天地，宣称自己是宋徽宗第九代传人，要起兵恢复宋王朝，韩山童被推举为明

刘福通率领的红巾军

王。众人决定起义，以头裹红巾为标志，四处宣传起义之事，称为"红巾军"。又因焚香聚众，又被称作"香军"。但是正在歃血立誓的时

候，有人走漏了消息。官府派兵士把韩山童抓去，押到县衙门杀了。韩山童的妻子带着他儿子韩林儿，逃脱了官府追捕，到武安（今河北武安）躲了起来。

刘福通逃出包围，把约定起义的农民召集起来，攻占了颍州等一些据点。原来在黄陵冈开河的民工得到消息，也杀了河官，纷纷投奔刘福通的队伍。因为起义兵士头上裹着红巾，当时的百姓把他们称作红军，历史上把它称作红巾军。不到十天，红巾军已经发展到十多万人。

韩山童的起义虽然失败，但是却唤醒了当时世人的蒙昧，对人们的思想也起到了一些积极作用，随后，很多起义军也都打着"红巾军"的旗号在各地纷纷起义，对抗元朝的腐败统治。

借佛之名，徐寿辉称帝

徐寿辉（1320~1360 年），一名真一，又作真逸，红巾军天完政权领袖。卖布出身。

徐寿辉是罗田多云乡上五堡（今堂九资河）人，原是贩卖土布的小商贩，他身材魁伟，相貌非凡，为人正直，见义勇为，在群众中享有很高威信。

元至正十一年（1351）五月，北方白莲教会的韩山童、刘福通等人在大别山北面发动几万黄河民工起义，直打到大别山脚下的光山县。对元朝统治早就不满的徐寿辉，见时机已到，便与麻城铁匠邹普胜、江西宜春县和尚彭莹玉等人聚到一起，也准备用"红巾军"的旗号起义。

徐寿辉和彭莹玉一致认为，刘福通的白莲教已经深入人心，利用白莲教创立自己的教义吸引民众是最有效的方式。很快，徐寿辉和他的两个伙伴聚集了一批人，到处鼓吹刘福通的白莲教如何神明，红巾军如何威武。到了八月，众多对朝廷不满的民夫都聚集在徐寿辉门下。

这天徐寿辉正要出门，彭莹玉慌慌张张地进来说道："徐兄，听说朝廷已经在关注我们的行动，恐怕我们现在的处境不妙。"

徐寿辉听言，差人找来邹普胜。邹普胜得知信息后一筹莫展，不知如何是好，心存犹豫。

徐寿辉见状，拉起邹、彭二人的手说道："如今，我们兄弟三人必须同心协力方能成就大事。既然朝廷有行动，我们不妨就趁此机会反了，给朝廷一个措手不及。"

三人商议之后，决定次日就在大别山区发动起义。

次日晚，三人召集了各自负责的教徒信众。徐寿辉是个聪明人，知道韩山童起事靠的是托宋的声明，而自己不过一个普通布贩，若要赢得人心必须神化自己，神化各位首领。

面对济济一堂的信众，徐寿辉振振有词："朝廷一再逼迫我们普通百姓，实在是不可忍了。我等白莲教信众渡过数次难关，但如今天下大乱，刘福通前几日邀请我前去参加他的军队，我不忍心丢下众人。"

彭莹玉站起来说："各位，现在徐首领有难，需要大家齐心相助。如今有人密报徐首领聚众闹事，勾结红巾军，朝廷正要捉拿他。"

在徐寿辉的小集团里，兄弟义气向来是大家最看重的，所以听到这个消息，很多人愤愤不平，有人发下豪言壮语，说要替徐首领死；有人说要去跟朝廷决一死战，拼了……

这时彭莹玉示意众人安静，绕过几个人，走到徐寿辉面前，拉下徐的上衣，众人望其后背，大惊。

原来徐寿辉的后背写着一个大大的"佛"字，而此时徐寿辉一脸的茫然，仿佛并不知道众人在惊讶什么。

彭莹玉道："昨晚佛祖托梦给我，说如今天下大乱，将出现一位

能拯救众人之人，此人后背有一'佛'字。徐首领传教多时，处处为大家着想，如今乃遂天意，我们当推举徐首领带领众人反抗朝廷的压迫。"

徐寿辉说："各位无须惊慌，我前几日也梦到佛祖说赐我一个'佛'字，当时不明何故，原来是佛祖要我来保护大家，徐某自当万死不辞。"

当下众人拥戴徐寿辉为头领。徐寿辉宣称应头戴红巾，为红巾军支流。

徐率领的红巾军，一举攻取了罗田县城。九月，打败了元朝的威顺王宽撤不花，攻占了圻州（今圻春）和黄州，并在水陆要冲之地蕲水（今浠水）建都，国号"天完"（"大"上加"一"为"天"，"元"上加"宀"是"完"，"天完"表示压倒"大元"），定年号为"治平"，设置统军元帅府、中书省、枢密院以及中央六部（吏、户、礼、兵、刑、工）等军政机构，并任命邹普胜为太师，倪文俊为领军元帅，陈友谅为元帅簿书掾。铸有铜印，发行钱币。徐寿辉在蕲水县城附近的清泉师太殿上称皇帝即位。

徐寿辉创建政权后，提出了"摧富益贫"的口号，得到了广大贫苦农民的拥护，红巾军很快发展到几十万人，徐寿辉以现今黄冈市为中心根据地，派出两路大军向江西、湖南挺进。红巾军纪律严明，不淫不杀，每攻克一地，只把归附的人登名于户籍，余无所扰，因而深得人心，队伍迅速扩展到百万人。

过了一段太平享乐的安稳日子，徐寿辉开始忧虑起来，回首走过的路，蓦然觉得自己得到的一切并不坚实。虽然贵为一国之君，可是大元朝的力量依然强大，周围那些英雄豪杰无论有无建国，也都不比自己差多少，这些力量随时都有可能摧毁自己。并且，徐寿辉已经觉得手下的这些难兄难弟虽然看起来顺从听话，其实难免看不上布贩子发家的自己。徐寿辉考虑了很久，决定利用现有的兵力，全面出击，进攻周围地区。对此，元帅倪文俊有异议，在他看来，以如此小的力量分散开行动，无疑是自取灭亡。其实，是他不愿为徐寿辉再付出全部努力，他自觉才干和能力都胜过徐寿辉，对这个布贩子起家的主子多有不屑。大力支持徐寿辉的是陈友谅，这个人很有计谋，又有些手段，虽然私下里他和倪文俊交好，但是一直期待着徐皇帝提拔自己，只是一直没有立功的机会。

这一次，徐寿辉决定不再依赖邹普胜和倪文俊，而要展示一下自己的才干，他派出所有兵力，全面出击。

徐寿辉派陈友谅一路向江西行省进攻，他对陈友谅万般放心，这是因为他看出陈友谅急切高升的情绪。对于攻打江西，陈友谅是立了军令状的，这还是他第一次一个人掌握军权带兵打仗。出发前，他对徐寿辉说是不胜不归。攻打江西的同时，徐寿辉派太尉倪文俊进攻湖广行省中南部，倪文俊虽然心有不满，但在这个时刻不敢违逆皇帝之意。徐寿辉毕竟不太放心倪文俊，同时再派他的部下明玉珍溯江而上，从湖广行省向西，直捣四川。而湖广行省向东，是徐寿辉的患难之交军师彭莹玉率领军队，在江西行省的东北角一路向江浙行省的大片地区发起进攻。

而事实也确实没有令他失望，仅仅半年的时间，徐寿辉的军队不负他望，勇猛进攻，所向无敌，捷报频传。天完国的地盘已经广及湖广、江西、四川、江淮、江浙数省，而天完国和徐寿辉的影响力也更大了。也正是这次，陈友谅立了大功，升为元帅，对徐寿辉更为顺从。在陈友谅看来，在之前取胜的基础上，攻打龙兴是必胜无疑的，偏偏皇帝不肯，他只好调整自己的战略，配合彭莹玉相继向元朝兵力比较集中的江西行省东部和江浙行省的中南部进攻，先后从元军手中夺取了饶州、信州、徽州、杭州，最远一直打到福州路的福安、宁德等县。

徐寿辉的天完国，在短短时间内，占领了大元帝国的中部领土，一时声势浩大。比起当时的刘福通有过之而无不及，徐寿辉的队伍也成为元末农民起义中重要的一支。事情都有两面性，正是这种浩大的声势惹恼了元朝政府，元朝怎能放过这样一个发展迅速的叛逆者呢？在以后的几年里，天完国的发展渐缓，主要精力都放在了对付元朝的围攻上。

元至正十三年（1353），元统治者调集几省军队，对红巾军根据地进行围剿，天完政权的重要领导者彭莹玉战死，国都蕲水县城也被攻破，"莲台省"将士四百余人壮烈牺牲。徐寿辉率领部队先后退到黄梅县挪步园一带和沔阳县的滨湖地区坚持战斗，同时对军队也进行整顿。第三年春天，红巾军大举反攻，重新夺取江西、湖南，控制了四川盆地和陕西的一部分地区，并于汉阳县城重新建都，改年号为太平。随后，徐寿辉又派人到罗田故里多云山中建田元殿，筑紫云台，还在山的最高处立一"无敌碑"，以夸示其功绩。

至正十七年（1357）九月，正当红巾军迅速壮大，士气日盛的时候，徐寿辉的部将倪文俊却心怀叵测，企图暗杀徐寿辉，篡夺帝位。其阴谋败露后，自汉阳逃往黄州，被陈友谅所捕杀。陈友谅因功升任平章政事，并吞并了倪文俊的旧部。

至正十九年（1359）徐寿辉又迁都江州（今江西九江），改年号为天定。

占取濠州，郭子兴招兵

郭子兴本来是定远（今安徽定远）地方的一个财主，祖籍曹州。他的父亲曾经以算卦为生，四处流浪，人称郭半仙。有一年到了定远，娶了一个地主的瞎女儿，得了一份财产，育有三子，郭子兴是老二。父亲曾为自己的三个儿子算了卦，卦象是郭子兴最有成就，因此父亲也最偏爱他。

郭家这三个兄弟都不爱读书，热衷舞枪弄刀，但都很会经营生意，不久成为地方上有名的地主。可是因为出身低微，郭家经常受地方官吏的敲诈勒索，郭子兴心里气愤不过，加入了白莲会。他拿出家里的钱财，摆酒杀牛，结交江湖好汉，只等一有机会，就杀死那批贪官污吏，出心中恶气。

大哥郭子旺对二弟郭子兴的行为其实有些不满，在他看来，和那些江湖之人纠结在一起不是什么好事。这一晚，他在厅房等外出的郭子兴回来，一直等到家人都入睡了，方见郭子兴满脸兴奋地归来。

"子兴，你这样不务正业，和那些人鬼混不行啊。我看你还是和我一起经营生意，少招惹是非，如今天下很乱，我们也只求平平安安，你就少让家人操心吧。"

"大哥，你就别糊涂了。你不记得官府是如何欺压我们的，你再看看他们又是如何压榨百姓的，乱世才能有为。"郭子兴向来最恨大哥的循规蹈矩。

"你能有什么可为？书读得不多，武功谈不上，就是白莲教你又能算得上哪个？"大哥说着愈加生气起来。

"大哥，我们敬奉的刘福通不也是一介平民，他又有何德何才，不也成就一番事业，是当今公认的英雄豪杰。我不甘心在这个小地方这样被欺压下去，总有一天我要让那些官兵尝尝苦头。"

郭子旺一时无语，不知如何说服郭子兴，同时他的内心也被郭子兴的话搅乱了。

郭子兴见状，恳切地说："大哥，你要相信我，支持我。孙德崖、俞志明、曹四七、潘双龙你都认识的，平时你对他们也多有称赞，我们已决定反抗朝廷，近日行动，县内有几千人响应，现在需要的是财力的支持，大哥你……"

郭子旺闻听此言显出惊慌的神色："这个……也太突然了吧，难怪你近日行色匆匆，行踪不定的。"稍稍平静了情绪，他继续说，"事已至此，你是我的弟弟，我也只能支持你了。无论怎样，你要保全自己的性命。"

至正十二年（1352），也就是刘福通起义的第二年，郭子兴看见时机成熟，就和孙德崖、曹四七、俞志明、潘双龙一起，带领几百人，

准备起义。他们扮作商人分批偷偷进入濠州城，因为郭家在城中也有商号，所以，会合起来也方便不少。

到了深夜，他们趁守卫的士兵放松警惕，杀了州官，把濠州城占领了，算是正式起义了。

郭子兴和他的四个好友都自称元帅。其实郭子兴心中自觉功绩最大，在他看来是自己家出了钱财，又是自己率领几千人攻进城内的，当然他也明白其他人的重要性。此时尚需要大家齐心协力，他也只是心头有些想法，并未表现出来。

随后，几位元帅部署了一些事宜，开始商讨下一步行动的计划。

孙德崖认为："濠州已经攻下，当下应该乘胜再攻附近州县，这样我们的势力会迅速扩大，不愁没有军队。"

俞志明和曹四七两人也都觉得在理。

可是郭子兴另有打算，濠州是攻下了，可是如何守住濠州还是个问题。再说一山无二虎，如果五个人当家还真是难成大事，他得在此稳住自己的实力，毕竟濠州是他熟悉的地方，在此地他郭家多少有些声望。

沉默多时的郭子兴侃侃道："孙兄说得有道理，但是如今我们立即进攻别的地方，恐怕实力不够啊。再说周围的起义军势力也都很大，我们的行动势必引来他们的不满。"

"那郭兄有何高见？"孙德崖闷闷地说。

"依我看，守住大本营慢慢发展为上策。这样既可以避免朝廷的围攻，又可以躲过其他义军的关注。"

一时大家无语，胜利的欢乐伴随着对未来的担忧。

果然，元王朝派大将彻里不花带兵来围攻濠州。但是，领兵的彻里不花却是个胆小鼠辈。他害怕红巾军，不敢攻城，在老远的地方扎下营垒，却派兵士在城外捉了一些百姓，当做俘虏向上级冒功请赏。城外的老百姓遭到迫害，怨声连天。

于是，孙德崖他们同意了郭子兴的建议，先利用人们痛恨朝廷的心理，在此地招兵买马，扩充兵力。

濠州城内还是一片乱糟糟的情形，郭子兴他们于是发布军令，在城内到处张贴安民告示。过了不久，城中流传这样的说法："满城都是火，府官四散躲。城里无一兵，红军府上坐。"这个说法正是郭子兴派人散播出去的，有了好的名声，不怕没人投靠。虽然书读得不多，但郭子兴明白宣传的重要性，也懂得要收买民心。

果然，不久附近很多村民来投靠，这些村民不堪被元兵追拿，本来就痛恨朝廷的苛刻，听到城中流传出去的说法，都觉得与其无辜死去，还不如随起义军做些事情好，很快城中就招了一千多人，濠州声势更加壮大起来。而郭子兴和孙德崖他们也不忘善待自己，把城内的富户人家赶走，各自占领了那些富商的豪宅，设为元帅府。

虽然濠州城有五个元帅，表面上友好平等，实则各怀心思，谁都想成为最当家的那一位。而起义的众人都明白，占领濠州城郭子兴出财出力都不少，平时郭家也乐善好施，很受民众拥戴，所以郭子兴的影响无形中要胜过另外四位。城中的重要事端，那些小兵也多向郭元帅报告。

有一天晚上，濠州的红巾军正在城门边巡逻。忽然城外来了一个青年和尚，说要投奔红巾军。守门的红巾军兵士怀疑他是元军派来刺探军情的奸细，一面把他捆绑起来，一面派人报告郭子兴。

红巾军领袖之一郭子兴

郭子兴一听，心想也许来的真是投奔他的好汉，亲自骑马到城门口去查看，只见那个被捆绑起来的和尚，虽然衣服穿得破破烂烂，却长得身材魁梧，浓眉大眼。郭子兴一看，心里十分喜欢，马上命令兵士松了绑，把和尚带回元帅府。

郭子兴跟和尚一谈话，发觉他口齿伶俐，十分赏识，但又怕他是朝廷派来的奸细。就对他说："你果真是来投奔的？濠州城可还是在

元军的包围之中啊。"转念一想，郭子兴又厉声道，"如果你真是奸细，就自己招来，放你一条生路，否则日后被发现，你的性命就没了。"

那个和尚抬起光亮的头，神色镇定，毫不畏惧，平静地说："是我兄弟汤和写信让我来的。"

郭子兴一听是千户汤和所邀，本来对这个和尚就有兴趣，心中大喜，但他丝毫不让内心的情绪流露出来。

"那你把汤和给你的信拿出来。"

"怕元军路上盘查，信烧了。"那和尚依然是不紧不慢、不慌不忙地说。

"烧了？我看你就是元军的奸细吧！"郭子兴颇有不满，他倒要看看这个青年到底有多少能耐，在元帅面前如此自若。他心里盘算着，如果真收为兵，恐怕将来可以重用。

那和尚一时无语，目光中毫无怨言，亦无辩解之意。

良久，郭子兴只好差人去叫汤和。

汤和一到，不顾元帅在场，激动地喊道："重八，你真的来啦！太好了！"这个汤和比较早地跟从了郭子兴，如今已经是个不大不小的官了。

郭子兴见状，一颗心方才踏实起来，同时心中也很喜悦。多些这样的士兵，不怕日后压不倒那四位粗人。在郭子兴看来，另外四个元帅不过就是农民而已，除了些粗鲁豪情，根本就不是当首领的料。

这个前来投奔的和尚，正是日后建立大明王朝的朱元璋。后来的朱元璋参加起义军以后，马上表现出他的才能，他也确实在军事上帮助郭子兴立了不少战功。他打仗勇敢，又有计谋。郭子兴把他当做心腹看待，出去打仗，总要先跟他商量。可以说，这次招兵的最大成果就是招到了朱元璋这个将才。

元军发难，芝麻李告急

芝麻李，即李二。元末红巾军首领。邳州（今江苏邳州市）人。自幼具有燕赵侠肝义胆的风格，颇有些家财，那年灾荒饥馑，李二将家中储存的一仓芝麻献出来赈济贫民，受到百姓称道，送予外号芝麻李。

当时元朝政府修治黄河，所到之处侵废民业，导致人心不安。芝麻李就和邻居赵均用谋划起事，说："朝廷妄兴土木之功，百姓贫苦，无门可告。当此之时，正是男子汉谋取富贵的最佳时机。"赵均用是村里的社长，二人一拍即合，赵均用告诉芝麻李，燕城南有个彭大，此人勇猛强悍且有胆略，如得此人参与，可举大事。遂即到彭大家，邀他一起举事。彭大听赵说有芝麻李领头，当即表示参加。三人又联络其他同乡好友，一共八人。大家一起歃血同盟，筹划起事方案，共举大事。

元至正十一年（1351），芝麻李与同乡赵均用、彭大等八人装扮成修治黄河的挑河夫，趁天黑赶到徐州城，要进城中住宿。遭到把守城门士卒的拒绝。芝麻李他们佯言："我们只是挑河夫，就借一宿，有什么妨碍？"

半夜时，四人趁机闯入，另四人留在城外。到了夜里四更天时，城内四人点起四处大火，齐声大喊："红巾军打进徐州城里来了！"城外四人也点起四堆火响应，内外喧呼，城中顿时乱作一片。守城的官兵本在睡觉，被惊醒后，心惊胆战，四处奔跑，也是一片混乱。芝麻李大队人马乘机攻入城内。奋勇杀敌，攻占了通衢要津，活捉州官。

迅速夺取徐州全城。

到天明，又竖起大旗，招募民众从军，应募者达十余万人。芝麻李派遣人马，攻打周围州县，徐州及各属县均被起义军占领。芝麻李的起义军势力强大，又占据地处南北交通要道的徐州，并一再击败前来镇压的元军，对元朝政府造成极大威胁。

而这边，占领濠州后，郭子兴和他的同党在城内是作乐的作乐，争斗的争斗，城外的事情无暇顾及。各路起义军迅猛发展，徐寿辉离郭子兴他们起义成功也就不过四五个月的时间，就兵分数路，一举拿下大片领土。面对如此众多的起义队伍，元朝把目光放在了徐州。

元至正十二年（1352）九月，元顺帝派丞相脱脱率大军前来镇压芝麻李的义军。

芝麻李、赵均用、彭大用石头把徐州城的城墙加固，并堵住各个小城门，派兵严密把守三个大城门，并在城头放了石头、石灰以及各种器械，以备元兵来攻时反击之用。

芝麻李的密探回来报告说，此次围攻来势凶猛，人数众多，仅城周所围之兵就有五万余人，另有数万人驻守在附近。听此消息，芝麻李、赵均用、彭大三人非常焦虑。

"眼下城内不过一万多人，库存的粮食最多也就支持一两个月，这可如何是好！"芝麻李面对这种情况，急得不知所措。

彭大言道："确实无奈，先强撑着吧，看看元军的动向再说。难不成那堆废物真会守几个月，没看当时郭子兴他们攻濠州，元兵都不敢反抗，别说剿杀了。"

听此言，芝麻李和赵均用两人心中稍稍释然，当下吩咐各个部将，不得将城中兵力和粮草信息有半点外漏，严查是否有奸细混入城，务必严加看守城门。看来是想上演一下空城计，这个时候，只有强撑着了，最艰难的时刻当然是不能退却的。芝麻李他们清楚，有时候气势会吓倒人的，他们首先不能被元军吓倒，然后才能用计谋吓倒元军。

然而，空城计却没那么好演。元军围城二十多天了，并无退却的意思。他们围城的同时，还不时试探城内的动静，常令官兵偶尔攻一下城，或者是往城内放些乱箭，扔些大石头，或者偷袭守卫城墙的兵士。这些招数让城内的士兵死伤不少。

这一日，芝麻李和赵均用两人偷偷站到城楼查看城外的情形，一看元军在城的周围都搭建了帐篷，人数众多，顿时心情颓然，万分着急，看来空城计没法再演了。两人匆匆回去，准备召集部将商讨对策。

将士们脸上都充满了激愤，但是也难以掩饰眼神中的惊慌。

赵均用对众人叹道："唉，这次朝廷是拼了命要堵杀我们啊，城内兵力、粮草不足，其余人马又在远方，就是赶来也救不了急啊。"

彭大平时不多言语，此时建议说："不如向邻近的濠州求救，大家都是红巾军，共同的敌人也都是元朝，想必郭子兴、孙德崖他们会派援兵相救。"

芝麻李也实在没有对策，就连三十六计中的走为上计都用不上了。眼下徐州被元军重重包围，真是插翅难飞啊。

看来是需要向邻居求救了。芝麻李的表情是如此痛苦，他万万没有想到元朝会派如此强大的阵容对付他。在他看来，刘福通、徐寿辉及其他起义军的实力和势力都强于自己，如果打压，也应该先打压强势的。为了扩展势力范围，芝麻李的人马都散布在附近地区，城内所留甚少。

可是，与邻居郭子兴平时也无甚往来，虽然都打着"红巾"的旗号，暗地里却在较量，这会儿向人求救，还不知对方的回复如何，心中还担心濠州趁火打劫呢。忐忑之中，芝麻李也只得派使者秘密去濠州送一封恳切的求救信。

过了十日左右，濠州并无回复，这边也不知对方是否收到信函。

眼看城内的粮草所剩无几。

赵均用对芝麻李说："大哥，我有一个主意，不知当不当说。"

"快说。"芝麻李忧郁的眼神闪过一丝光亮。

"濠州那边没有回复，兴许是那送信的人逃跑了。"赵均用稍稍停了一下，又说，"或许是濠州以为我们求救不够真诚，依我之见，我们这些人中，就数大哥和彭兄武艺最高，如若两位亲自前往濠州，不

信五位元帅不发救兵。即便不发救兵，二位也可暂时在濠州避避，看有什么方法接洽城内的人出去，兵可亡，将领不可亡啊。只要留得诸位将领在，不怕没有机会为兄弟们报仇……"

其实，濠州那边收到了芝麻李的亲笔信，只是五位节制元帅对是否发救兵争执起来。

原本郭子兴和孙德崖他们自从占领了濠州城，彼此间就有些矛盾。此时，郭子兴倒是想发救兵，他想趁此机会扩大自己的影响，如果这次救了芝麻李，那姓李的就欠了自己一个无法还清的债，日后行事必多有方便。而孙德崖和另外三个人，毕竟有些农民气息，只觉得平时没有来往，何必劳民伤财地派兵。再说，如果派兵，保不准元军会转头打向濠州。这样争执不下，信函一时也无法回复，不了了之。

而徐州城内，芝麻李和彭大二人正乔装成民夫，预计趁天黑的时候秘密出城，以快马奔赴濠州，亲自向濠州求救兵。

次日下午，濠州城门口出现了两位民夫模样的壮汉，牵着马，说要见五位元帅。守门士兵看来者并非一般人，遂引进郭子兴的元帅府。

郭子兴见到二位，心中颇有同情之意，但如此大事也只得和其他四人商量，毕竟自己还不能发号施令，军权是大家共同掌管着。

孙德崖他们一到，稍稍寒暄，即表露出不愿派兵之意，并且无留客之意，任郭子兴极力挽救局面，还是很冷场。郭子兴以为如能留下两位，或许有商讨的余地，而那四位早摆出送客的意思。毕竟芝麻李也是起义军的一个首领，如此受冷落，愤然离去，走前再三拜托郭子兴，如若徐州失守，请他尽量照顾余留的兄弟，郭子兴当下答应。

芝麻李和彭大恨恨地偷偷回到徐州城。此时，可以说芝麻李是绝望了，城内的军草一直在告急，他实在看不到还有什么希望，这样一想反倒轻松起来，能死在自己拼命攻下的城中，也算是完满了。绝望给人死的勇气，也给人解脱的快感。

又过了十多日，元军见城内一直没有动静，等得不耐烦了，随后脱脱用计，以巨石为炮，昼夜轰击，终于破城。

元军入城后，疯狂报复，采取屠城政策，杀戮无辜百姓。徐州城也被毁损殆尽，徐州历史上又一次上演了屠城惨剧。芝麻李虽以死相抗，但个人的力量总是有限的，尽管他奋勇杀敌，拼命搏斗，还是没能救得了徐州。赵均用和彭大也同芝麻李一样，想要以死殉城，但是芝麻李把赵均用此前的话搬了回来："留得将领在，不怕不能再兴起。"他强行让这两人带领士兵逃走，去投奔郭子兴。他知道，郭子兴也是个惜才之人，一定不会将赵均用和彭大等人拒之门外的。

事实也确如芝麻李所料，当赵均用等人带着剩余的士兵赶到濠州城时，郭子兴不顾孙德崖等人的反对，坚决收留了两位将领和这些士兵。郭子兴早就想发展自己的势力了，他听说彭大武功了得，赵均用性情豪爽，跟随芝麻李时一直忠心耿耿。他若将此二人收服，定会如虎添翼。

徐州被攻下后，朝廷还采取了一系列强制措施，将徐州降格改称武安州（下州），无领县，属归德府管辖，迁州城于奎山，徐州元气大伤，丧失了应有的地位和作用。由此可见，芝麻李起义对元朝政权打击是沉重的。

芝麻李起义虽然被镇压下去了，但他和其他农民起义活跃在元朝腹地，给元朝政权以致命打击，十多年后，这个残暴的政权便在农民起义的打击下灭亡了。

起兵盐丁，张士诚崛起

张士诚，泰州白驹场（今江苏泰州市大丰）人，生于1321年，字确卿，幼名九四，出身盐民家庭。为了养家糊口，张士诚从10岁开始就跟乡亲们一起，在白驹场的官盐船上"操舟运盐"，依靠卖苦力赚来

的微薄收入补贴家用。

至正十三年（1353）正月，正是各地起义军事业最为红火、元朝统治更为艰难之际，张士诚抓住了这一大好时机，也决定造反。这以前，张士诚贩盐与富豪和官吏做生意、打交道时，一再受到他们欺侮。有的蔑视他，有的甚至拿货不给钱。张士诚早就不满此地盐官，这些蛮横的盐官利用职权欺压盐工，不仅克扣工资，还常虐待他们，并且想方设法剥夺盐商的钱财。张士诚和三个弟弟因常被官府盘剥愤愤不平，在家中常痛骂官府，早就听闻方国珍反元起事，刘福通带领红巾军大获胜利，徐寿辉称了皇帝，濠州也被起义军占领……这些都刺激着张士诚的心，也诱惑着他，张士诚早就想成就一番事业，不仅是扩大生意的经营，更重要的是拥有权力。在张士诚看来，元朝政府已经腐朽到极致，如今天下大乱，各地称王的人也不少，正是成就事业的好机会。所谓乱世出英雄，此时不起义，更待何时！

于是，张士诚便向三个弟弟透露了自己的想法，没想到他们居然非常支持。有了家人做后盾，张士诚开始策划如何扩大自己的实力，以具备起事的能力。

张士诚让二弟张士义去找李伯升，让三弟近日多和盐场的盐夫交往，让四弟准备物资武器。张士诚明白，刘福通他们靠的是白莲教，郭子兴那帮人也虚虚假假打着红巾军的旗号，如今他只有靠自己的魅力和能力做事，这个地区也不流行这个教那个会的。因为，此地年轻力壮的人大多都到盐场做盐夫了。作为盐商，张士诚非常清楚盐夫的心理，盐夫最痛恨的就是盐官，如今想要充实人力，必须拉拢盐夫。

这天傍晚，李伯升随张士义到了张家。张士诚很看重李伯升，虽然他只是运盐船上的小管事，平时张士诚待他不薄，李伯升倒也是个经过历练的人，做事很稳妥，并且他自16岁开始就跟随运盐的船只四处行走，见识较多。张士诚心里的算盘打得很响，能让李伯升跟着自己起义，无疑多了一个重要的帮手，并且他这个人非常具有亲和力，能和底层人打成一片，利用他拉拢那些乡村的民夫、盐夫应是非常容易的事。

张士诚把起事的意图透露给李伯升，李伯升当即表示愿意全力以赴。张士诚心中大喜，随即从家中取出许多银两，让李伯升散给盐场中的盐工，并让李伯升自己留些回家孝敬父母。张士诚有钱，也知道怎样用钱，更重要的是他不吝惜钱，所以很多人愿意跟随他，为他效力。

李伯升刚走，三弟张士德回来了。一看他兴奋的神色，就知道近日行动很顺利。

张士德十分有把握地说："大哥，盐工那边你不用担心，聚集起来也有几百人，其中有几个能干的你也都认识，就是常跟你一起练武切磋武艺的，听说要反抗盐官，个个都满心乐意。"

张士诚的第一个目标不是攻城，是杀人，杀盐场的盐官。平时这些人仗着自己有一官半职，苛待盐工，贪污腐化，深为附近盐工痛恨。杀了盐官，附近盐场的盐工不难拉拢过来，人多了才能图谋更远的发展。

张士诚喊来二弟张士义，说要先杀了丘义这几个狗官，以此宣传造势，吸引民众，张士义也认为这是大快人心的事。张士义遂被派去打探这几个官员的行踪。

同时，张士诚又请李伯升来议此事，他的目的是让这个人帮忙宣传，而非真的议事，虽然张士诚平时很看重李伯升，但是他明白重要的事情一定要自己做主，不能依靠他人。说是议事，不过是通知李伯升罢了，并且给李伯升派了一个任务，要他在附近的村庄、盐场散布盐官近日要向盐工征收管理费的信息，同时要注意鼓动人心。

由于张士诚事先已做好了充分准备，事情进行得出奇顺利。张士诚与其弟士义、士德、士信及李伯升等18人率盐丁杀了盐官，宣布起义，史称"十八条扁担起义"，张士诚为首领。

第二天，连周围的村庄都知道了张士诚带领盐工杀了盐官的消息，人们心里都感到非常痛快，也很敬佩张士诚，终于杀了那些可恶的盐官，因此有更多的人前来投奔张士诚。

起初，元朝的地方官员以为张士诚领导的盐民义军不过是乌合之

众，因此并没有把他们放在眼里。然而，张士诚义军的声势不断壮大，攻城陷地，先在丁溪消灭了大土豪刘子仁领导的地方武装，三月底又攻陷了淮东重镇泰州城，这使得元朝统治者不得不重新重视起这支新兴力量，采取武装镇压和招抚并行的措施。在武力镇压起义军失败后，元朝当局采取怀柔政策，企图以高官厚禄收买起义军领袖。泰州失陷后，元淮南行省迫于无奈，派出高邮知府李齐前往泰州招降张士诚。张士诚严词拒绝了元朝廷的招降，并扣押了李齐。朝廷见招降不成，再次派遣地方军队继续围剿起义军。五月，张士诚的义军先后攻占了兴化和高邮两座城池。元朝统治者慌了手脚，二次派遣淮南行省照磨盛昭为特使前往高邮城二度招降，赦免其造反的重罪，并许诺只要张士诚肯投降，就赐予他"水军万户"的官爵。面对高官厚禄，张士诚丝毫不为所动，毅然拒绝了元朝廷的诱降，并扣押了前来招降的使者。此后，元朝廷又多次派兵围剿张士诚，均是伤兵损将，无功而返。

至正十四年（1354）正月，张士诚在高邮建立临时政权，国号大周，改元"天佑"，张士诚自称"诚王"。高邮政权初立，元朝廷又派重兵讨伐张士诚，妄图把新兴政权扼杀在襁褓之中。当年二月，元朝廷任命湖广行省平章政事苟儿为淮南行省平章政事，率兵攻高邮；同年六月，派遣达识帖睦迩攻张士诚；随后又命令江浙行省参知政事佛家闾会同达识帖睦迩攻张士诚。张士诚率领起义军民奋起反抗，元朝廷的地方讨伐军以失败告终。张士诚乘胜追击，扩大了盐民义军在江苏地区的疆土，并牢牢控制了运河，扼断了元朝粮食和赋税北运大都的通道。

至正十四年（1354）九月，元顺帝钦命右丞相脱脱亲自挂帅征讨张士诚。脱脱接到元顺帝的任命后，召集全国各行省的主力军队，并从西域调来大批军队，共计四十万人马，号称"百万"，浩浩荡荡杀奔高邮，一路上"旌旗累千里，金鼓震野，出师之盛，未有过之者"。面对元朝正规军的疯狂进攻，张士诚的起义军遭到了前所未有的重创，几次出兵阻击全部失败，只得退守高邮城，脱脱的元军趁机把高邮团团围住。为了防止附近的起义军救援高邮，脱脱又派兵攻占了六合、盐城和兴化等地，高邮城内的张士诚顿时陷入孤军作战的境地。城外，脱脱指挥大军夜以继日攻打高邮；城内，张士诚和盐民义军带领高邮百姓拼死抵抗，双方展开了拉锯大战。随着时间一天天过去，高邮城中盐民义军只剩下几千人，粮食越来越少，弓箭等守城的器械使用殆尽。旷日持久的战事使起义军内部出现了分歧，一些将领主张投降元军或许还会获得一线生机。对于投降的提议，张士诚表示坚决反对，他知道，这个时候投降无疑是自掘坟墓。就在起义军生死存亡之际，战场形势发生了根本性转变，元军的后院"起火"了。

至正十五年（1355）初，脱脱的朝中政敌哈麻唆使监察御史弹劾脱脱，说他"出师三月，略无寸功，倾国家之财以为己用，半朝廷之官以为自随"。耳软心活的元顺帝听信了佞臣的谗言，下诏书斥责脱脱"坐视寇玩，日减精锐，虚费国家之钱粮，诳诱朝廷之名爵"，并削去了脱脱的兵权。继而，元顺帝任命河南行省左丞相太不花、中书平章政事月阔察儿和知枢密院事雪雪为前线指挥，率军继续攻打高邮城。临阵易帅向来是兵家大忌，脱脱的去职直接造成各省军队群龙无首，调度不灵，元朝军队立时阵脚大乱，作鸟兽散。高邮城中的张士诚见元军不战而溃，立刻率领城中仅剩的几千名盐民义军杀出城来，大败元军。

高邮大战之后，元朝又先后两次派使者招降义军，均被张士诚拒之城外。高邮大捷，张士诚率领的盐民义军孤军奋战，以少胜多，致使元军主力伤亡过半，成为元末农民起义的一个转折点。

和陈友谅比较起来，张士诚略高一等：他既未害友，亦未弑君。他也从未存"复宋"之心。张士诚的崛起，可以说是加快了元朝灭亡的速度，为解救百姓早日逃出水深火热的悲苦生活做出了一大贡献。

卷土重来，立"小明王"

刘福通，颍州（今安徽阜阳）人，在至正十一年（1351）帮助韩山童起义。韩山童被捕后，韩林儿随母亲逃往武安（今河北武安），刘福通也突出重围，于五月三日率众起义，占领颍州，元末大规模的农民反抗斗争正式展开。

至正十五年（1355）正月，元朝廷命河南行省参知政事洪丑驴守御河南，陕西行省参知政事述律朵儿只守御潼关，宗王扎牙失里守御兴元，陕西行省参知政事阿鲁温沙守御商州，通政院使朵来守御山东，将刘福通的势力包围起来，而使答失八都鲁、察罕帖木儿和李思齐在包围圈内与红巾军作战，企图一举消灭红巾军。但刘福通粉碎了元军的围剿，自此，这支红巾军犹如平地惊雷，震撼中原大地，它的规模在不断地扩大。

但是，几年下来，刘福通虽然攻城扩势，但是各路起义军纷纷拥有固定的都城，各个首领也都称王称帝，他们却一直把重心放在对抗元朝上。此前一直尊奉韩山童为领导，而韩山童不幸牺牲，虽然刘福通是实质上的头领，但他并未在名义上给自己一个明确响亮的称号。刘福通是一个固守原则的人，在不曾找到他的亡友之子韩林儿以前，决不自为皇帝，也决不拥护别人当皇帝，更不愿抛弃"恢复宋朝"的初衷，另创新朝。于是，经过慎重考虑后，他决定立韩林儿为王，借"宋"的名义，号召更多的能人异士。

至正十五年（1355），听闻另一路红巾军在濠州城内内斗，并且郭子兴在斗争中愤恨而死，更增加了刘福通誓死抗元的决心。这几年来，他带领军队打了这么多胜仗，吃了这么多苦头，怎么能让一切都付诸东流。

这日头领们在一起议事完毕，刘福通说："这些年来征战奔波不定，眼看各路起义军势力渐大，再不安定下来，恐怕不能抚慰兄弟们。有了固定的都城，我们才有了发展的根据地。依我看来，现在是讨论这件事的时候了。"

此语一出，众人有些讶异，纷纷议论起来。

杜遵道颇为忧虑地说："当前朝廷正极力打压起义军，如今立国建都，恐怕会招致灾祸啊。"

盛文郁则言道："建国倒也需要，可当初以韩兄为首，打的是恢复大宋的名义。如今韩兄不在了，没有服众的名义，恐怕建国之事得三思而后行啊。"

只见刘福通不紧不慢地站起来："各位兄弟，虽然元朝看似这些日子取得很大胜利，其实不然。高邮的张士诚，建国也才不久，朝廷派如此重兵居然久攻不下，元朝的气数到了，不会长久的。只要人心齐备，做什么事都可以成功，这也是我等这些年来东征西战成功之所在。若现在还不建国，恐怕天下被瓜分得没我们的份儿了，而且越迟越不利于以后的发展。如今，趁朝廷高邮大败之机，建国建都，是谋长远之策啊。"

一席话说得大家都有些心动，点头者众多。

见大家都开始心动了，刘福通接着说："我等在韩兄的带领下，为的是恢复大宋王朝，如今成功在即，韩兄却不幸早逝，实在是令人心痛。那日在白鹿庄，我的确应该陪在韩兄身边。韩兄视我为手足，我却没陪他同生共死，为的是带出夫人和林儿。如今，能替代韩兄为王的也只有他的儿子韩林儿。虽然林儿是他的养子，但诸位不要忘记林儿的出身，他可是真正的大宋传人哪。"

众人仿佛也都随着刘福通的言语在回忆往事，伤感中不无感慨。

还是杜遵道最先冷静过来："刘兄，你说得极是。如今，几年都无夫人和林儿的踪影，到哪里找他们去？"

　　刘福通正色道："诸位放心，我受韩兄之名保护夫人和林儿，自然不敢怠慢。这些年来我等一直征战奔波，但也不敢忘记寻找韩夫人与林儿的使命。如今，他们已被我找到，我把他们放在砀山亲戚家，即刻可以迎回他们。"

　　众人听此不禁对刘福通更为叹服，经过一番讨论，众人决定由刘福通和盛文郁带几个随从迎回韩林儿和他母亲，商议定都亳州。

　　二月，刘福通亲自去砀山迎韩林儿和他的母亲至亳州城，为迎合"明王出世"的预言，韩林儿号"小明王"，以示黑暗已经过去，光明来到；为迎合聚集汉人，建国为大宋，亳州为都，改元龙凤，建立了北方红巾军政权。

　　宋政权建立了中书省、枢密院，任命杜遵道、盛文郁为丞相，罗文素、刘福通为平章，福通弟刘六为知枢密院事。不久，杜遵道专权，被刘福通杀死，刘福通自任丞相，加封太保。随着形势的发展，还建立了行中书省和府、县等地方机构。管军机构则有统军元帅府、管军总管府、管军万户府等，均属枢密院管辖。军职则有百户、千户、万户、总管和统军元帅等。

　　由于刘福通的年龄、资历、经验均在宋政权之首，所以大宋新政府的发号施令者仍是刘福通。刘福通也算是个有智有谋的人，他在之后领导的一系列起义活动，几乎把元朝整个推倒。

　　在龙凤二年（元至正十六年，1356）六月大胜元将答失八都鲁于河南长葛，在龙凤四年（元至正十八年，1358年）五月攻进汴梁（今开封），分遣毛贵打平山东全省，由山东北进，于龙凤四年（元至正十八年，1358年）三月直逼大都（今北京）附近的柳林（今通州区西南）。毛贵最终失败。这时刘福通的另一部将关先生由河南而山西，由山西而绥远、察哈尔，在1358年十月，毁掉元朝的中心都邑上都（今多伦），其后又东扫辽阳，竟然进入了高丽的王都。此外，有李武、崔德二人，也在元朝的陕西、甘肃、宁夏如入无人之境。不过，再聪明厉害的人也会犯错。而刘福通的错误，也许正在于此。他把军队的力量分散了，最后吃了亏。结果，元军于1359年八月抢回汴梁，刘福通又只得带了"小明王"韩林儿退守安丰（今安徽寿县），一筹莫展。

自从在龙凤五年（元至正十九年，1359 年）八月，丢掉了汴梁（今开封）而退守安丰（今寿县）以后，刘福通继续竭忠尽智，替恢复了的宋朝撑持，撑持到龙凤九年（元至正二十三年，1363 年）二月，才不幸因张士诚反复无常，而遭了突袭，以身殉国。

在这三个半年头的期间，天下事尚有可为。起先，山东的根据地犹在。毛贵虽则于 1358 年三月，进攻大都而战败于柳林（败在一个甘心事元的汉人，刘哈喇布哈之手），仍能全师而退，退守山东，并且经营屯田，使军粮不致匮乏。不幸，毛贵在 1359 年四月，被那专门坏事的赵均用所害。赵均用原是在徐州跟随芝麻李与彭大起义的，不曾帮得了芝麻李。偕同彭大，率部逃到濠州，在濠州喧宾夺主，欺负郭子兴，排挤彭大，彭大死后，他又吃掉彭大的儿子彭早住的兵，经盱眙、泗州、淮安，而辗转到山东，投奔毛贵，最终露出狼子野心，把毛贵杀死。

毛贵的一个义气朋友，这时候在辽阳，听到消息，不惜放弃地盘，兼程赶来山东，替毛贵报仇，找赵均用拼。结果，拼死了这该死的赵均用（1359 年七月）。

毛贵的另一个义气朋友田丰，于种种逆势之下，苦守东平。和田丰协力合作的是王士诚。王士诚曾经于 1358 年三月占领晋宁（今山西临汾），于 1359 年七月被孛罗帖木儿击败于台州（今五台），便辗转来到东平，帮田丰守城。

田王二人守到 1361 年八月，抵不住察罕帖木儿大兵压境，只得投降。于是，山东全境只剩下一个益都，尚忠于宋。益都的守将姓陈，历史书上不曾记载他的名字，只记载了敌人给他的绰号："猱头"。六个月以后，1362 年二月，田丰、王士诚反正，刺杀察罕帖木儿，引兵东退益都，和陈猱头合在一起。察罕帖木儿的养子，汉人王保保（被元顺帝赐名为"扩廓帖木儿"）极会打仗，把益都继续围攻了九个月，在 1362 年九月破城，杀了田丰、王士诚，把陈猱头押解大都。

刘福通曾经在七月间自己带兵到山东来，想解益都之围，不幸在

中途被王保保的部下关保邀击，败退而回。

其实，在韩林儿到安丰后，由于兵力丧失大半，已不构成对元廷的威胁。察罕帖木儿把进攻重点放在山东红巾军方面。韩林儿名义上仍为宋政权皇帝，因而曾多次下诏加封朱元璋官职，而元璋直至龙凤十二年（元至正二十六年，1366 年），下达命令仍称"皇帝圣旨，吴王令旨"，用龙凤年号。

龙凤九年（元至正二十三年，1363 年），张士诚派部将吕珍围攻安丰，围了很久。朱元璋亲自带兵来救，到达之时，刘福通已经因粮尽而出战阵亡。但是，安丰城还没有被吕珍攻破。于是，朱元璋指挥部下攻城，将韩林儿救出，保护他先回滁州，然后再回应天（今江苏南京）。

龙凤十二年（元至正二十六年，1366 年）十二月，朱元璋派部将廖永忠迎小明王至应天。途经瓜步江，将小明王沉入水中溺死。此前，朱元璋已于龙凤十年（元至正二十四年，1364 年）晋封为吴王。小明王驾崩后，朱元璋即放弃龙凤年号，次年改成吴元年。后宋政权遂告灭亡。

建都江州，陈友谅称王

陈友谅，湖北沔阳人。本姓谢，因为祖父谢千一入赘了一户陈姓人家，因此改姓为陈。父亲名陈普才，有五子，友谅排行老三。幼读私塾不及三年而辍学操前业。在其父指点下，练就一身超群武艺。陈友谅曾任县小吏，元至正十五年（1355）正月，参加徐寿辉、邹普胜、倪文俊等人领导的天完红巾军，以功升元帅。

元至正十七年（1357），徐寿辉看着迅速壮大的红巾军，士气日盛，心中得意扬扬，准备干一番大事业。然而徐寿辉却不知道，他的属下倪文俊正在谋划着如何杀了他。倪文俊是较早跟随徐寿辉的将领，为天完国出了很多力，迁都汉阳后，他被封为太尉，掌握军政大权，位阶甚高。但是倪文俊并不满意这种身份，在他心中，他的功劳和能力都不输太师邹普胜，并且他一直都不服徐寿辉。在他看来，徐寿辉能力平平，也谈不上什么才干，此前因是天完国处在艰难时期，倪文俊和众人一样都直盼望着早日击败围攻的元军，重振天完威风。如今一旦取得了胜利，每个人心中的想法都暴露出来。

最早行动的就是倪文俊。倪文俊深知谋杀徐寿辉并没那么容易，自古以来谋杀帝王都是最危险的事情，虽然天完国还只是一个不大的国，皇帝也不是什么英明之人。但是，总得找个帮手才行。倪文俊当然也知道找帮手的利弊，成了你永远欠那个人一笔债，或者他中途变卦一下把密谋捅出去，那就还未行动身先死了。倪文俊把身边的人一个个思考比较了一番，最后决定选择陈友谅。在倪文俊看来，陈友谅是他的老部下，是自己一手提拔的，倪文俊一直都很信任他。陈友谅很能干，有野心，有胆识，凭倪文俊对他的了解，知道他是一个不满足于现状的人。

可是，陈友谅虽然不满于现状，但他知道自己现在时机未到，并无谋逆之心。于是，他决定让倪文俊作为他进一步行动的工具。他在表面上答应帮助倪文俊刺杀徐寿辉，实则是想找机会在徐寿辉面前杀掉这个逆贼，立功请赏。

果然，机会来了。倪文俊刺杀徐皇帝失败后，带着自己的将士逃往黄州求救。因为黄州是陈友谅的势力范围，此时他虽不敢有十足的把握相信陈友谅会救自己，但已无路可逃。

倪文俊到黄州的消息，很快传到徐寿辉那里，徐寿辉自然不会放过这个逆贼。陈友谅清楚地知道，虽然现在还未接到追杀倪文俊的旨令，但倪文俊在他这里，是万万不可的，而他又不能赶倪文俊走，这样不符合人情。

倪文俊看到陈友谅并无不欢迎的神色，颇为安心地住在黄州，还信誓旦旦地要陈友谅相信他一定会杀了徐寿辉的，到时共享荣华富贵。

听此言，陈友谅决心行动了，否则他自己将陷入泥潭中，一方面是徐寿辉的压力，一方面是反叛的危险。虽然陈友谅有野心，但他还没有准备和这只困兽一起再斗下去。他决定一不做二不休，先杀了倪文俊向徐寿辉邀功。

然而，杀了倪文俊，受了封赏的陈友谅并没有满足。倪文俊的失败和下场并没有吓倒他，反而振奋了他。陈友谅是渔家子，小的时候因穷困和身份低下受到歧视，后刻苦读书，在州衙中做文书，算是有了份像样的工作。而这份工作并不好做，也不称心。不久，自尊心极强的陈友谅就辞职了，辞职后回家做了渔民。做渔民并非他的理想，他在观察情形，在官府的经历使他了解到元朝的衰落和腐朽，而起义军的声望吸引了他。陈友谅深知，像他这样出身卑微的人，要改变命运，只有靠自己，靠自己的努力和拼搏、手段和智慧，才能赢得受到敬重的筹码，取得想要的权力和地位。经过一番思索，陈友谅率一

元朝钱币的铸行

批渔民投奔蕲水徐寿辉的起义军。陈友谅用尽策略向上攀爬，在征战中表现出色，提升得很快。

此时，离倪文俊计败身亡不久，身为平章政事的陈友谅还是天完国的马都元帅。他掌握的兵力约有四十万，另外两位握有军权的分别是明玉珍和徐寿辉的堂弟徐寿武，他们各自的兵力不过十万左右，陈友谅成为天完国军力最强的元帅。这时，陈友谅可以算得上一人之下万人之上了，他拥有如此强大的兵力，且有着重要的政治身份。然而人的欲望常常是难以满足的，并且会一直膨胀，陈友谅对权势的欲望，随着权力的增强而更加强烈。

元末明初大变局

军事上的顺利进展，提高了陈友谅的声望，助长了他的政治野心。他一方面继续向西北的荆襄地区扩展势力，一方面与朱元璋争夺长江中下游地区，同时加紧了篡夺天完最高领导权的活动。

在陈友谅的心中，天完国的大片土地都是自己率兵打下的，想想这两年的成就，实在是很惊人：安庆、池州、龙兴（今江西南昌）、瑞州（今江西高安）、邵武、吉安、抚州、赣州、信州（今江西上饶）、襄阳等这一大串地名在陈友谅的脑海中飘过。如此大的成就，已经让他征服了天完国的不少臣子，甚至连皇帝徐寿辉都礼让他三分。与此同时，陈友谅也很注意拉拢元朝的官员投靠起义军。像元兵部尚书黄昭和进士解观等人，都是陈友谅竭力拉拢过来的，对他的发展起到了很重要的作用。

经过倪文俊事件，陈友谅更加谨慎地谋划如何取代徐寿辉。之所以是取代，是陈友谅深知必须以事实让众人信服自己，而非单纯地除掉徐寿辉。所以，陈友谅的这个计划战线很长，范围也很广。他第一步要做的是再扩大自己的威望，现在武将们个个都很服他，文臣们都有些清高，不太愿意跟他往来，他的第一个目标就是收拢文臣的心，让那些人乖乖地为自己服务。陈友谅的第二个计划是除掉徐寿辉的心腹，把徐寿辉手中的那二十万兵力拉到自己旗下，这样徐寿辉就只是一个有名无实的皇帝了，想取代他称帝就自然不难。

其实，陈友谅自杀死倪文俊起，实际上就掌握了天完政权的领导权，徐寿辉在远离前线的汉阳，对陈友谅的行动已无力控制。但天完军安庆守将赵普胜是他夺取政权的一大障碍，因此陈友谅的夺权活动的重要一步就是铲除赵普胜。

赵普胜，别号双刀赵，是天完最早的将领之一。当天完红巾军反元活动陷入低潮之际，结寨巢湖，坚持斗争，曾与朱元璋共事。在天完再起的时候，重新回到徐寿辉身边。他堪称骁将，却勇而寡谋。在反元和与朱元璋的战争中，都起了重要作用，资历也更是在陈友谅之上，所以一直被陈友谅视为心腹大患。虽然陈友谅可以找借口直接杀掉赵普胜，但为以后的发展考虑，陈友谅决定设计陷害他。

在起义军中，最恨的就是叛变。陈友谅就用了这一招。他让自己的亲信冒名赵普胜写信给朱元璋，言辞恳切地陈述天完国如何纷乱，已无立足之地，请求朱元璋收留，言下之意就是要投靠朱元璋。朱元璋收到此信，也不管真假，他早已耳闻天完国内部分裂严重。此时也管不了那么多，对他来说周围的势力越分散，越弱越好，所以他立即派人到汉阳，准备让天完国的势力更为分散。而陈友谅则在暗中打探观察，还派人秘密联络朱元璋派来的人。原来朱元璋让人来收买赵普胜的门客，且在城中散布赵普胜要投降朱元璋的消息，这个消息陈友谅的人比朱元璋的密探传播得还要凶。

而徐寿辉在人证物证都在的情况下，含恨杀了赵普胜。

就这样，陈友谅以"光明正大"的理由杀掉了赵普胜，赵普胜手下的兵力逐渐被陈友谅收纳。面对赵普胜被杀的情形，一些人感受到天完国内权力斗争的惨烈，心中恐慌，像丁普朗和傅友德两位，深知跟陈友谅不是一路的，就直接投靠朱元璋去了。而陈友谅也不在乎，如今的局面，越分散对他越有利。

杀了赵普胜之后，徐寿辉心中也恐慌起来，因为有人真的去投靠朱元璋了，他也看到陈友谅现在越来越厉害。所以，他下定决心，一定要迁都，只有这样才能重整朝政。徐寿辉下令，强行迁都龙兴。这一举动，无疑加快了他的灭亡。

至正十九年（1359）十二月，陈友谅借机杀掉徐寿辉的左右侍臣，挟持徐寿辉，自称汉王。至正二十年（1360），陈友谅在采石矶杀徐寿辉，自立为帝。建国号大汉，改元大义，以恢复汉族王朝的统治为号召。仍以邹普胜为太师，张必先为丞相，张定边为太尉。

从此，天完政权被大汉所取代，它反抗元朝统治的宗旨也为陈友谅建立割据一方的封建政权的政治目标所取代。此后，汉政权一方面继续从事反元斗争，一方面与朱元璋争夺长江中下游地区。

不服友谅，明玉珍建夏

明玉珍，湖北随州人，祖上世代为农。是元末农民起义军领袖，元末明夏政权的创建者。

明玉珍自小聪明颖慧，机智多谋，长大以后，身材高大，性格刚直，不嗜声色货利，善于骑射，处事公道果断，乐于助人，在一方小有名气，被当地百姓推为屯长。

至正十三年（1353），徐寿辉打到湖北时，听说明玉珍有一支队伍，便将其招至麾下，授予统兵征虏大元帅。在一次作战中，明玉珍被飞矢射中右眼，虽经医治，但仍失明，人们亲切地称他为"瞎子元帅"。

至正十七年（1357）春，明玉珍由巫峡引兵入蜀，攻下重庆，遂以重庆为据点，被授为陇蜀右丞。第二年，攻下嘉定（今四川乐山），逐渐占有四川全境。

至正二十年（1360）夏，陈友谅杀徐寿辉自立为帝，明玉珍不服，就离开陈友谅，带着自己的将领自立一支军队，不受陈友谅节制，自称陇蜀王。并在重庆城南立了一个徐寿辉庙宇，经常拜祭，并追尊他为应天启运献武皇帝，庙号世宗。明玉珍还下令称："元朝运去，中国豪杰并起而逐之。予本乡民，因乱为众所推，殆为自保，岂敢图人。迩者义兵一起，群丑底平，湖湘向化。顾兹蜀地久被青巾之乱，莫有为之剪除者。予奉天诛罪，岂能自安！已经殄灭凶徒，幸而坐收全蜀，是乃天意，夫岂人谋！方今图为画一之规，与民共享太平之治。减恐百姓不知，以予为争地杀人之师，非吊民伐罪之举。予取尔蜀于青巾

之手，非取诸元。尔辈亦当复见中华文明之化，不可安于元人之陋习也。更宜洗心从治，慎勿取恶召尤。"由此可见，大宋西路北伐军进入四川后，也曾给元朝在四川的统治以致命的打击。不过，明玉珍入蜀后，并没有与刘福通所遣的北伐军合作。

至正二十一年（1361），明玉珍以刘桢为参谋，每天让他侍讲书史。后来刘桢、戴寿、张文炳等相继鼓动他建国自立。

至正二十二年（1362），明玉珍的弟弟明二在云南与陕西行省参知政事车力帖木儿等战，兵败被俘。玉珍分兵袭龙州、青州及兴元、巩昌等路。

至正二十三年（1363）三月，受刘桢等人拥立称帝。国号大夏，以恢复汉族王朝的统治为号召，纪年天统，建都重庆。仿周制，设六卿，以戴寿为冢宰，万胜为司马，张文炳为司空，向大亨、莫仁寿为司寇，吴友仁、邹兴为司徒，刘桢为宗伯。置翰林院、国子监。府置刺史，州置太守，县为令尹。设立科举制度，策试进士。废除佛、道二教，专奉弥勒佛。重新定立赋税制度，使人民休养生息。

至正二十三年（1363）冬，派遣万胜等领兵攻云南，败于元朝的梁王孛罗帖木儿。不久，梁王联合大理土官段功反攻，万胜孤军无援，兵败退回。

至正二十五年（夏天统四年，1365年），更改六卿为中书省、枢密院。戴寿为左丞相，万胜为右丞相，向大亨、张文炳为知枢密院事。邹兴、吴友仁、莫仁寿、邓元帅皆为平章政事，分别镇守成都、保宁（今四川阆中）、夔关、通江（今四川巴中西北）。以江宝英为参知政事，镇守播州（今贵州遵义）。荆玉、商希孟为宣慰，镇守永宁（今四川叙永西南）、黔南。后来，汉王的参政姜珏前来投奔，明玉珍就让他守夷陵，兴屯种，以备军需。九月，派姜珏致意于朱元璋。朱元璋则派都司孙养浩来使并致书，并约定"协力同心，并复中原，事定之日，各守疆宇"。又遣参议江严答聘。

与此同时，明玉珍继续组织南征北战，北取汉中，南征云南。十几年的戎马生涯，严重地损害了明玉珍的健康，特别是建立政权，千头万绪的军政事务都要过问操持，因而积劳成疾。至正二十六年（1366），明玉珍病逝于重庆，年仅38岁，葬于江北宝盖山睿陵，庙号"太祖"，谥号"钦文昭武皇帝"，太子明升即位，改元开熙。明升尊其母彭氏为皇太后，但年仅10岁的明升根本不能主政，于是，由彭氏垂帘听政。明玉珍留下遗嘱，命令臣下要牢固守卫四川，不要进取中原。

明玉珍生前崇尚节俭，殓葬品除随身衣物外，唯一能算作金银珠宝的只有一只金杯和两只小银锭，那还是当年晋见徐寿辉时，徐主赏赐的，明玉珍从未动用过。明朝的著名学者方孝孺在《明氏实录》中这样评价明玉珍："夏主方有意于据蜀，各郡臣民遗青巾之虐，百无一二。夏主幸致躬行俭的，兴文教，辟异端，禁侵掠，薄赋敛，一方咸赖小康焉。惜不能谨之于始。（大臣们）私家倍于公室，仓帑空虚，不能展其疆界。历年虽不永。民至今感叹焉，不能文词问尽其贤也。"

明玉珍死后，"明升暗弱，群下擅权"，夏统治集团内部矛盾爆发，丞相万胜因为与知院张文炳不和，明升就在暗地里派人将万胜杀了。

右丞相万胜，正值年当壮岁，智勇过人。数岁总兵征讨，士卒乐从，所向克捷，建立了不可估量的开国之功。后来，明昭杀万胜，引起了夏许多大臣的不满。又封刘桢为右丞相。丞相戴寿领兵攻乌撒，不克而还。

至正二十七年（夏开熙元年，1367年），保宁镇守、平章吴友仁叛，与陕西李思齐、张良弼通。移文郡县，称："昔与夏主自沔阳而至重庆，共树奇勋，开邦启土，今日者，矫旨杀戮功臣，我辈宁能自保乎！"幼主明升调兵征讨，全部战败而归。

吴友仁与彦彬暗商："丞相可以设计将义子明昭等人杀掉，不然必定会被其所害。"于是，戴寿设计擒杀明昭。

朱元璋北伐得胜后，元顺帝北逃。朱元璋派遣使来告。来书以明升比诸窦融、钱俶、暗谕其群臣谏明升以四川降附于明。

明洪武二年（夏开熙三年，1369年），明朝廷遣使求木植，丞相戴寿不与。

秋，丞相刘桢死。

十月，明廷遣使谕明升入觐，仍然不从。

明洪武三年（夏开熙四年，1370年），以明朝建立，群臣讨论夏之对策。吴友仁主张"外假交好以缓敌，内修武事以备御"。遣使向明献楠木。

明廷遣使借路攻云南，丞相戴寿不许。

吴友仁攻兴元，明守军数少，守将金兴旺面中流矢，领兵入城。遣使走宝鸡求援。吴友仁围城。明援军将至，友仁撤围走。夏明和好遂绝。

冬，明以汤和为征西将军，平章廖永忠为副，攻夔关。丞相戴寿、知院向大亨设天桥备御。明船至，大木下，船辄被撞碎，明军不能上。屡战不胜，退兵峡外。而都城重庆常虚惊，禁不能止。

明洪武四年（夏开熙五年，1371年），明大举伐夏。汤和为征西将军，自瞿塘趋重庆；傅友德为征虏前将军，自秦陇趋成都；邓愈驻襄阳，供应粮饷，训练士马。

平章丁世珍拒友德，兵败，夏将双刀王等18人被擒。友德以木牌数千书克阶、文、绵、汉诸州捷报投诸汉江（西汉水，即嘉陵江），夏重庆守者见之，军心混乱，夔关守军回救成都。明将廖永忠得木牌于巫峡，遂乘虚自夔关入，直抵重庆。六月二十一日，夏丞相刘仁扶幼主明升、太后彭氏诣军门投降，夏亡。立国八年。

七月，成都守将丞相戴寿、知院向大亨犹列象阵据守，及得明捷报和家书，知重庆已降，乃籍府库仓廪，纳款军门。

明升母子被解送应天，升封归命侯，赐第京师。当时，据明朝户部统计，四川民户总共八万四千余户，其中二万三千余户被大夏官员占为庄户。

在南京，明升和红巾军另一起义军首领陈友谅的儿子陈理经常会面发牢骚。这二人虽都还是十几岁的孩子，但朱元璋怕他们受人蛊惑，日后危及大明政权，就派太监将他们远远地送到高丽国安置。次年，明升娶高丽总郎尹熙王之女为妻，后育有四子，从此在朝鲜半岛代代相传。后来，明升的后代大多居住在韩国。据说，现在每年仍有不定规模的韩国明氏后裔前来中国拜祭明玉珍的墓。

第三章

元璋崛起，投军濠州

朱元璋可谓是真正的草根皇帝。他出生在一个贫困家庭，食不果腹，他从没有想在纷乱的征战中分得一杯羹，只渴求着能吃一顿饱饭就已心满意足，可以说是元朝逼得他不得不反。投军后的朱元璋，初战定远就凯旋，后来又以少胜多，攻下横涧山；解六合之围，取天平之城，逐渐展现出了他独有的才能，并逐渐在众人中崭露出头角，赢得众人追随。

天灾人祸，削发为求生

　　朱元璋生于元朝元文宗天历元年（1328），家里排行第四，家族兄弟排行老八。原名朱重八，后来才改名为朱元璋，字国瑞。父亲朱五四（后改为世珍），母亲陈氏，濠州钟离（今安徽省凤阳县）人。朱元璋幼时家境贫寒，父母是佃农，没有自己的土地，靠租种别人的土地来维持生计。在他小的时候曾读过几个月的私塾，后因交不起学费，只能退学给地主放牛。

　　元顺帝至正四年（1344），旱灾、蝗虫与瘟疫，先后降临到朱元璋的家乡，家家户户都在因瘟疫死人，而官府对此无动于衷，依然敲诈勒索百姓的钱财。让老百姓本就困苦的生活，更是雪上加霜。朱家在这场劫难中也遭受了毁灭性打击。朱元璋的父母、大哥、大哥的儿子在这场灾难中相继去世，大嫂带着孩子逃回了自己娘家，家里仅剩下他和二哥。看着死去的亲人，朱元璋和他的哥哥痛苦万分，而更为窘迫痛苦的是没钱为亲人办丧事。无钱无地的朱家连埋人的地方都没有，万分无奈之下，朱元璋苦苦哀求地主刘德借钱帮忙，谁知被骂了个狗血喷头。朱元璋这下真是愤怒到极点，也恨透了这些为富不仁者。

　　在穷邻居的帮助下，朱元璋有了安葬父母的葬地。朱元璋内心的伤痛是失去亲人，而现实的痛苦却是没有生存所需的物资，这种天灾人祸的日子，吃食只能是草根树皮了。朱元璋父母死后，家里的粮食只剩下十三颗稻种，那是官吏抢夺的时候落在地上，是朱元璋的爹一颗颗捡起来的。看着这十三颗稻种，想到地主的辱骂，官吏的凶残，年少的朱元璋心中充满了怒火，他暗暗发誓有一天要出人头地。本来他只想当一个能够自食其力的农民，而这个最基本的权利被现实压榨干净了。

他的二哥无奈之下跟随别人外出逃荒，也就成了历史上说的流民。当时通信不便，兄弟之间基本无法联系，更不可能照顾到年少的朱元璋。好心的邻居就给他指了一条路，说他家中没有亲人，不如去寺院里当和尚，这样最起码能填饱肚子。就这样，无奈之中的朱元璋到了皇觉寺，削发为僧。

在皇觉寺的日子，朱元璋过得并不愉快。他从未想过自己要当一个和尚，做和尚不过是一时的职业，为的也就是那几碗饭而已。尽管已经削发，披了袈裟，在形式上是一个和尚，而他的内心还念挂着凡俗世界的种种。每天听着钟声、鼓声、木鱼声、念经声，朱元璋的心中就倍感寂寥，这些声音对他而言是无奈的忍受，他总是想起年少岁月的热闹，想起家人在一起的温馨。

小时候给地主放羊放牛的时候，朱元璋总是有很多主意，脑子转得快，做事有主见，成了小伙伴们的头头。当时朱元璋最喜欢和同伴玩的游戏是扮皇帝。虽然身上衣衫褴褛，但是坐在用土堆成的宝座上，看同伴们装模作样地三跪九叩，高呼万岁，他的心中还是很得意的。

朱元璋还是个最有担当的孩子。有一次，他和小伙伴们一起给地主放牛，放牛的时候很饿，尤其是周德兴、汤和、徐达他们也喊饿，越说就越觉得饿，就异想天开地想着肉的滋味如何，个个都流出口水来。

只见朱元璋大声喊道："有了！"

汤和、徐达等人都惊讶地问："什么有了？"

朱元璋大笑道："肉，我让你们吃肉！"伙伴们更是惊讶得目瞪口呆，馒头都没有，哪来的肉。

只见朱元璋一声不响，把一头小牛犊牵过来，用绳子捆住小牛的前后腿，抄起砍柴的斧子，朝着牛脖子狠狠砍去。小伙伴们立即明白了，大笑着拥过来帮忙。朱元璋让汤和、徐达他们剥皮割肉，让另一些孩子去捡柴。不一会儿，这群孩子生起火，吃起美味的烤牛肉来。

吃完最后一块烤牛肉，徐达蓦然惊叫道："吃了小牛，地主那里如何交代？"

大家面面相觑，互相埋怨，乱嚷嚷地争吵起来，有几个小点的吓得哭起来。

这时，朱元璋像大人一样，拍拍胸脯说："吃牛的主意是我想的，大家不要着急，不会连累你们的，我有办法。"

朱元璋镇定地让大家把小牛的皮和骨头都埋了，用土把刚才砍牛剥牛的血迹盖起来，然后拿起小牛的尾巴向长满野草荆棘的山缝走去。

小伙伴们都很好奇，不知朱元璋要干什么。

只见朱元璋爬到较高处，把小牛的尾巴用力插在山上的石头缝里，大声说："我们就告诉地主，小牛自己钻进山洞了，怎么都拉不出来，只剩尾巴在这留着。"

小伙们都兴奋地叫好。

地主虽有疑心，但也找不出什么名堂，揍了朱元璋一顿，赶他回家了。

虽然朱元璋这次吃了些苦头，还丢了差事，但是他的敢作敢当却赢得了小伙们的信任，成为一个受拥护的孩子王。

每每想起这些，身在皇觉寺的朱元璋就觉得找回了自己，找回了生活的意义。因为当时寺院里的小和尚，其实是给人使唤的用人。而朱元璋更是每天都要伺候师父、师兄，起早摸黑，扫地、上香、敲钟、做饭，日子过得很苦。但是，那些日子里要在皇觉寺混口饭吃也不容易。原来，皇觉寺是靠出租土地收租米过日子的，这年灾情严重，农民收成不好，皇觉寺也就收不到租米了。朱元璋刚到寺里待了才五十天，寺里就面临断粮的局

朱元璋

面。师父、师兄们也一个个离开寺院到外面去化缘，朱元璋也被打发出门，带着小木鱼和钵头到淮西一带流浪讨饭。他不但出身不好，还做了和尚，又做了讨饭的人，可谁会想到就是这样一个出身低微、贫困潦倒的人最终开创了一个朝代呢？

从此朱元璋做了一个"游方"的小和尚。实际上，他只是身披袈裟的小叫花子。

过了三年，濠州的灾情稍微缓和了一点，他才又回到皇觉寺。这四年，他走过不少地方：向南，到合肥；转而向西，进河南，到固始，光州（潢川），息州（息县），罗山，信阳；又转而向北，到汝州（临汝），陈州（太康）；最后，转而向东，到鹿邑，亳州（亳县），颖州（阜阳）——回钟离皇觉寺。他居无定所，风餐露宿，因此朱元璋对这段落魄的生活感触很大。有句俗话说得好，叫"读万卷书，不如行万里路"，这一点在朱元璋身上很好地体现了。他在流浪的岁月里，虽然苦不堪言，但是却让他开阔了视野，磨炼了意志，他的雄心壮志也是在云游四方的时候建立的。

重回皇觉寺不久，朱元璋就听到各种关于红巾军的信息：红巾军占了襄阳，元兵死伤惨重；另有红巾军攻下南康，元兵不战而败；芝麻李占了徐州，徐寿辉称帝了……这些信息不断搅乱着朱元璋的心，这几年的云游生活，不仅使他增长了阅历，也开阔了视野。况且他本来并不愿当和尚，如今这些乱世英雄豪杰的涌现，更刺激了他出人头地的心理。这些年他经历的苦难都不算什么，让他无法忘记的是被地主侮辱，被人耻笑，生存的压力并不可怕，而生命的尊严不可侵犯。这些日子，朱元璋的心被搅动得厉害，回首往昔，遥想未来，他辗转反侧，无法入眠。

正在朱元璋思绪纷乱的时候，他收到了一封信，这是他儿时的伙伴汤和写来的。原来汤和这些年跟了郭子兴的红巾军，已经做了千户，如今占了濠州，离皇觉寺并不远。听闻朱元璋还在寺中，就写信来邀请他前去濠州投军。

这封信强烈地冲击着朱元璋的心。他在寺中走来踱去，反复思考，

还是下不了决心离开皇觉寺，担心事情败露出去，细心的朱元璋先把信烧了。过了几日，同房的师兄悄悄告诉朱元璋，那封信已经有人知道了，可能会报官，让他快些逃命。这下朱元璋心中更为惊慌，偷偷去找前不久从外面回来的儿时伙伴周德兴商量，周德兴也算有些见识，说还是投奔红巾军吧，好在汤和也是个官，这年月人也没啥好出路。朱元璋心中很恍惚，悄悄回到寺中，决定先算一卦，以决去留。然而，还未到山门，就闻到浓重的烟火气息，进入寺里一看，满院子狼藉，众僧都不在。原来是元朝士兵以为寺庙里供奉弥勒佛，疑心和尚勾结红巾军，把附近的寺庙都烧了。见此情形，朱元璋觉得已无安身之地了，寺庙也不可再停留，于是他下定决心，去找汤和。从此，朱元璋只身踏上了他的起义之路，并一步步地走向他人生的辉煌点。

纵观历史，各个朝代的开国之君大多出身于名门望族，他们要么是生长于士大夫家庭，从小学习文韬武略，为将来成就霸业打下基础，例如唐朝的开国皇帝李渊，本来就是名臣良将，统一天下的过程中有众人推捧，鼎力相助；再如宋朝的开国皇帝赵匡胤，还有陈胜、吴广提出"王侯将相，宁有种乎"的愤怒口号。而朱元璋确是真真正正的一介布衣，这位杰出的布衣英雄从天灾人祸和饥寒交迫的钟离村走出，逐渐成为"指点江山，挥斥方遒"的一代君主。他和他的文臣武将所走的这条道路，不仅仅是为私人和某个阶级的利益，如同他的自述——我本淮右布衣，天下与我何加焉。

投军濠州，成家初立业

至正十二年（1352）三月，朱元璋开始了他人生的新征程。他决定投军濠州，而他"朱元璋"这个名字也是在入军后改的，意为诛（朱）灭元朝的璋（璋，古代的一种玉器）。

当朱元璋到濠州城下的时候，心中惶然。这时候的濠州还在元兵的包围中，附近驻扎着军队，城墙上红巾军严加把守，城墙下堆满尖石、石灰。见此阵势，朱元璋明白此行不易，投军也未必顺利，但是既然已经来了，就断了离开的念头，无论如何都要进到城中。

朱元璋镇定地走到城门口，立即被守门的士兵拦住盘问。朱元璋只说自己是来投军的，守城的官兵见他是个和尚，又是衣衫褴褛的，疑心是元军派来的奸细，就用绳子把他捆了，押到郭子兴帅府进行审问。

郭子兴本来就是个喜欢结交英雄好汉的人，听说有人来投奔，是个和尚，心想可能来投奔的是个英雄也说不定，于是骑马回帅府看个究竟。眼前的和尚虽然衣服穿得破破烂烂，却身材魁梧，浓眉大眼；虽被捆绑起来，却没有一丝恐惧之意和沮丧的表情，眉宇之间还透露着一股傲气。

郭子兴一看，十分喜欢，随后，证明是汤和介绍来的，就更加的放心。他把朱元璋带回元帅府，留在自己的身边，当了亲兵。

初来乍到的朱元璋认真练习武艺，处事谨慎。本来他就体格健硕，记性好，又识得些字，很快就成为小队里的顶尖士兵。而汤和、徐达虽官位在朱元璋之上，但并没有看不起他，仍以兄弟相称。所以，朱元璋决定一定要将他们的关系搞好了。

这日，汤和、徐达请朱元璋酒楼相聚。小时候在一起玩，虽然朱元璋年纪较小，却因为是孩子王，所以被小伙伴们称为"大哥"，汤和、徐达他们三人少年时曾结拜为兄弟，同样尊朱元璋为"大哥"。如今，汤和、徐达两人平日和士兵们吃酒总坐上座，习惯了，只记得朱元璋是兄弟，并无多想，自顾坐了上座。

而朱元璋却一脸正色道："汤和，你们二人可记得我们曾结拜为兄弟？"

汤和、徐达互相看了一下，有些诧异道："这个还用说，从未忘

记。如今你虽为士兵，但仍是我们的兄弟，快坐下喝酒！"

朱元璋一把拉起汤和道："既然是兄弟，那我还是大哥，得坐上座。"

汤和面露尴尬，但也不好说什么，只得让了座。

朱元璋早就考虑过这个问题了，要想还让他们看重自己，就绝不能退让，结拜兄弟的私交情是他在军队中的保障，也是他上升的基石。但私是私，公是公，私下为兄弟，军队中他得照样尊奉二人为领导。

酒足饭饱之后，三人拉扯着出了酒家。刚至门口，朱元璋立即清醒地说："请汤千总、徐千总上马。"

汤和、徐达二人又是一愣："这是为何？你可是我们的大哥。"

朱元璋正色道："兄弟是兄弟，可在军营中，我得听从千总的吩咐，公私分明。"

汤和、徐达两人听此言，酒醒了一半，对朱元璋又多了一分敬重。几年不见，才晓得朱元璋已非儿时的顽童，是如此明理晓事。做小兵的日子，朱元璋勤恳敬业，不忘表现自己。几次出城探哨，他献计献谋，态度沉着，随机应变，总是立功，很快赢得队长赏识，也颇受队员敬重。

渐渐地，郭子兴发现朱元璋谈吐不凡，对天下形势很有自己的看法，认为他是个人才。就把他升为亲兵九夫长。做九夫长的朱元璋非常称职，他不像汤和等人嗜酒，也不像其他的小军官那样贪财。朱元璋接到任务总是立即执行，办事果断利落，得到战利品，都悉数献给郭子兴，即便得到赏赐，也会公平地分给士兵同享。朱元璋知道这只是事业的开头，他得小心谨慎地打好基石。

朱元璋的尽心尽责，聪明能干，郭子兴都看在眼里，而朱元璋的义气大方，是郭子兴最欣赏的。好几次议事，郭子兴故意找朱元璋商量，见他分析得很有道理，且很有主见，对自己及家人有礼有节，是个有为青年，很快把他当做心腹，军中大事也乐意和他商量。

郭子兴有个好朋友姓马，在郭子兴起兵那年病死。马公临死的时候，把他的孤女马秀英托付给郭子兴照顾。郭子兴把女孩带回家里，交给妻子张夫人抚养，把她当做自己的亲生女儿一样。郭子兴一直想给她选个好女婿，这一回，见朱元璋是个人才，就跟张夫人商量，把马公的女儿嫁给朱元璋，她就是历史上有名的贤惠皇后之一——马秀英。这样，皇觉寺的小和尚就做了郭元帅的女婿，地位也不同了。在起义军中，大家都称他"朱公子"。

马秀英很仁慈，又爱好书籍，朱元璋的文书都是由她保管的。朱元璋能力出众，郭子兴对他有所怀疑。马皇后想方设法讨好郭子兴的妻子，调解双方的矛盾。朱元璋攻下太平后，马秀英带领将士的女眷们缝衣做鞋，还拿出自己的钱财出来犒赏将士。

朱元璋当上皇帝后，马氏被册封为皇后。当初朱元璋因为得罪郭子兴而被关押了起来，连饭都不让吃。马皇后偷了烧饼，揣在怀里偷偷拿给朱元璋吃，结果烧饼太烫，把她皮肤都烫伤了。军队缺粮的时候，她总是把好吃的省下来给朱元璋吃，自己却经常饿着肚子睡觉。朱元璋经常把这些事拿出来回忆，称赞马皇后贤德。

马皇后管理内宫很辛苦，但一有空就学习古代管理内宫的经验。宋代出了很多贤明的皇后，她就要求女官把宋代管理内宫的方法记录下来，让嫔妃们每天学习。有人说宋朝治国过于宽厚，马皇后说："过于宽厚总比过于严酷要好吧。"

朱元璋脾气暴躁，经常生一肚子气回宫。马皇后等朱元璋回宫后就婉转劝导，好几次让朱元璋打消了乱杀人的念头。有人控告参军郭景祥的儿子要刺杀父亲，朱元璋大怒，要把其儿子杀掉。马皇后说："郭景祥只有一个儿子，我怕万一是诬告的话，郭景祥就没有后代了。"后来查出果然是诬告。宋濂是太子的老师，他的孙子宋慎被牵连进胡惟庸一案，所以宋濂也要被连坐处死。马皇后劝说道："老百姓家请个老师还能以礼相待，更何况皇帝家？再说宋濂早就退休了，他孙子的事他肯定不知道的。"朱元璋正在气头上，根本听不进去。吃晚饭的时候，马皇后摆出一副悲伤的样子，也不吃酒肉。朱元璋觉得奇怪，问她是怎么回事。马皇后说："我是在为宋先生祈福。"朱元璋也觉得马皇后说的对，第二天就宣布赦免宋濂。吴兴富豪沈秀（也就是沈万

三）帮助朱元璋修筑很多城墙，还请求朱元璋让他出钱犒赏军队。朱元璋很生气，说："一个老百姓竟然要犒赏我的军队，简直是犯上作乱！一定要杀了他！"马皇后说："法律是用来惩治不法之徒的，不是用来惩治不祥之物的。一个百姓居然富到能和国家并肩的程度，对他来说当然不是好事。老天爷自然会降灾给他，不用陛下操刀了。"朱元璋就没有杀沈秀，只把他发配到云南去了。朱元璋曾经下令让重罪犯修筑城墙，马皇后说："罚罪犯做劳役本来没有什么不对，但那些囚犯已经很疲惫了，如果还让他们干重活的话，我担心会死很多人。"朱元璋就下令赦免了他们。

有一天，马皇后问道："现在天下百姓生活安定吗？"朱元璋说："这不是你应该问的事。"马皇后说："陛下是天下人的父亲，我当然就算天下人的母亲了，母亲为什么不能问儿女生活是否安定呢？"遇到灾荒之年，马皇后就带领宫里所有人吃素，还准备饭菜救济灾民。马皇后曾经尝过朝廷供应给大臣的伙食，觉得不好吃，她就劝皇帝要改善伙食，对贤德之士一定要优厚。有一天朱元璋视察太学回来，马皇后问有多少学生，回答是几千人。马皇后高兴地说："人才这么多啊！他们每个月有国家发的补助，可他们的妻子儿女又怎么办呢？"从此明朝就建立了供应太学生家属衣食的制度。

马皇后平时穿得很朴素，衣服很旧了也舍不得换新的。她让人用丝织成被帐送给老弱孤寡，剩余的布料和丝她亲手缝成衣服赏赐给王妃和公主，让她们知道养蚕织布的艰难。大臣的妻子进宫拜见的时候，马皇后对待她们像对待自己亲人一样。

马皇后的家人很早就失散了，朱元璋帮她找到家人后，打算封他们做官。马皇后谢绝道："把官位赐给外戚不是好事。"由于马皇后的坚持，这事就作罢了，但马皇后并非不关心家人，每次说起早逝的父母都会泪流满面。

洪武十五年（1382）八月，马皇后患了重病。她对朱元璋说："生死有命，即使是祈祷祭祀也没用的。大夫也不能起死回生，如果吃了药没有效果的话，我担心陛下会为了我而怪罪大夫的。"所以她坚持不吃药，不久就去世了，享年 51 岁。朱元璋悲痛大哭，从此不再立皇后。

初战告捷，招兵又买马

濠州的红巾军和其他地方的红巾军一样，由于领袖之间有争权夺力的陋习，再加上当初郭子兴连同四个结义兄弟一起起义，事成之后五人的职位都是元帅，大家不分上下，谁也管不了谁，这本身就犯了兵家之大忌。俗话说一山不容二虎，那一军中就更不能有五位元帅了。日子久了，他们之间就闹起了矛盾，其他四个元帅都出身草莽，江湖气太重，没有组织纪律性，做事全凭自己的好恶，而郭子兴一心想把这支队伍带好，就和其他四人发生了摩擦。四个人结成一伙，排挤郭子兴。

至正十二年（1352）九月间，元朝的丞相脱脱，统领大军，打下徐州。芝麻李阵亡后，彭大与赵均用带了若干残部，来到濠州，被郭子兴收编。彭大与郭子兴交好，而孙德崖等人则拉拢赵均用。在孙德崖的鼓动挑拨下，赵均用绑架了郭子兴，并将郭子兴弄到孙家毒打一顿，准备杀掉郭子兴。朱元璋闻讯后，在彭大的支持下，率兵救回了郭子兴。从此，两派结怨更深了。

朱元璋知道，若想真正地称王称霸，只待在濠州城内是不行的。于是，朱元璋寻找机会，向外扩张。

刚好，有一次，郭子兴找朱元璋商量日后的发展趋势。朱元璋抓住这个机会，极力陈述向濠州城外发展的优势："城内已经被几个元帅分管，且彼此间矛盾重重，发展空间极小。现在元军大败，趁机向

城外扩展势力，元帅您就不必在这个小城中为那帮目光短浅的人生气了。"

于是郭子兴道："元璋所言极是，那就分派给你三千精兵，由你率兵攻打定远，如何？"

听此言，朱元璋很乐意，迈出濠州城是他独立门户的关键，如今又有精兵三千，他虽从未领过兵，但心中毫无畏惧。

朱元璋坚定地说："多谢郭元帅，我一定尽力做好此事。"

郭子兴即刻封朱元璋为镇抚，告诉他近日就出征。

可谁知，郭子兴后来又听取他的儿子郭天叙的话，将一些老弱病残的士兵插入队伍中去充当精兵。朱元璋知道后很生气，但是他并没有表现出来。

见朱元璋如此镇静，郭子兴反而有些恐惧，他面对的是一个从未惊慌失措、从未畏惧过的年轻人。郭子兴强笑道："带兵打仗我比你有经验，这些士兵虽是老兵，但经验丰富，善于应变，都是些有用之人哪。我可以多给些粮草物资，足够你用上半年。"

朱元璋的脑筋转得要比郭子兴快。在他看来，带这些老弱士兵，还不如不带。他们不但帮不上忙，还可能不肯听从自己的指挥，反而误事。朱元璋谦卑地对郭子兴说："元帅说得极是，但是我觉得这些老兵未必肯服新人。定远我照攻，但是我有一个要求。"

郭子兴一时不知道朱元璋在打什么主意，忙道："请讲！"

朱元璋从容地说："郭帅的这三千兵马我可以不要，但是我要二十几个人就行，不知郭帅答应不答应？"

郭子兴心中有些想笑，他以为自己看到了朱元璋意气用事的一面，忙说："二十几个人可以打仗？你都要哪些人呢？"

朱元璋镇定地答道："先谢郭帅，元璋只带领徐达、汤和、吴良、吴祯、花云、陈德、顾时、费聚、耿再成、耿炳文、唐胜宗、陆仲亨、华云龙、郭兴、郭英等二十四位将士即可……"

郭子兴这才明白，这些人不是朱元璋的兄弟就是老乡。但是他不相信朱元璋和这几个人能取下定远。郭子兴心想，如今朱元璋的能力是越来越强，久留在身边也不是好事。于是他想趁此机会故意除去朱元璋，反正败了自己又没什么损失，胜了自己还可以坐收渔翁之利，于是就同意了。

而朱元璋早就盘算过了，打仗靠的不仅是士兵，还要有将才，要有肯卖力的将军，出色的将军才能带出强劲的军队。他可以不从郭子兴手中接管士兵，但可以自己去招兵。

于是，他以征兵为名请命回到家乡，决心培养起自己的力量，建立一支自己的队伍。同村邻乡的熟人听说朱元璋做了红巾军的头目，纷纷前来投效。于是朱元璋很快就募兵七百多人，朱元璋带领这七百多壮士，一路向南，朝定远走去。

军队驻扎在离定远不远的地方。朱元璋派徐达带人先装扮成小商贩进入定远县城打探信息。过了两日，徐达归来，禀告朱元璋定远有重兵把守，虽然是郭子兴的老家，但是此地人对红巾军并无善意。

朱元璋现在是又气又恼，心知这是郭子兴故意为难他的。朱元璋决定先把新招募来的壮士训练成纪律严格、骁勇善战的精锐之兵，再把汤和、徐达、周德胜他们培养成一批可用的将才。这是朱元璋最初的力量，也是发展势力的根基。

不久，朱元璋这支七百人的队伍，开始攻击定远。很多人虽然是第一次上战场，却训练有素，士气高昂。再加上士兵们对定远的地形、城内的设施，包括风俗习惯了如指掌，朱元璋在后方又为他们鼓足了干劲。朱元璋找到元军的缝隙，大举进攻，很快攻克定远。而正在元军派援军的时候，朱元璋率兵突然撤出，伤亡甚少。接着，朱元璋乘胜追击，在元军合围定远的时候，出兵攻打怀远、安丰，在这两地连抢带俘收了不少壮丁。当元兵还未反应过来时，朱元璋又领兵突围出怀远、安丰，攻克附近的含山县、灵璧县和虹县，锐不可当，均大获全胜。

朱元璋未被眼前的胜利冲昏头脑，他看到的不仅是眼前，还有更长远的发展。他要求任何士兵不得欺压百姓，更不可抢占财物。朱元璋自己也未收取什么，所到之城，开仓放粮，归还于民。同时，对城

中的财物、军草都做了详细的统计，准备回去献给郭子兴。

回到濠州，朱元璋受到郭子兴的热情接待，在城中的威信又增强不少。但在朱元璋眼里，这算不了什么，这只是他事业的起步。因此，朱元璋并未兴奋，而是依然提防着郭氏父子，同时策划下一个目标。

朱元璋并不想因收兵引起郭氏父子更大的猜忌，他只说定远一带需要管理，如果收城不管，那岂不是白白浪费了精力，他恳切地请求郭子兴让他去收管定远。郭子兴念着他已经把定远城的各项财物悉数上交，并且一时也派不出合适的人选去接管定远，就允许朱元璋再次离开濠州，前往定远。

这次进驻定远，朱元璋最大的收获不是占有了城池，也不仅仅是离收归兵士的目标更近了一步，而是找到一个有谋略的读书人——李善长。此人在朱元璋的发展历程中起了至关重要的作用。

李善长建议朱元璋先降服驴牌寨，再谋横涧山。于是，朱元璋决定先去驴牌寨拉拢劝降。想先假报有其他势力要攻打驴牌寨，以出兵出粮相救为由，前往驴牌寨诱降。而朱元璋又记起郭子兴是定远人，记得听他说起过驴牌寨的寨主，以自己相救为名，倒不如托词说是郭子兴发兵送粮相救。

待到寨内，见到刘寨主，朱元璋心中大喜。原来这寨主看上去三十一二岁，一副干练精明的样子，体格健壮，如能收拢也是一个难得人才。

报上郭子兴的大名，寨主与他果然有交情，先不问所来何事，酒席上桌，热情地接待了朱元璋一行。

酒喝得差不多的时候，朱元璋与寨主算是熟识了，话也好说了。

朱元璋颇显忧虑地说："此次来访，是因郭元帅听说寨中军粮不足，而附近有个秦把头要前来惹事，特派我前来相助。"

寨主听此，酒醒了一半，知道朱元璋来此必是有目的的，大笑道："军粮是不足，但秦把头来袭之事，连我都不晓得，你又怎知？"

朱元璋丝毫不慌张，先喝口酒，不紧不慢地说："我攻下定远想必你是知道的，如今我就驻在定远，文人李善长你应知道，是他透露给我的信息。否则单是郭元帅的命令，我也不会轻易来此啊。"

寨主一愣："李善长到了你的门下？"

朱元璋道："正是，李先生说与你有些交情，请我前来相告秦把头偷袭之事。请寨主三思。要么尽早迁移，要么跟我走，到了军队中，凭你的才干也是一个将军。无论是濠州还是定远都欢迎寨主，有用得着的时候通知一声，我定当鼎力相助……"

朱元璋收编了驴牌寨民兵三千人后，又招降了豁鼻子秦把头的八百人。

这一次也许不算是战役，但是对朱元璋来说却很重要。之前他在老家募兵不过得到七百多人，而这一次并未死伤一人，就得到几千壮士，为他的发展壮大了声势，也奠定了他收兵买马的基础。

以少胜多，夜袭横涧山

至正十三年（1353）末，朱元璋的队伍已经略有成就。在驴牌寨，朱元璋得到三千壮士，加上秦把头的八百人马，以及在老家招募的七百多人，攻克定远后前来投奔的百姓、降服的元军，现在朱元璋手下已有五千余名士兵了。

于是，汤和、徐达他们看到在这么短的时间内取得如此成就，就不免有些得意忘形，急着要称朱元璋为大帅，时时催促朱元璋和郭子兴划清界限，独立门户。

对此，朱元璋有自己的想法，他认为区区五千兵士算不了什么，如今独立出来势单力薄，不是被濠州方面围困，就是被元军灭掉。但是老跟着郭子兴也不是办法，不光是兄弟们不愿把所获物资粮食交给

郭子兴，就是朱元璋自己也很不甘心啊。他知道那些物资是他招兵打仗的基础，但是他心里明白，现在独立门户不是最佳时机。

他跟汤和、徐达两人说了自己的看法，他们两人也认为现在称帅确实有点操之过急，随后就建议朱元璋不必急于脱离郭子兴，先发展自己的军事力量，扩充地盘，再谋独立。

所以，朱元璋把近期目标定为扩军，没有自己的军队一切都是空谈。朱元璋把目光放到了横涧山，这个地方有一支两万人的军队，人数如此众多，朱元璋知道劝降和用小计谋是不可行的。朱元璋知道以自己五千人的实力去打两万人并不是容易的事，战争中最强调的就是知己知彼，切忌鲁莽和意气用事。

朱元璋先多方详细打听横涧山部队的主帅的情形。原来这支部队的主帅名叫缪大亨，之前元军围攻濠州的时候，他主动纠集人马，跟随元军，满心期待元军收了濠州城，自己能受封占些便宜，不料他的如意算盘落空，元兵溃败，他只好率领两万人退守到横涧山，接受元朝的封赏成了义兵元帅，在横涧山同时有元军军官监军。

所以，这是一支很特殊的军队，尤其朱元璋得知缪大亨的主力是一大批地主武装力量，他背后的支持者不仅是元朝，还有当地的地主富豪。而朱元璋的士兵甚至整个红巾军的主力都是农民，这是两个阶层的差异。朱元璋知道这一仗硬拼是讨不了好处的，要以智取胜。接下来他要考虑的就是如何以少胜多，以他的弱势群体胜过缪大亨的强势群体。

过了两天，朱元璋决定亲往横涧山观察地形。

朱元璋和费聚、邵荣、顾时、秦把头五人带着十几名士兵，装扮成富人上山打猎，骑马到了横涧山脚下。抬头遥望，林木苍劲幽深，山高云淡，景色宜人，只见几条山路崎岖盘桓，依稀可辨。朱元璋和费聚他们分头上山，约好午时山下相见，无论遇到何种情形都要按捺住，不可挑起事端。

朱元璋带了几个小兵，在上山的路上偶遇一砍柴老人，只说上山打猎，随即礼貌地打听横涧山的情形。老人道："此山方圆五十多里，通山之路有五六条，但这山地势险要，只有这面有可通之路，其他三面皆是悬崖。"朱元璋又问此山是否有人居住。老人笑道："岂止是住人，还有驻兵呢。"朱元璋装作不知，只道自己外地人来此做生意，闲来无事，上山打猎游玩。老人即说："听说，此山有义兵几千人，由一个叫缪大亨的人统领。"朱元璋说："看此山不像驻军之山，那些人守在哪里呢？"老人说："从这条山路上去，绕过三四座山峰，可到云龙峰，峰上有一寨，寨中就是缪大亨的人马在驻守。"

朱元璋谢过老人，悠闲地在林间小道上行走，心中却盘算着这一仗该如何打。下午相聚的时候，费聚他们各自向朱元璋汇报了所探信息。

回到定远后，朱元璋思来想去，觉得横涧山地形险要，易守难攻，自己兵少，一旦强攻，难以上山，且寨中人马会从各条秘密小路尽快疏散。汤和建议说夜里从山下放火烧山好了，反正只有一面山有路，这些人难以逃脱。这样虽能打胜仗，但是不能收兵。朱元璋要的是人，是那两万士兵，但汤和的建议启发了他。

朱元璋打算夜里突袭横涧山，给山寨上的人来个措手不及，防不胜防，且寨主不知道山下到底多少人马，四处埋伏多少，适时地连恐带吓，既劝又逼，软硬兼施，逼迫寨主带兵投降。

隔日夜里，朱元璋带领四千精兵，由汤和、徐达、周德兴、邵荣、花云等人分管各部，负责打前锋，一路奔向横涧山。横涧山离定远不过二三里，眨眼工夫就到了。出发前，朱元璋特地强调不准伤人，只俘不杀。

朱元璋吩咐好各位将领，自己带兵从主道突袭，其余人分别从其他四条小路上山。军令一下，几路人悄悄上了山，并留下一千精兵在山下围守，一千精兵在半山腰接应，其余的两千士兵分散前进，四面包围。

待各部支队快至云龙峰时，朱元璋一声令下，各部将士大声喊杀，一时锣鼓喧天。这是朱元璋故意造的阵势，好让对方摸不准自己到底有多少人。而山寨内一听有袭击，顿时一片混乱，慌了手脚，最先逃

出的人是元廷的监军，他一听外面的阵势，吓得六神无主，从寨后的秘密小路逃跑，被朱元璋的士兵捉拿。

朱元璋让人趁势在外大嚷，说监军逃跑被抓，山寨已被数万重兵包围，无路可逃，请山寨内的人尽快出来迎战。只见山寨的门依然紧紧闭着不开，而朱元璋也按兵不动，只在寨门外喧嚷造势。朱元璋心里已经明白几分，山寨内的士兵八成被吓住了，三更半夜的，想必缪大亨从梦中惊醒，还未集合起人来。

驴牌寨来的士兵中有几个人和横涧山那边有来往，朱元璋派了顾时和其中一个与缪大亨熟识的人前去寨中通信，说明想要联合他们的想法。

不一会儿，顾时出来，说缪大亨请朱元璋入寨谈判。

费聚他们要跟随前往，被朱元璋制止了。他决定自己单身赴会，以显示诚意和寨外兵力的强大。

朱元璋气派威严地进入寨内，他个人的魅力和勇气首先征服了寨中把守的小兵们。待见到缪大

元大都遗址

亨，朱元璋力陈联合的好处，又痛陈元军之腐朽和腐化，并暗示此山已被红巾军包围。缪大亨见朱元璋敢只身前往谈判，且言辞恳切，是一个有魄力之人，且早有耳闻朱元璋在定远的美名，想想自己如今已无出路，就答应了朱元璋联合起来的要求。

说是联合，其实谁心里都明白是朱元璋强行收兵，但是被逼无奈，只好先保全性命，保住实力，缪大亨只得答应率领两万兵士随同朱元璋下山。

朱元璋知道深夜带领如此众多的士兵不宜入城，怕路上起什么变故，遂决定由费聚、花云几个人先和缪大亨率领八千人连夜回城，留下自己的三千人马以及俘获来的一万多人在山下安营，天亮再走。

这一夜，朱元璋注定要睡不安稳，他一直在观察从山上赶下来的这些民兵，他以为这些人会伺机逃跑，或者反抗。然而这些民兵个个安安稳稳地睡大觉，一夜相安无事。这更让朱元璋忧虑，这样的士兵明显是缺乏训练，没有忠孝之心。看到别人的失败，朱元璋开始思索，自己如何才能拥有坚实的明天。他思考一宿的结果是得改编军队，加紧练兵。天亮后，朱元璋遣人分批押送这些民兵回城，他在最后压阵。为保障行程顺利，朱元璋故意没走大路，而是选择了崎岖的山路，以防有人途中逃窜，最后顺利回程一切安好。

从横涧山得到两万民兵，再加上之前冯国用他们兄弟俩带来的几百人马，朱元璋决定即刻对所有士兵进行改编。因为这些人缺乏训练，军纪较差，难以统率，他要把这些收归来的各路人马训练成强劲的朱姓军队。朱元璋的军事天才不仅在于领兵打仗，还在于他对军队的训练上。

朱元璋在进行改编的时候，并未像其他义军首领那样许以重诺，说什么打仗是为今后的享受，而是言辞恳切地陈述了义军起义的宗旨：保护百姓，以求安居乐业；同时一再强调军队纪律的重要性。他还告诉大家，纪律不是为了要求大家，而是为了约束将帅，为了建立一支强大的军队，一支不像此前不堪一击的山寨之兵，只有这样，才能建功立业，以求天下太平。他面对着刚收编回来的民兵言道："各位弟兄，我不管你们以前是什么出身。山匪也好，流民也罢，从今往后大伙都只有同一个身份——反抗暴元的义军将士。大家只要坚定信念，同仇敌忾、万众一心，定能驱逐胡虏，恢复中华！若此大业可成，大家必将名垂青史、流芳百世！"

朱元璋以横涧山大营和定远县城作为根据地，加紧训练部队。麾下的将士对朱元璋皆是心悦诚服，人人都是自觉操练。经过严格科学的训练，朱元璋很快就拥有了一支勇猛善战的精锐之师，定远朱家军威震方圆几百里。

朱元璋能够巧妙地利用地形，用智赢敌，以少胜多，成功偷袭横

涧山，这大大增强了朱元璋的军事力量，为他日后倾力攻打滁州，独立发展做好了进一步铺垫。朱元璋的精锐之师就这样逐渐积累起来。

伏击敌方，六合得忠名

握有两万多精兵的朱元璋，在定远这个小县城中有了更大的谋划。定远是他攻下的第一座城池，而这座城毕竟太小，容纳如此多的人马显得拥挤不堪。

下一个目标是哪里？李善长和冯氏兄弟一致认为应该向南攻打滁州。一则滁州的守军薄弱；二则滁州的地理位置非常重要，是向南发展的关键；三则滁州城中存有整个安徽地区的赋税，粮草，物资丰厚。

朱元璋听到这三条理由，每条都是巨大的诱惑，即下令以两万精兵强攻滁州。派花云为前锋，徐达、汤和、周德兴、邵荣、顾时等人为中军，让费聚、秦把头、缪大亨在后方接应，而李善长、冯氏兄弟跟随朱元璋左右，出谋划策。

那些将帅和士兵，平时严加训练，如今有了上阵的机会，个个精神抖擞，斗志昂扬。在花云的冲锋下，各部士兵以锐不可当之势冲入官兵阵中，左冲右杀，击溃官兵。不到半个时辰，滁州就被攻下，城中的三千多官兵无路可逃，全都归降。

朱元璋留下徐达、周德胜带领一批人马驻守定远，自己和李善长、冯氏兄弟、汤和等人以重兵进驻滁州。

朱元璋在滁州获得官粮数千石，金银财宝价值黄金数万两。但是朱元璋并未把这些据为己有，也未悉数散尽，而是分出一半官粮散给百姓，适当赏赐有功兵士，其余所有财物悉数献给郭子兴。同时，朱元璋准备把滁州当做自己的根据地，从这里开始从长计议，谋划独立门户。

正在朱元璋谋划下一步棋的时候，郭子兴在濠州城待不下去了，前来接管滁州，把帅府都迁来了。朱元璋心中虽然思虑很多，但是碍于情面，也只好交出军权，依然尊奉郭子兴为帅。朱元璋看到的是更长远的利益，而非眼下的名分之争。

郭子兴到滁州不久，元朝丞相脱脱统兵大败张士诚于高邮，分出兵马包围了六合。六合在滁州东面，相距不远，六合守将派人到滁州求救。

郭子兴在滁州城内还要着大帅的威风，救与不救得他说了算。朱元璋想出兵，但是得说服郭子兴才行。

郭子兴道："六合是张士诚的势力范围，这张士诚不过是新近起家，何必救他？"

朱元璋说："现在情势危急，六合离滁州不过百里，乃滁州的屏障。六合若被攻破，滁州也即在元军的威逼中，两城是唇亡齿寒的关系啊。"

郭子兴还是不愿意出兵，这就是他的性格。若在濠州城中能够有些胆略，多些义气，少些自傲，也不至于被排挤出城。朱元璋费尽力气，拉来李善长、冯国用兄弟，才说服郭子兴勉强同意出兵。冯氏兄弟是朱元璋最早收罗到的人才，勇谋皆有，而李善长的长处就是口才很棒，善于沟通说服。

问题又来了，郭子兴不情愿地说："六合形势如此急迫，此去也是凶多吉少，伤亡是一定的，如今派谁出兵呢？"

朱元璋即刻答道："元璋愿亲往领兵。"

于是，朱元璋带领一万精兵，以及二十位骁勇善战的亲信，火速赶往六合。

出发前，李善长献策说，以攻为守是上策，可先进入瓦梁垒地区与元军直接对抗。瓦梁垒形似山城，三面环山，山上皆是乱石杂树，易设伏兵突袭。如能得手，再去六合以重兵反击元军；如果失利，就

在城外的清水涧那里设伏，袭击元军。

依照计策，朱元璋在瓦梁垒那里和耿再成突袭元军以求开路，元军失利，朱元璋遂率兵向六合前进。

得知张士诚的人马在城内被围困得动弹不得，朱元璋先将兵马驻扎在城外五里处，派人向城内的将领通报率兵前来接应，以安慰城中士兵不要投降。

得到城内回复，朱元璋立即率兵前往，兵分三路：一路士兵从六合南城门围攻元兵；一路士兵从东城门进入城中，以反击元军；另有一路留守在城外以做后盾。

朱元璋和花云、汤和等人进入城中，才觉得形势的严峻。元军以排山倒海之势攻城，六合城的堡垒、防护、城墙迅速被摧毁，城内的守兵以死抵抗，马不停蹄地修城筑垒，还未修好又被打平，元军潮水般涌至，难以抵抗。眼看要抵挡不住，朱元璋只好先让城内的主将集合起城中的老弱妇孺，派人掩护撤出滁州。

这次撤退本意自然是为了保护弱势群体，但朱元璋也正是以此设计诱惑元军。

朱元璋派花云、缪大亨他们护送那些老弱，一路上，打打退退，且后退的速度越来越快。这边以花云和一路老弱做掩护，那边朱元璋让徐达、汤和他们率兵在中途伏击。

同时朱元璋又让城中冲锋的耿再成率兵撤出城，从另一条路佯装兵败而逃，让顾时他们率人在耿再成的退路上埋伏起来，刚巧耿再成这条路多是山林，利于埋伏。

而元军自然是分散力量两处追击。花云那一路，当元军就要赶上撤退的百姓时，花云即命令士兵与元军作战。而埋伏在附近的徐达他们，一见路面上两军混战，百姓四散，以旗帜指挥潜伏的军队出山。骤然间，大批人马从四方而至，切断元军的退路，两军开始激烈搏斗。毕竟元军此时兵力相对薄弱，且又是没有提防中了埋伏，很快被打得士气低落，人马皆残。

而耿再成那一路，行至山坡处，追击的元军同样中了埋伏。顾时他们先是从树丛处一阵乱箭射来，死伤元兵甚众。待后方的援军跟来，方率领士兵前后夹击，元兵大败，朱元璋得了军马数百匹。

朱元璋遂集合两路人马到瓦梁垒处驻扎，另派一路人马火速赶往六合，援助城内士兵守城。朱元璋知道要想守住六合并非易事，现在元兵的主要军力还在高邮地区，六合只派三万人来围攻，从高邮派援兵不用多久即到。另外，朱元璋的心还记挂着滁州，此次自己力助六合，元兵可能会从高邮派兵围攻滁州，这样形势将更为紧迫。

朱元璋召来众人商讨对策，他现在最想做的是阻止元兵围滁州，也不想这么快就引起元廷的注意。

冯国用说："在下倒有一计，不知可行否？"

朱元璋忙问："还请冯先生直言。"

冯国用认为，此次围攻高邮与六合的元朝将领都是蒙古人，不懂汉人心理，又蛮横鲁莽，心机不多，不如备些酒肉，派滁州父老一同将马匹送还，让他们恳切请求元兵放过滁州百姓。

于是朱元璋备足牛肉和酒，让几位能言善辩的老人带着被俘的人马，送到元兵营中。

元将自是十分诧异，那几位老人一见元军首领，言辞恳切地说："滁州城都是心向元朝的良民，大将军率兵辛苦，今日百姓们特派几位老朽前来犒劳士兵，一些薄酒，不成敬意。另有一些所获战马悉数归还。"

那将领正不知是否相信。

一个老人突然下跪道："还请大将军全力攻打高邮，滁州城的良民俱无反心，恨透反贼。如若将军攻打高邮，定当尽力补足供给军需。"

听此言，观此行，元军将领无话可说，同时也觉得高邮未破，六合未攻下，再去打滁州，兵力太过分散，更难成功，即说："请几位老人家放心，滁州百姓只要无反心，朝廷定会予以保护。那些驻在城中的逆贼，我们会择日再去收拾。"

就这样滁州避免了元兵的围攻，而围攻六合的元兵遭到朱元璋的

重创，城内又增添众多士兵援助，元兵只好弃城而走。朱元璋既成功地解了六合之围，又保护了滁州。

表面上看，朱元璋解六合之围是帮了张士诚一把，其实在帮张士诚的同时，朱元璋也守护了滁州，并且他的义气之举让张士诚心存感念，这份感激使得很长时间内两路义军和平共处。几年后，朱元璋出击陈友谅的时候，张士诚按兵不动，没有答应陈友谅两军联合的邀请，也没有出击攻打朱元璋的空城。同时，解救六合，也为朱元璋在淮西地区赢得了有勇有谋、有忠有义的美名。

智谋渡江，乘胜取太平

朱元璋在和州发展得正好，孙德崖以借粮之名前来干扰。郭子兴闻讯也赶来，两人在和州争斗起来，最后孙德崖离开和州，郭子兴在和孙德崖的斗气中死去。

没了郭子兴，朱元璋知道郭天叙并不是自己的对手，他可以名正言顺地独立出来。然而，郭子兴虽然死了，孙德崖心中还因在和州的不快而嫉恨朱元璋，想要整死朱元璋。思来想去，孙德崖也没有什么太好的计谋，就用了一招鸿门宴，以宴请朱元璋为由，诱使他进入濠州城，想在城内用计杀了他。朱元璋自然没有不去的理由，然而孙德崖并不是朱元璋的对手，此计失败，自己反而丧了性命。孙德崖死后，赵均用几乎掌握了濠州城的军权，不愿再依附濠州，带领军马另立山头，自封为永义王。

濠州这路红巾军，因各位元帅的分裂而军心渐散。孙德崖他们几部分的人马被赵均用占去，而郭子兴所属的人马也面临领导者更替的问题。按道理说，郭子兴死后，他的军权应由他的儿子郭天叙、郭天爵接管，问题在于有个能干的女婿朱元璋。经过一系列事件和攻打滁州、和州，朱元璋在军队里的声望越来越高，臣服者越来越多，还收拢了很多文才武将，像李善长、冯国用、冯国胜、胡大海、常遇春等人。

在郭天叙兄弟这边，当然不愿军权落入朱元璋手中。郭子兴一死，兄弟俩立即安抚将士，采取各种措施，企图拉拢人心，树立威望。尤其是郭天叙，仗着小明王封的都元帅称号，处处挤压被封为副元帅的朱元璋，以明确的方式告诉朱元璋，郭家军是姓郭的，姓朱的人离远点。

面对这种情形，朱元璋心中很苦恼。本来被小明王封为左副元帅，位阶在郭天叙和张天祐之下，他就有些不满，但想着他并不看重韩林儿的赏封，而且无论怎样得有个依靠，心中也还能够忍受。朱元璋早就不满郭子兴等几位元帅目光短浅，独自发展的打算早在心头。只是眼下郭子兴刚死，郭家兄弟如此排挤他，他又不能冒着不仁不义之名在这个时候离开郭家独自发展。除了忍耐，朱元璋也在寻找机会，寻找恰当的时机摆脱郭天叙，名正言顺地发展自己的势力。

等了些时日，朱元璋心中开始有些着急，身边的兄弟徐达、汤和他们早已看不惯郭天叙如此挤压朱元璋，整日气呼呼地说要杀了那姓郭的。朱元璋表面上安慰他们，说要先以团结为重，不可分裂。其实他心中，比谁都想除掉郭天叙。因为，这半年来，各路起义军都发展得很快，只有他这一方的红巾军先是内讧，再是元帅们自相残杀，折腾得毫无进展，只有朱元璋攻下些城池，收了些兵马。再不发展，即使不被元朝灭掉，早晚也会被其他起义军排挤出局。更重要的问题是，跟郭家兄弟无法合作，跟着郭家那帮人根本混不出什么模样来。那些人，包括此前濠州城内的老元帅，都是只图眼前、胸无远志之人。

机会是在和州保卫战之后。不久前，元军以重军围攻和州，朱元璋以出色的军事才能守住了和州，打退元军，使得郭天叙和张天祐都不得不对朱元璋敬畏三分。而朱元璋则抓住时机，对两位说出要乘胜

打过长江去的意见。虽然张天祐有些不积极，但郭天叙在朱元璋的鼓动下颇为心动，张天祐也不好再坚持己见。

和州东南靠着长江，渡江不是太难的事情，问题是渡江之后如何发展。李善长建议渡江后先占领太平，因跨过长江，正对面就是太平，太平南邻芜湖，东北即可到集庆，东面就是丹阳湖。丹阳湖地区的丹阳镇、高淳、溧水、宣城都是产米的地区，只要占领太平，集庆就在眼前，且附近地区产米，粮食物资有保障，可养兵蓄锐，待机谋集庆。

朱元璋非常认可李善长的分析，决定渡江后先取太平。就在朱元璋高兴的时候，冯国用的话提醒了他："渡江需要船只，至少得上千条，一时也难以打造。就算有了上千条船，没有水兵，难以行驶啊。"

众人突然意识到这是最关键的问题，朱元璋和文武将士昼夜商量，也没有好主意。

第二天一早，冯国用来见朱元璋，说想起一个人，此人或许可助一臂之力。朱元璋忙问何人，冯国用道："巢湖水军头目李国胜。"李国胜是彭莹玉的门徒，在一次和元军作战中失利，退到巢湖地区，建立起水兵，有一千多条大小船只。此前，李国胜和庐州的地方头目有冤仇，曾向朱元璋三次求兵相救。朱元璋虽未放在心上，倒也拨了些人马过去帮忙。

朱元璋觉得此时也只能去找李国胜帮忙，为表恳切之心，他亲自到巢湖去联络李国胜。朱元璋力劝李国胜："如今豪杰四起，我们势单力薄，若不联合起来恐难发展。不如两家合力，一起渡江，到江南谋出路。"朱元璋又把各方形势、江南情形——陈述给李国胜听。李国胜也觉得久居巢湖，又和地方势力纠纷不断，难谋发展，即决定合力渡江。此时，正是五月间的梅雨季节，阴雨连绵，大小河流都涨满了水，大小船只很轻易地就到了和州。

至正十二年（1352）的六月一日，朱元璋率领徐达、汤和、邵荣、冯国用、常遇春、邓愈、李善长等人，分从水、陆两路乘风渡江。先到了采石，常遇春做前锋，直击元军，元兵突然遭袭击，很快就被击溃。采石很容易就被攻下，且收了不少元兵。朱元璋率众人先在采石驻扎下来，再乘胜攻太平。

仅仅休息了一天，朱元璋即决定直取太平。朱元璋担心兵士刚刚渡江，无心再战，又担心他们思念家乡，就下令把船的缆绳砍断，让大小船只顺着激流而走，很快江面上就没有半点船只的影子。兵士们见此情形，人心慌乱，不知为何。朱元璋遂召集各路军士，大声道："诸位兄弟，前面就是太平府了，太平物资丰厚，只要攻下太平府，物资可随意取得。"将士们听了，立即有了精神，个个斗志昂扬。

朱元璋这一招，无异于望梅止渴，以前方的诱惑鼓舞人心，激起斗志。

将士们一鼓作气，直攻太平，很快即取下太平。

将士们正待抢掠城中财物，却见到处贴满了朱元璋让李善长事先写好的禁令："城中物资、女子不可抢掠，违者处以军法。"而且有人四处巡逻探查。兵士们只好无奈地望着唾手可得的战利品，朱元璋还杀了几个违令的小兵示众。

太平城中很快安定下来，兵士们个个遵守军法，百姓们人身和物资皆未受到威胁，对朱元璋的军队赞不绝口。而朱元璋也担心自己此前毕竟有所承诺，如此出尔反尔，怕军心不稳，就让当地的大地主、大财阀捐献出些钱财金帛，赏给将士们，只要有赏，全军人人欢欣。

而李国胜，其实在渡江前就有自己的野心。他想趁渡江的机会暗杀朱元璋，趁机得到朱元璋的军队。而这一点，朱元璋已有防备，在他从巢湖回到和州的时候，冯国用和李善长一听李国胜同意，就觉得事情恐怕没那么简单，让朱元璋多个心眼。朱元璋也知道李国胜为人狡猾，所以此前不愿和他往来，但这个时候，只能借助李国胜的船只渡江，就在心里多了些防备。

果然，李国胜在行至江中心的时候，邀朱元璋饮酒商讨军事，预谋杀害朱元璋。朱元璋到了李国胜那里，见李国胜身边一个叫桑世杰的人神态不定，在未饮酒前多次踌躇地望着朱元璋。朱元璋此前去巢湖的时候和桑世杰有过短暂的交流，知道此人诚恳踏实，见他神色异常，朱元璋向他使了个眼色，借上厕所的机会离开客房。果然，朱元

璋在厕所门口遇到桑世杰，桑世杰告诉朱元璋李国胜的阴谋诡计，劝他勿饮酒。

回到客房，朱元璋稍稍坐了一下，就要告辞。李国胜当然不依，说："刚才论军法，谈军事，这闲酒还未喝呢。这是你我首次合作，当饮酒庆祝才是。"

朱元璋故作亲密地说："李兄不知啊，元璋不习水性，正闹肚子呢，再不走可要坏了你的雅致啊。"说罢还幽默地笑了几声。

李国胜见朱元璋并无疑心，表现自然，不可挽留，也就作罢。

朱元璋回去后，心中愤恨，决定要除掉李国胜，不然到了江对岸，又是一个障碍。

隔了两天，朱元璋就传话给李国胜，说今日病体痊愈，要设宴回请李国胜。李国胜心中并未多加防备，也不知道他的手下出卖了他，就去赴宴。酒桌上，朱元璋让能喝酒的汤和、徐达他们都过来相陪，直把李国胜灌得酩酊大醉，不省人事。朱元璋向汤和使了个眼色说："快扶李将军下去歇息。"汤和让几个小兄弟把李国胜捆绑起来，丢进了长江。

这一具有战略意义的举动，是朱元璋攻集庆谋大业的关键所在。朱元璋不仅成功地渡过长江，取下太平，还在渡江途中除掉了李国胜，收编了李国胜的军队。从此，朱元璋拥有了第一支水军，而太平也成为朱元璋谋取江南的第一步。

屡立战功，终镇服众将

至正十三年（1353）七月，朱元璋率部占领了滁州。没有多久，郭子兴因为与孙德崖他们彻底决裂而率其部万余人从泗州来到滁州，他看到朱元璋率领的三万兵马，号令严明，军容整齐，非常高兴。但郭子兴没有远大理想，只想统领滁州，朱元璋对郭子兴说："滁州乃一山城，舟楫不通，商贾不集，非英雄所居之地。"郭子兴这才打消了原来的念头。不久，朱元璋率军夺下和州（今安徽和县），由于他发现士兵染上了抢掠奸淫的恶习，便决心整顿军纪。他召集诸将，申明纪律，释放了军中被抢来的全部妇女，深得百姓拥护。

其实，从取下定远，到占据和州，年仅27岁的朱元璋充分显示了他的军事才能，这是有目共睹的，连李善长这样长他14岁的文人贤士都不得不佩服他的果敢、严谨和威猛，也正是他的个人魅力赢得了很多人的拥护，拥护他的这些人多是青壮年，而军队中跟随郭子兴的那些老将对他的发迹不屑一顾。朱元璋决心一定要显示一下自己的威严，让郭子兴的属下知道自己不会完全听命于郭大帅，独立门户是早晚的事。

朱元璋到和州的时候，手里拿着郭子兴封他做总领和州军事的命令。朱元璋知道张天祐第一个不服他，攻克和州张天祐有功，且他又是郭子兴的小舅子，而同驻和州的一些老将也都站在张天祐那边，是郭子兴的部下。如强行管理军事与和州城，这些人断然不会服气，难免会有内部纠纷。

从濠州出来的朱元璋，最恨的就是内部争斗，这简直是自取灭亡。若不是内斗，孙德崖、郭子兴、赵均用他们个个都算的是骁勇善战的人才，哪能到现在才只攻下区区几个城呢？

所以，朱元璋到了和州，并未立即发布郭子兴的命令，而是嘱咐汤和、徐达他们保守秘密，决定给那些老将来个下马威，同时再用计策镇服他们。

这天早晨，到了召开军事会议的时候，诸位将领早早到会，只有朱元璋来迟。朱元璋进来的时候，看到诸将都坐在右席，只有大厅上主将的位置和左边的几个席位空着。当时的风俗是遵照蒙古人的习惯，以右为尊。朱元璋也不说话，径自坐在左边的最后一张椅子上，颇有

意味地望了一眼主将的空席。原来昨日朱元璋差人把大厅中主将的席位撤掉，换成一条木凳，乍一望去似乎没有主位，而置一木凳想必张天祐他们断然不会有坐上去的想法。

坐在左边的末座，朱元璋静听各位将领的发言，沉默不语。只见张天祐一副有功的得意模样，高谈阔论，其他各将又是说冲锋，又是讲围守，都未谈及如何判断敌情，如何谋划军队部署。等到了商谈下一步军事计划的时候，诸将都不言语了，面面相觑，不敢下判断，也不敢有所建议。朱元璋这时方才说话，侃侃论及当前的军事情形，严密分析各方义军的发展态势，合理地推测元军动向，提出图谋江南、渡江发展方能有广阔的天地。这些论断和逻辑严谨的分析，让在座的各位老将不得不叹服，都开始对朱元璋刮目相看，就连张天祐都收敛起他孤傲不屑的神态。

此时，朱元璋依然没有拿出受命为总兵的命令，他要等更好的时机。他知道带兵打仗是一回事，而治理城池又是另一回事，他就是要让军中各将对他信服，只有信服自己才能在以后的发展中为自己效力。郭子兴如今困在滁州，且体弱多病，心有大志的朱元璋当然不会放弃郭子兴的军力。

到了下一次议事的时候，朱元璋果然备受尊重，甚至有些老将领主动邀请他坐到右边的座位。对此朱元璋依然是以沉静谦卑相待，坐到左侧。上次谈军事气氛活跃，这次似乎大家都不知说什么好，没个主将，也无人主持会议的主题，会场略显冷清。朱元璋见众人都无话可说，就提议修筑城墙，各位将领也都赞成。因为当初攻打和州的时候，城墙经历了一次激战，现在已是残破不全。朱元璋见众人都同意了，于是建议说自己负责一半的工程，各位将领一起负责一半的工程，工期是三天。各位将领听了，心中大喜，以为占了便宜，纷纷答应下来。

朱元璋把自己负责的城墙分成几段，派汤和、徐达、周德兴等人分管各段的修整，日夜不歇。到了第四天一早，只有朱元璋一人完成了任务，修筑了和州一半的城墙。而其他几个将领仗着人多势众，没把修城的期限放在心上，且他们几个人中又无人能够服众，缺少沟通协调，工程被拖延下来。

第四天，各位将领相聚议事，并未把修城未完之事放在心上，脸上一副无所谓的神情。

朱元璋沉下脸来，走到主将的位置，神态严肃地拿出郭子兴的命令，站着说："我奉郭大帅之命，总领和州军政，责任重大，而修城墙这样的小事，各位将领居然未能按时完成。城墙的重要性诸位比元璋都明白，万一有敌情，如何守城？军务如此紧急，诸位将领却不放在心上，还谈什么军纪！郭元帅既然命我做总兵，我就得严格执行军法，此后如有抗命者，严加处置。"各位将领看到确实是郭子兴的令牌，无人敢言语，而且的确是自己延误了工程，自知理亏，只好低头认错，请求朱元璋宽恕。

朱元璋环视四周，心中明白，虽然这些人表面上认了错，心中其实还是有些不服。朱元璋决定先惩罚自己的结拜兄弟，申明大义，严肃纪律。

朱元璋首先下令处置汤和，原因是汤和虽然完成任务，但是完成得不够好，质量不高。各位将领见此，知道朱元璋绝不是一个软弱的人，也不是一个说话儿戏的人，又能秉公处事，不再要求宽恕，纷纷接受处罚。

李善长和那些老将的年龄差距不大，又博古通今，口才很好。朱元璋就让李善长平日多和那些老将沟通交往，调解他们之间的关系，树立朱元璋的威信。同时，朱元璋又传令将士们，把军中所获的钱财、民物全部归还物主，开仓济民，受到当地百姓的赞扬和爱戴。

然而，随着军队的发展壮大，各色人等都混杂进来，尤其是在收归降服民兵的时候，地主的武装力量很复杂。朱元璋对此早有戒心，但一直没找到合适的时间和机会来整理肃清。到了和州不久的一天，朱元璋正要出门，见军营外有一个八九岁的孩子，衣衫褴褛，低低啜泣。朱元璋看到这个孩子，想起自己当年穷困落魄的少年时代，就上前询问。原来，这个孩子的父亲在军营中养马，而他的母亲也在营中。

他的父母亲不敢相认，而他更不敢去认自己的父母亲，只好在门外等候，可是又饿又怕，就哭了起来。

朱元璋立即回营，召集营中所有的闲杂人等，并让孩子来认母亲、父亲。调查之后才知道，原来是有很多小官兵，在攻城以后乱抢东西，霸占民女，强拉仆役，致使许多夫妻无法相认，也不敢相认。朱元璋心中大怒：这样下去如何得了！即刻召集所有将领军官，严整军纪："和州城内的将士，多是单身，未带妻小，但我们决不能危害百姓，掠人妻女。军队有军队的纪律，以后若取城池，所得妇女，只有无夫未嫁者可适当嫁娶，万不可抢占有夫之妇，违纪者严惩。"

第二天，朱元璋召集城中男子、妇女在衙门前集合，让男人在街上分站成两列，让军营中所有俘获的女子都前去与丈夫相认。果然有很多对夫妻相认，民众对朱元璋的感激敬佩之情又多了几分。如此一来，原本寂寥的和州城经过管理和修整，逐渐繁荣有序起来。而朱元璋在军中的位置也逐渐巩固下来。

至正十五年（1355）三月，郭子兴病亡，这时刘福通已经派人把韩林儿接到亳州（今安徽亳县），立为皇帝，称小明王，国号宋，年号龙凤。郭子兴死后，郭天叙被任命为都元帅，朱元璋为左副元帅，军中文告均用"龙凤"年号。

郭子兴的死，对元朝和其他起义军来说似乎没有什么影响，而对一个人来说却影响极大，这个人就是朱元璋。郭子兴死后，濠州城的内乱，加上元朝的袭击，可以说先前那几个元帅和领导者都势力渐弱，其旗下人心惶惶。这期间，朱元璋的个人魅力和办事能力迅速征服了这一带的红巾军。再加上他是郭子兴的女婿，郭子兴的势力甚至濠州城的大部分红巾军都有倾向朱元璋的趋势，因为郭子兴的儿子郭天叙实在不能和朱元璋的能力相比。所以说，郭子兴的死，为朱元璋的发展提供了良好的机会。

第四章

招贤纳士，并吞八方

在征战中逐渐得心应手的朱元璋知道，即使一个人再有才，也敌不过众人之力。所以，他在攻打元军的同时，也在不断地招揽天下的能人异士。在他打着"为百姓着想"的口号下，徐达、汤和、邓愈、常遇春等武将忠心相随；更有李善长、刘伯温、宋濂等文人谋士相伴。招贤纳士之后，开始了朱元璋的并吞八方之大计。

兄弟同心，汤和徐达永相随

　　徐达，字天德，籍贯濠州钟离永丰乡（今安徽凤阳东北）。他出身贫寒，艰苦的生活让他磨炼出一副魁梧的身材。他性格坚毅，遇事善于思考。朱元璋视他为韩信再世，可见其卓越的军事才能。他与明太祖朱元璋是同乡，自幼相识，同为贫苦出身。他的童年也非常困苦，正是这样的生活锻炼了他的品格，磨炼了他的意志。在朱元璋与各方割据势力对抗、推翻元朝统治和稳固大明江山的过程中，徐达作为最高军事统帅，表现出了卓越的才能。他身经百战，功绩显赫，史书上称他"以智勇之资，负柱石之任"，意思就是他用自己的智慧和勇气，担当起了明朝江山创立时的中流砥柱，是大明王朝开国功臣中武将第一人。

　　汤和，字鼎臣，濠州（今安徽凤阳）人，与朱元璋、徐达是同乡好友。为人谨慎，沉敏多智。至正十二年（1352），参加郭子兴起义军，后以功授予千户侯，是他写信邀请朱元璋参加红巾军起义，后忠心追随于他。

　　朱元璋从一个社会最底层的农民、一个小游僧到奋斗成为地位显赫的皇帝，与这两人的辅佐是分不开的。在朱元璋的军事生涯中，徐达、汤和是最早跟随他，为他立下汗马功劳的大将。

　　要说朱元璋的发家，最直接的引导人还是汤和，当年是汤和的一封书信，激荡了朱元璋本已不平静的心，投向濠州。在濠州，朱元璋见到汤和、徐达，心中的感触自是难言，这其中有激动、兴奋，也有感慨。朱元璋怎能忘记，儿时一起玩的时候，汤和、徐达虽年长于他，却信服地称自己为"大哥"。如今世事变迁，他朱元璋前途未卜，一切都是空白。

但也正是和这两个人在军营的相聚，激发了朱元璋的雄心，他要做出一番事业。当然，如果这时候问他事业是什么，恐怕连他自己也说不清楚，但他就是有一种谋大事的激情。

他们在一起的时候，也经常会谈起小时候的事。回忆的时候，朱元璋说到自己杀地主家的牛时，汤和、徐达二人大笑起来，随即感慨地说："当年我们还吃了大哥给的牛肉呢，那是我们生平第一次吃肉。如今我们三人同聚，请大哥放心，从今往后，有福同享，有难同当。"听到此，朱元璋的心才放了下来。

到朱元璋成为郭子兴的乘龙快婿，官位升高的时候，他并没忘记当年的伙伴，也未忘记兄弟间"有福同享，有难同当"的誓言。朱元璋知道，汤和、徐达至今单身，闲时难免寂寞，常常邀请二人到家中谈天吃酒，让妻子马秀英为二人做鞋补衣，其乐融融，就像是一家人。汤和、徐达没事的时候，也愿意待在朱元璋家中，很少去酒馆了，心中渐渐把朱元璋当成了真正的大哥，在军营中处处彼此照应。也正是在朱元璋家吃酒的时候，他们从朱元璋那里得知了很多濠州高层的矛盾和秘密。让汤和、徐达异常气愤的是，郭子兴之子郭天叙对朱元璋的刁难、排挤，而郭天叙的嫉恨反而让这三个兄弟更紧密地团结在一起，汤和、徐达两人心中处处不忘保护朱元璋。

一日，郭天叙故意刁难朱元璋。此时朱元璋和马秀英成亲不久，也刚被提升，事事受到郭子兴的赞赏。郭天叙耿耿于怀，伺机报复得志的朱元璋。

事情是这样的：汤和那晚被一些兄弟拉去酒馆喝酒，因近来军中无事，就多饮了几杯，不料喝得酩酊大醉，被人抬回房中。路上被郭天叙碰到，当时郭天叙并未说什么，心中料到汤和第二天肯定会守城迟到。

于是，一大早，郭天叙就带了几个士兵，等在汤和应把守的城段，其实等了不久汤和即来。郭天叙二话不说，转身就走，至元帅府，差

人喊来朱元璋，当着郭子兴的面质问此事。此时汤和在朱元璋部下任职，朱元璋见事情已然如此，先恳切地认错，说自己管理不力，当罚，愿接受处置，并未责备汤和。汤和见朱元璋要独自承担责任，大喊道："是我自己犯错，不关别人的事，汤和情愿受罚。"

郭天叙道："说得轻巧，若罚汤和五十大板，你愿意承当吗？"

汤和一听五十大板，一惊，却听朱元璋果断地说："在下愿意。"

郭天叙却换了主意道："你不当受罚，这五十大板还是要给汤和，但你要亲自执板惩罚汤和。"

听此，朱元璋猛然抬头，痛苦地看了看汤和，咬咬牙齿对郭天叙说："遵命。"

这五十大板，朱元璋打得卖力，绝无虚假，看得郭天叙都有些发愣。他知道朱元璋不忍心，但不曾想执行起命令来朱元璋却如此用力狠心。

打到最后，汤和已不能站立，疼痛得只有呻吟之声，差一点就皮开肉绽了。徐达要扶起汤和，却被朱元璋一把推开，自己俯身背起汤和就走，一直背到自己家中。马秀英见状，埋怨朱元璋太用力，正要给汤和解衣涂药，朱元璋让她去端些温水，同时为汤和解了衣带。马秀英正拿着毛巾要为汤和擦拭伤处，却被朱元璋止住。他笨手笨脚地为汤和擦拭起来，那种情形比亲兄弟都要亲切，连一旁站着的徐达都极为感动。

这一次，汤和、徐达对朱元璋更为信服，信服他在人前的严谨正直，信服他私下对兄弟的真情实意。

在贾鲁围濠被解之后，朱元璋向汤和、徐达二人透露了自己不愿待在濠州城的想法："你们也都知道郭天叙一直在找我们的麻烦，且濠州城的元帅们矛盾重重，在濠州待下去真不知道前途如何。你们两人都是骁勇之士，跟在郭子兴部下这么久了，不见提升，我们心中不平，向郭子兴谏言，他只顾忙着和那几个元帅斗气。再加上郭天叙的嫉恨，大哥真怕连累你们二位。"

汤和是个急性人，性格直爽，见朱元璋面有凄然之色，直言道：

"我们早就看不惯郭天叙，没什么能耐，仗着自己是公子要什么威风。要不然，大哥和我们带着嫂子离开濠州，不信我们三兄弟成就不了事业。"徐达也认为离开濠州是个好主意。

不久，朱元璋即向郭子兴谏言攻定远，郭子兴遂遣朱元璋攻定远。朱元璋未带郭子兴派给的兵马，只带二十来个知交，其中最为朱元璋卖力的就是汤和、徐达。无论是在收兵募兵的过程中，还是攻克定远的战事中，他们两人都是走在前面，极尽忠心，竭力效劳。在以后的征战中，汤和、徐达一直是朱元璋最信任、最亲近的将领。而朱元璋也是公私分明，军事政事绝不徇私，私下里也绝不拿架子，还是好兄弟。

正是朱元璋这种事事分明的严谨态度，以及对兄弟的诚挚情义，打动并得到了汤和、徐达的真心拥戴。他们成为朱元璋起步之初最早的支持者，也是跟随朱元璋最久、最忠心、最关心朱元璋的肝胆兄弟。

不久，郭子兴得病而死，朱元璋成为这支起义军的实际首领。朱元璋觉得只据有和州很难实现自己的远大抱负，而要渡过长江向南发展，却因为找不到渡船而苦恼。正在犹豫之时，巢湖水军头领赵普胜、俞廷玉、俞通海、廖永安、廖永忠等率军归附。朱元璋大喜，对徐达、汤和等人说："方谋渡江，而巢湖水军来附，我的事业一定能成功！"于是，至正十五年（1355）六月，朱元璋派兵遣将，安排作战方法："采石大镇，其备必固。牛渚矶前临大江，彼难为备御。这次去攻打，一定可以把其攻克。"徐达、汤和与诸将听命，分别领兵向牛渚矶进发。常遇春奉命为先锋，先登上岸，徐达等率军一拥而上。经过了一阵激烈的战斗后，元军兵力不支，溃败逃窜，徐达等占领了牛渚、采石。

朱元璋受到胜利的鼓舞，又根据其形势，决定进攻周围州县。他找徐达、汤和商量说："这次渡江作战打了胜仗，理当乘胜而攻打太平，如果到各军掠取财物回去再攻打，只怕就得不到江东了。"他们都表示赞同。为坚定将士们的信心，朱元璋采取"置之死地而后生"的策略，下令把渡船缆绳砍断，把船推到江中，顺流漂下。军士们都十

分吃惊，朱元璋趁机说道："成大事者不窥小利。此去太平甚近，舍此不取，将奚为?"士兵们只好听命。他们吃饱饭，就从观渡向太平进发，由太平桥直抵城下。纵兵急攻，守城元军无法抵挡他们的进攻，守将完者不花等弃城而逃，元万户纳哈出等被俘。

至正十六年（1356）朱元璋亲自出征集庆，徐达作为开路先锋，率水陆军士齐头并进。至江宁镇，攻破陈兆先营垒，陈兆先以所部投降，俘获三千六百多名兵士。十月后，再攻集庆，在蒋山大败元兵。元御史大夫福寿督兵出城接战，被徐达、汤和等击败。朱军乘胜攻城，冯国用带领陈兆先部的降兵攻下城门，杀入城中。福寿战死，蛮子海牙逃奔张士诚，水军元帅康茂才率军民五十余万降附。占领集庆后，朱元璋改集庆路为应天府。在渡江攻拔采石、太平，进攻集庆的战役中，徐达、汤和英勇善战，屡立战功，成为朱元璋手下的得力战将。

如虎添翼，滁州收邓常二将

朱元璋从很早起就开始招揽天下文人武将，他知道当谋士把好的计策说出来时，还必须要有能将去实施。所以，他每攻下一座城池，就会寻找当地或者附近的人才。朱元璋在滁州的时候，听人说到一个年少有为的将才邓愈，心中很是称赞，就想让他到自己军中带兵打仗。

邓愈，初名友德，字伯颜。幼时聪敏好学，16岁就随父兄参加了义军。父亲成为一名不大不小的军官，然而在和元军作战的时候不幸牺牲，他的兄长接管父亲的兵权，不久得病，英年早逝。尚年少的邓愈，代替父兄职位率兵作战，异常骁勇，每遇战事，总能挺身向前，冲锋陷阵。军队中的兵士十分佩服他的勇猛，泗州、灵璧、盱眙等地很多民众听闻他的美名前来投效。

当朱元璋攻下和州的时候，邓愈率军从盱眙前来投奔。

朱元璋见邓愈带着一万多人马的军队来投靠心中很高兴，但也有些担心。邓愈此时不过才17岁，17岁的少年性格还未定型，此前他能带兵打仗，说明是个勇猛之人，但这样的人作为投靠者，往往也较为敏感，恐怕不好驾驭。朱元璋也明白，若能合理调控，收服他的野心和野性，这样的人必是有用之将才。

朱元璋决定对邓愈先来个攻心，他相信人和人之间若能以诚相待，以义相对，只要是通情达理之人，都会以礼相还。而对人际关系的沟通，李善长更具亲和力、说服力。朱元璋和李善长一起找来少年邓愈畅谈军务。邓愈见初到军营朱元璋就找自己谈军务，心中很高兴，觉得受到了重用。朱元璋见邓愈情绪高昂，知道这是一个阳刚洒脱之人，不喜掩藏自己，即说："钦佩令尊的为人和勇敢，只是不能再有机缘相见，终身遗憾。能和邓公子共同对付元兵，元璋甚觉欣慰。只是不明白，如今天下枭雄辈出，起义军众多，为何公子前来和州助元璋之军？"

邓愈老成地答道："先父生前就很敬重朱将军，朱将军是为天下百姓打仗，邓家也是为了百姓才誓死抵抗元军，这是共同的目标。正如将军所言，眼下各路起义军都在发展壮大，但真正能成气候，能为民着想的不多。"

听到此，李善长叹道："公子不愧是邓将军的儿子，有远见，有气魄。跟着朱将军，共同抵抗元军，天下不久即可平定。"

邓愈说："在下等的就是天下平定的那一天，以祭告亡父在天之灵。"

朱元璋又和邓愈谈了些军法兵道，谦虚地询问邓愈对目前形势的看法，相谈投机，同时也让邓愈觉得备受尊重，心中很高兴。朱元璋委任邓愈为总管，邓愈成为朱家军中最年轻的军官。

后来，朱元璋听胡大海说起怀远人常遇春，知道这是一个年轻力壮、枪法厉害的野性青年，只当做笑谈，并未往心里去，但记下了这

个名字。过了十几天，朱元璋听士兵来报，说城外有个后生来投军，朱元璋随即出城相看才知正是常遇春，心里是又惊又喜。遂命他做猛将前锋，与邓愈编在一队，又命邓愈与常遇春领兵自巢湖乘船南下。朱元璋故意让常遇春在年少的邓愈身边，让他这个性格乖张做过强盗的人看看邓愈如何带兵打仗。常遇春和邓愈还算配合得好，先后攻占牛渚矶、太平、溧阳、溧水、句容、芜湖，立下战功。

至正十五年（1355）夏天，朱元璋领兵跨江向南进发。常遇春在采石矶（今马鞍山市以南、长江东岸）战中，遭遇元朝水军元帅康茂才的严守。常遇春坐着一只小船，在流速很快的水流中顶着流箭勇猛进军，冲向敌人的阵营，拼死奋战。后来，朱元璋率军登陆，一举把元军打退了。乘胜追击的朱元璋又领兵将太平攻克，并于至正十六年（1356）春攻下了集庆，把集庆改名为应天府。

朱元璋占据了应天府及其周边的地区，便是取得了一方物产丰富的宝地，为其继续在江南拓展与壮大做好了准备。在这一系列的战斗中，常遇春开始崭露头角，屡得头功，逐渐得到朱元璋的器重，被提拔为元帅。

至正二十年（1360）陈友谅亲率几十万水军向应天进发，在应天西北部的龙湾和朱元璋的军队进行了激烈的交锋。

朱元璋以弱势抗击强敌，诱使敌军深入其阵营，常遇春依军令和冯国胜领兵三万设下埋伏，被当做全军的主力。在龙湾上岸的陈军突遭常遇春、冯国胜伏兵的剿杀，伤亡惨烈。那时恰逢江水落潮，陈友谅的百余艘巨舰因而全都搁浅了。朱元璋趁此机会率水、陆两军并战，最后陈友谅战败而逃。

龙湾一战的胜利，使朱元璋解除了危急的局面，势力也得到壮大。击垮敌营的常遇春因战功突出，没过多久便被提拔为行省参知政事。

不甘心失败的陈友谅于1363年重新领兵六十万来袭，与朱元璋的军队在鄱阳湖展开了一场殊死战斗。

有一次，朱元璋的座船搁浅了，陈友谅的得力干将张定边趁机率船队来攻击，形势十分急迫。常遇春一马当先，将张定边射伤，并以自己的战船去撞朱元璋的座船，以使其离开浅滩。常遇春在战斗中依军令全力组织火攻，利用小船行动灵活的长处乘风放火，大火将陈友谅的舰队烧得面目全非，兵士死伤惨重。陈友谅带领残兵败将退向湖口突围，却遭到朱元璋众将的追剿和常遇春的当头围堵。陈友谅最终在交战中被流矢射死。

鄱阳湖一战改变了朱陈双方的势力对比。消灭陈友谅后，朱元璋在群雄中顺理成章地成为强者。常遇春因为立了大功而又一次受到提拔。

常遇春在中国五千年的历史长河中，也是无人能与之相媲美的一代猛将。相传他常自己带兵突进，搅乱敌人的布阵，并且在需要的时候，敢孤身潜入元军统治的地区打探消息。朱元璋挥师北伐向元朝发起总攻之时，军事要塞太原成为战役的焦点，但太原自古就是兵家必争之地，城高池深，易守难攻，元军利用这样一个屏障，以逸待劳，固守不出。

西征大将军常遇春担任这次任务的先锋，在几次叫阵不出之后，他为了了解守敌详情，甘冒奇险，装扮成樵夫，混进太原城查探情报。不料半路走漏了风声，刚一进城，就被元军事先埋伏好的士兵四面包抄，陷入重围。就在这万分危急并且身边没有随从的情况下，他还是杀开一条血路，逃进了城墙旁的一个小巷里。

由于城中居民对元朝怨气很深，在一位孤寡老妇人柳氏的帮助下，常遇春逃过一劫。获救之后，常遇春为了感激老人的救命之恩，临别时，他顺手折断了院子柳树上的一枝，对柳氏说道："老人家，这里马上就要成为战场了，兵荒马乱的年月，难免会有所误伤，您就把这根柳条插在门上，以保证您的安全吧。"

几日之后，他率领军队攻破太原城。柳氏眼见战火连天，害怕街坊四邻遭受劫难，就挨家挨户告诉街坊四邻，让大家都把柳枝插在门口。常遇春回到营中之后，命令士兵对门口插柳条的住户要小心保护，秋毫无犯。后来，人们为纪念柳氏和常遇春的恩德，也为了庆祝太原的光复，就家家在门前种上一棵柳树，渐渐绿柳成荫。这条小巷由此远近闻名，后来人们把它改名为"柳巷"了。

至正二十四年（1364）夏天，常遇春先和徐达领兵攻克了庐州，之后又和邓愈聚集到一起，攻陷了江西的新淦、吉安、赣州等郡县。至正二十五年（1365）春天，常遇春和邓愈领兵攻下了湖北安陆和襄阳。当年冬天，他又和徐达领兵攻取了泰州。

朱元璋于至正二十六年（1366）秋天封徐达为大将军，封常遇春为副将军，命二人率领二十万大军向东讨伐张士诚。历经十个月的进攻后，张士诚惨败而死。常遇春又立大功，被赐封为鄂国公。

至正二十七年（1367）秋天，朱元璋将徐达封为征虏大将军，将常遇春封为副将军，命二人统率二十万大军进行北伐。那时北方的元朝军事实力已大为减弱，因此，徐达、常遇春仅出征三个多月便将山东平定了。

次元正月，朱元璋建立明朝。同年春天，明军和元军在洛阳的塔儿湾交锋，常遇春单枪匹马冲入敌营，旗下兵士随后而入，奋勇杀敌，于洛水北部击垮五万元军，取得"塔儿湾大捷"。通过此战，明军攻占了河南、潼关，抢占了陕西的门槛，为他日攻克元大都奠定了良好的基础。

他和徐达一起，成为朱元璋的左膀右臂。徐达是一个帅才，有智谋，有战略眼光，而常遇春则是典型的将才，他有张飞之猛勇，作战身先士卒，怒目就可威震敌胆，人称"徐常二将"。

有人将明朝的统一大业概括为南下、西征、东取和北伐四个大阶段，在所有的阶段常遇春从始到终，大小战役没有一仗不参加的。他带兵以勇猛顽强、无坚不摧而著称，自称能以十万大军横扫天下，军中将士戏称他为"常十万"。史书上评价常遇春"虽不习书史，用兵辄与古合，克敌制胜之方皆中节度"。

妙山相遇，诚谒军师冯国用

　　朱元璋与其他红巾军元帅的区别就在于他知道收揽那些有智谋的文人能士，而并不是只用武夫莽汉。他明白，任何一个朝代的建立，都不是一两个人的功劳，更不是开国皇帝的独自功劳，能否成就大业，有一个很重要的原因，那就是能否招揽到优秀的谋略之人。

　　元朝末年，天下大乱，各地农民义军蜂起，反抗元朝政权的压迫，冯国用与其弟冯国胜（后改名为冯胜）也组织农民武装，结寨自保。

　　至正十三年（1353）朱元璋攻下定远之后，最迫切的任务就是招兵买马，扩充军事力量。在用计降服驴牌寨之后，朱元璋一举得到横涧山的民兵二万。从横涧山回程的路上，因选择走山路，朱元璋遣人领着收归来的民兵先行，自己和几个侍卫殿后。

　　一夜奔波，至清晨时分，朱元璋和他的后阵人马行至一座山，山有牌为"妙山"。一眼望去，此山平坦，林木秀美，时有鸟鸣，清晨的阳光斑斑驳驳，影影绰绰。朱元璋正要询问，却听山中有读书声，朱元璋心中倍加好奇。领人沿路上山，渐行渐近的时候，琅琅的读书声清晰可辨，原来那人读的是《孙子兵法》。朱元璋心想此人定非凡俗之人，想要一见的心情更强烈了。行至半山腰，方见一人，朱元璋下马行礼道："不知刚才读书之人是否是先生？"

　　那位读书人身着青衣，一副睿智清朗的模样，朗声笑道："敢问这位将领是……"

　　朱元璋瞅瞅自己的军衣战马，笑着道："打扰先生雅致，在下朱

元璋路经此处，听闻……"

"原来是朱公子，久闻大名，在下冯国用。"那人以礼相敬。

朱元璋早在刚取定远时，就听说过冯国用和他的兄弟冯国胜两个人。冯国用深沉有计谋，而冯国胜骁勇有智略，而且听闻冯国胜出生的时候，满屋子黑气不散，人言必能成就大事，颇有传奇色彩。一直没有机会会面，今日巧遇，心中喜悦，思量无论如何要拉拢过来。

朱元璋谦卑地说："先生过奖，久仰先生大名。早闻冯先生和兄弟在山中结寨自保，想必此妙山就是先生的寨子吧？"

冯国用道："公子原来知道这妙山的情况啊，看来并非路过，莫非有什么事情？"

冯国用边说边露出警惕之色，他知道最近朱元璋攻下定远后，正在积蓄力量，已经降服了驴牌寨的民兵。

朱元璋恳切地说："确是路过，听闻先生读书声，心下好奇，方才打扰至此，望先生见谅。"

冯国用见朱元璋只是带着两个随从，也未见山下有兵，放下心来。

朱元璋最擅长的就是观察人心，窥测人的情绪，见冯国用并无敌意，对自己也无反感之情，即说："可否在此青山碧水处和冯先生随便聊聊，还望能有缘见到冯先生之弟。"

冯国用见朱元璋说得诚恳，并无久扰之意，即让朱元璋进去寨中相谈。

这时，朱元璋说："可否请一位兄弟同往？"

冯国用谨慎道："请问是何许人？"

朱元璋随意地笑道："是先生的故交，一见便知。"

原来是秦把头，冯国用和他虽是旧知，也闻他投奔了朱元璋，但不知此时这两人一起造访妙山为何。

秦把头看出冯国用的疑问，会意地笑笑说："冯先生好久不见，昨日和朱公子横涧山招降，路过此地，多有打扰，不请朱公子进屋喝杯茶吗？"

冯国用明白了原委，有些不好意思，笑道："当然，当然，这边请!"

几个人一路寒暄到了寨中。这是一个不算大的寨子，但屋舍小路井然有序，寨中一切安然自得，仿若世外桃源。

见到冯国胜，朱元璋心中又是一惊，此人比起他的兄长来，少了些文气，多了几分英武洒脱，心中大喜。

得知横涧山两万民兵已经被朱元璋收归，冯国用两兄弟彼此互望一下，似有难言之处。只见冯国用长叹一声道："寨中不过几百人，在这乱世中，我兄弟二人不过想让身边的人过安稳的日子，才逃隐在此，看来此处也非平安之地啊。"

朱元璋知道冯国用是担心自己对寨子有图谋，当即说道："元璋敬重冯先生的才略和为人，今天有幸见到甚是欢心。说实话，我心中也想，若能有两位冯先生相助定能成大业，也有求贤之心情，但若先生不肯，元璋定不会有所冒犯。"

冯国用和冯国胜两人再次相视点头，朱元璋见他们还是不太信任自己，笑道："不如这样，只要两位先生愿意，元璋随时恭候。先生也知道乱世中，个人的能力难以发挥，弱小的势力也难以发展。元璋今日所言，句句为真，即便先生不肯下山，元璋亦不会有所冒犯。"

冯国用其实早在观望，想要投靠一支有力的军队。濠州方面的情形，他一直不满，听说朱元璋的军队虽小，但纪律严明，且朱元璋讲义气，他和兄弟早就在关注朱元璋的行动。

朱元璋见冯国用无语，说道："这样吧，元璋今日偶然造访，有所打扰，就先行离去，元璋的恳求请冯先生三思。如果冯先生不介意，元璋想和冯先生交个朋友，改日我们约冯先生吃茶谈天。"

冯先生见朱元璋一脸的诚恳和真切，秦把头又在旁边说了些好话，其实心中已经有投奔的想法，只是此时不便作出决定，谢过朱元璋，答应思考之后，会亲自拜访朱元璋。

朱元璋走后，冯国用、冯国胜两兄弟商量了很久，觉得朱元璋在此地的红巾军中是最有潜力的一支，且朱元璋又如此恳切请求，决定过几日整理人马家当，前去投奔。

过了几天，冯国用差人送亲笔书信至朱元璋，说承蒙公子看重，愿即日与弟国胜带领寨中壮士前来效劳。朱元璋见信很高兴，这是他最早收纳的文才，确切地说是文武双全的有用之才。他现在不仅需要兵士，更需要参谋和将才。

傍晚时分，冯国用果然带人前来投奔，朱元璋亲自迎出定远城一里相接。见朱元璋如此有诚意，冯国用、冯国胜两人心中更加放心，相信自己的判断不会错，这是一个谋大事的人。

安顿人马之后，次日清晨，朱元璋亲自去冯氏兄弟的住所拜望，冯氏兄弟不胜感激。朱元璋邀他们同登城楼，站在定远城的城楼上，望着东方正在升起的太阳，俯瞰脚下这个不大的城市，再遥望濠州方向，朱元璋显得忧虑万分。冯氏兄弟一时也不知如何开口，只好静待朱元璋发言。

朱元璋望着濠州说："不远处就是老家濠州，我们在濠州被困了好几个月，如今好不容易摆脱濠州的是非争斗，打下第一座城池，然而我们心中很迷茫，望着四野，望着脚下，不知路在何方？还请冯先生指点迷津，以图未来之发展。"

冯国用见朱元璋并无试探之意，而是真诚相问，即说："江的那边是集庆，离这里并不是很远。"冯国用边说边指向长江的方向。稍稍沉思，冯国用接着说，"集庆乃虎踞龙盘之地，自古以来就有帝王在此建都，且集庆地处中部，有长江为天然险要，又掌控着整个江南地区的军政。公子可先把目标放在集庆，攻下集庆做根据地，整个江南地区都尽在眼前。谋江南，再四面征伐，定能成就一番大业。"朱元璋听此言，仿佛集庆真的就如此可取，望着长江的方向，他神采奕奕，满怀豪情和期待，激动地说："多谢冯先生，元璋顿时觉得天地之大，我们有了前进的方向，也有了前进的目标。"

冯国用见朱元璋对自己的话如此信任，接着说："在下以为，公子还应教导兵士不贪图女色财物，多做好事，倡仁义，收人心，不贪图一城一池之利，广招文才武将，这样建功立业指日可待。"

朱元璋点头称是，农民出身的他在这一点上比冯国用更懂得如何爱护百姓。但冯国用的一席话，让他从迷雾中走出。此前，他虽知道濠州是不可回的，定远也非长久之地，但群雄四起，刚刚起家的他还真的不知道自己该如何定立路线，规划目标。如今是豁然开朗，豪情壮志在心中。

朱元璋道："多谢先生，有先生相佐，共谋大业，元璋倍感幸运。请先生屈身做我们的幕府，为我们出谋划策。"说着朱元璋以礼相敬。

冯氏兄弟就这样成为朱元璋属下最早的参谋，也指引了朱元璋更为远大的政治理想。因为投奔濠州的时候，朱元璋想的更多的还是如何改变命运，如何填饱肚皮。而此时的他，有了一定的地位，也有了一些实力，在他迷惘的时候，又遇到了有谋略的读书人，他的心胸和眼界都变了。

而在慢慢相处的日子中，他们对朱元璋由欣赏到钦佩，朱元璋的言行、为人、带兵练兵之严明，都让这两兄弟深深佩服。他们也更加相信，有这样英明有魄力的将领，定能成就一番大业。而得到朱元璋的信任和重用，冯氏兄弟的才能也都发挥出来，爱才之人方能使人才尽力，而人才尽力方能有所成就。

朱元璋也一直将冯国用视为心腹，而冯国用也的确没有让朱元璋失望。冯国用亲自率兵，从攻滁州、和州，到渡江南下，攻克太平，一路下来建立了不少战功。后来从征金华、绍兴，被升为亲军都指挥使，在征战期间，冯国用还曾经救过徐达。

元至正十九年（1359）四月十五日，在攻打浙江绍兴之役中，冯国用以暴疾死于军中，朱元璋为此感到非常难过，并于洪武三年（1370）追封郢国公，肖像功臣庙，位次第八。

而冯国用的弟弟冯国胜也是不可多得的人才，他在冯国用逝世后受命袭兄职，为亲军都指挥。此后从援安丰、决战鄱阳湖、下武昌降陈理、克平江俘张士诚，论功仅次于常遇春，迁右都督。吴元年（1367）以右副将军从大将军徐达北伐，下山东，取汴、洛、潼关，论功列第三。中原平定后封宋国公，后数率大军出塞征扩廓帖木儿、纳哈出。

定远城中，招纳贤才李善长

李善长（1314~1390年），字百室，凤阳定远人。他年轻的时候没读过太多书，略通文墨，但为人有智计，喜欢法家学说，"策事多中"，里中推为祭酒。元顺帝至正十一年（1351），刘福通在颍州起义，李善长由于不满于元朝的统治，"欲从雄，未果"，便在东山躲避纷乱。至正十三年（1353），朱元璋方任郭子兴麾下大将，运用计策把横涧山兵二万收降后，南下攻打滁阳（今安徽滁州）。

在朱元璋攻下定远的时候，他已经积蓄了初步的军事力量，算是有了自己的小部队。正在要离开定远进攻滁州的时候，一日傍晚，朱元璋带着几个兵士从城外要入城，在城门口遇到一个骑驴的读书人。兵士都是骑马，见到骑驴的布衣，不禁失笑，向来是秀才遇到兵，有理说不清，那骑驴的读书人敏锐地看了看朱元璋，遂鞭驴绕道。

朱元璋素来就善于识人于微，就在这极短的时间，他迅速观察了一下那个读书人，觉得此人目光敏锐，相貌儒雅，颇有好感，遂问道："先生且慢，可否请问先生尊姓大名？"

那读书人也不作答，哼了一声说："请问你又是谁？"

身旁的将士看不惯读书人的傲慢，就说道："放肆，定远城中谁不知朱公子！"

朱元璋喝道："不得无礼，在下朱元璋，请问……"

不待朱元璋问完，那人就有些惊讶地说："你是朱元璋？鄙人定远李善长。"说完策驴而走。

朱元璋听说是李善长，忙派兵士跟随去请。

朱元璋在淮西一带当游僧的时候，就已耳闻李善长的才气，知道此人有智谋，懂得兵法，又有料事如神的美名。如今是他事业起步的时候，他多么渴望能得到这样的人才相助。

过了许久，士兵回来禀报，说李善长拒绝来见朱元璋，跟随一路，软话硬话说了不少，他就是不来。原来李善长这些日子也听闻义军领队朱元璋的一些事迹，对他也非常欣赏，今日一见，果然气宇不凡，眉宇间透露着英勇之气，又能对读书人以礼相待。但李善长想知道这个朱元璋到底以什么样的心态、什么样的目的来找自己，故意不来相见。他知道若朱元璋懂得吸纳人才，必会再来请求。

果然，过了两日，朱元璋抽空亲自去李善长的住所求见。

李善长见朱元璋亲自来，依然没做声，他还想再观察观察朱元璋。

只见朱元璋诚恳地说："前日兵士无礼，惊扰先生，朱元璋特来赔罪。"

李善长道："赔罪且不用，若是为赔罪，公子可回了。"

朱元璋慌忙道："当然不是，元璋是个粗人，读书不多，如有得罪，请先生宽恕。早就知道先生的才学，元璋很钦佩，今日特来请教。"

李善长原本冰冷的脸色稍稍有了缓和，示意朱元璋在院中的石凳就座。

朱元璋则先请李善长入座，自己方才坐下。见李善长面色稍缓，说道："元璋参军不久，定远是我们攻下的第一座城，可是我们心里很担忧。"

李善长眉头一皱问道："公子担心何事？"

朱元璋抬头望望天空，长叹一声，遂面带忧色地问李善长："如今四方兵起，天下大乱，敢问先生何时才能太平？"

李善长说："公子应该知道汉高祖刘邦吧？"

朱元璋面带歉意地笑笑说："知道是知道，但我读书少，读史更少，还请先生明说。"

李善长说道："汉高祖也是平民出身，却能平定天下，原因在于

高祖心中有大志，看得长远，知人善用。而军队纪律严明，得地克城，从不乱杀无辜，爱戴百姓，也受到百姓的拥护。高祖起兵不过五年，天下大势即见分明，成就帝业。"

朱元璋听此一番话，不禁点头称赞，仿佛受益不少。见朱元璋是明理之将，李善长心中喜悦，接着说："如今元朝已如朽木，朝政不纲，民不聊生，已经到了土崩瓦解的时候。高祖沛县人，距濠州不远，可算是公子同乡，你若能学习汉高祖刘邦的优点，天下太平也就快了。"

朱元璋听了这一番话，觉得很有道理，受用不少，感慨他的军队甚至濠州所缺少的就是这样能博古通今、出谋献策的文才。

朱元璋即行拜礼道："多谢先生指点，元璋恳请先生和我们一起为天下百姓共谋太平之日。"

李善长大笑道："公子勿言谢，善长一介布衣，不敢受礼。如公子能答应一事，善长可以考虑跟随之事。"

朱元璋忙说："先生请讲。"

李善长说："公子攻克定远的时候，得到官粮数千石，善长恳请公子用粮仓中的一半粮食救济地方百姓。"

朱元璋一时不知如何回答，神色犹豫，吞吞吐吐道："先生要我拿出一半官粮给百姓，这是不是太多了点？这些粮食是我们招兵买马，发展实力的基础啊。散了粮食，没了物质保障，如何能平定天下呢？"

李善长听此，笑道："就凭你这样的想法如何能平定天下，虽说把粮食、物资散给百姓会让将士们的日子苦些，但这样却可以帮助你收拢人心。自古得民心者，方能得天下啊！"

朱元璋觉得李善长说得有理，就同意了。

李善长听此心中喜悦，笑道："公子果然是聪明人，善长愿意为公子效绵薄之力。"

"好，太好了！有先生相助，元璋不胜感激！"朱元璋激动地对李善长再次行礼道。

于是，朱元璋把他留在幕府做掌书记。不过，朱元璋还嘱咐李善长："如今群雄四起，天下糜烂，仗要打得好，最要紧的是要有好的参谋人员，我看群雄中管文书的和做参谋的幕僚，因为总说身边将士的坏话而导致文武不团结，将士无法施展才能，当然无法成功。将士垮了，主帅势孤力单，接着也就灭亡了。你应该吸取这个教训，协调诸将，不要效尤幕府。"

从这时候起，李善长便一心一意地追随朱元璋，随他"下滁阳，为参谋，预机画，主馈饷"，很受朱元璋信任。随着势力日渐扩大，来自四面八方投效的将士也越来越多，李善长考查他们的才能，建议提拔奖励有功的、能力好的，处分不积极的将吏，使部下能人尽其才，安心做事，武将中有不和的，李善长就"委曲调护"，使之不发生矛盾。

至正十四年（1354），郭子兴南下，率万人至滁州，统领朱元璋的军队，并想把李善长拉拢到他身边自用，李善长不愿意。朱元璋说："主帅是我义父，怎么能不去呢？"但由于李善长极力推托便一直都没有去，时间长了，郭子兴也就不再勉强他，而朱元璋却对他更加信任了。不久，郭子兴病死，朱元璋便取代了他的位置，镇守和阳。朱元璋有一次亲袭鸡笼山寨，派很少兵力帮助李善长留下驻守，临走还嘱咐道："敌人一旦来犯，千万不要出击！"当时元朝王子秃坚、枢密副使绊住马、"民兵"元帅陈也先在新塘、青山等处屯兵，闻和阳城虚，急来偷袭。李善长在危难面前随机应变，悄悄设下埋伏，打败了敌军进犯，朱元璋闻报大喜。

后来一起谋划渡江的事，李善长说："我兵众粮少，舟楫不备，请稍候。"碰巧巢湖水帅俞通海、廖永安等带了万余水兵来投降，李善长大喜，说："真是天助我也！"便决定渡江，打败了蛮子海牙，拔牛渚，下采石，乘胜取太平。在军队进城前，朱元璋叫李善长先写好禁约："禁止掠夺百姓财物，违犯者按军法论处。"等到一攻下太平城，就到处贴上禁约，军士们看了，"肃然无敢犯"。严明的军纪使朱元璋在民众中留下良好的印象，便设立了太平兴国翼元帅府，朱元璋任元帅，李善长做帅府都事。这一年，朱元璋为江南等处行中书省平章，

以李善长为参议，当时宋思颜、李梦庚、郭景祥、陶安等都是省僚，而军机进退，赏罚章程，则由李善长控制。

自此，朱元璋的心中以汉高祖刘邦作为自己的榜样，为人处世、打仗领兵、对待百姓，处处向他学习，而朱元璋的军队也受到民众的拥戴。朱元璋还曾笑言道："李善长之于我，正如萧何之于刘邦。"可见，对他的重视。李善长在朱元璋的军事和政治生涯中扮演了重要的角色。而这个角色的才华能得以施展，也正是因为朱元璋对人才的重用和善用。

求贤若渴，徽州城中拜朱升

朱升，明代开国谋臣，字允升，安徽休宁人。元末举乡荐，为池州学正。避乱弃官隐石门，学者称枫林先生。朱升幼年师从新安学派著名学者陈栎，重"华夷之分"，"严华夷之辨"，反对蒙古贵族入主中原，因而不乐仕进。他46岁始登乡贡进士，50岁被授为池州路学正，但拖至52岁才赴任，三年后，便"秩满南归"，隐居于家乡石门山。元末农民战争爆发后，朱升"避兵奔窜，往往闭户著述不辍"，静观时局的变化。

至正十七年（1357），朱元璋命胡大海拔取绩溪、宣城，攻克休宁，占据了徽州，然后命邓愈在徽州坐镇。邓愈听人说此地有个隐士朱升，神机妙算，满腹才华，但他中举的时候年纪已经很大了，曾被礼部任命为池州路学正。不久天下大乱，各方起义势力雄起，朱升就归隐在歙县的石门，读书耕种，归隐田园。邓愈就将朱升的情况向朱元璋陈述了一下。朱元璋自己读书不多，却深深知道读书的好处，所以他很敬重李善长、冯国用这些文才，每占领了新的地方，朱元璋必定访求地方的儒士文才，用尽方法、软硬兼施地求才。听说朱升是大儒，朱元璋下定决心要得到他，就先命身在徽州的邓愈前去拜访。

其实朱升虽退隐归居田园，但他并非不闻天下事，朱元璋的发展他了如指掌，待朱元璋打到徽州时，朱升担心自己被请出山，即携带家人搬进山中居住。邓愈带着几个兵士，一路跋涉走了几十里路，才到了歙县石门。先前听说朱升在石门设堂讲学，又是大名人，本该容易寻找，不料朱升迁进山中时，告诉周围人若有官兵寻访切不可告诉他的处所，只说不知道即可。所以邓愈他们问了很多人，都无从可得，最后，邓愈才得知朱升住在附近的一座山中。

邓愈和几个士兵立即赶往附近那座山，把马拴在山下，循着山路四处寻找。寻至半山腰，在溪畔见一老者戴着斗笠在钓鱼，慌忙询问："老先生，请问此地的朱升先生是否住在这座山上？"

老先生打量一番来人，悠然说道："是住在这座山上。"

邓愈忙问："请先生指教如何寻访。"

那老人笑道："哈哈，你们来晚了，朱升已经死了。"

邓愈和几个兵士大惊道："怎么可能，没听说啊。"

老人道："千真万确，昨晚死的，我若不知无人可知。"

再问什么，老人即不言语，自顾钓鱼。几个兵士嚷嚷一番，只好下山，邓愈觉得非常遗憾。

回到城中，邓愈立即将此事的经过写了一封详信，速报朱元璋。

朱元璋得到信后，有些不敢相信，说与李善长听。

李善长听到后，大笑道："哈哈，果然是个聪明人哪！大帅，邓愈被糊弄了，那钓鱼的老人正是朱升本人。"

朱元璋一想，那老人的确应是朱升本人。

朱元璋求才心切，想让邓愈再访，被李善长挡住："大帅此时不应让邓将军再访，否则只会引起朱先生的反感。善长以为，大帅当选一个合适的日子，亲到徽州求贤，毕竟朱先生几近花甲之年，想他出山本不是易事。他若真是大儒，大帅亲往，即便他不肯同来应天，也

必有所获。"

朱元璋一听朱升年近花甲，觉得自己的确应该亲访。以朱先生的阅历和智慧，对自己肯定会有所帮助，且若能赢得朱升的认可，在徽州地方的发展也会顺利些。

朱元璋遂带领侍从和十几个兵士，马不停蹄赶往歙县，连县城都没去，直接到石门村寻访，就连邓愈也是奉命在石门村等待。朱元璋让邓愈和随从在村口等待，便装只身前往山上寻访。找到邓愈所说的那条山溪后，朱元璋顺着溪流找到一处茅屋。然而，人去屋空，朱元璋知道朱升是故意躲着，没有见到心中甚感遗憾。正待离开，朱元璋看见窗棂上有纸张飘动，走近一看，是朱升留言："老朽年事已高，只求安然度过余生，大帅请回，失礼。"

朱元璋看了后，扯下来放进口袋里，心中有些失望。

朱元璋坐在茅屋门前，抬头看山，山高云淡，平视而望，林木幽然，低头望溪，水清见底。此种风情，让朱元璋一颗久入尘世之心平淡超然不少，心静下来，人也特别舒服。片刻之后，朱元璋立起身子，长叹一声："可惜啊，可惜!"从超然的景色中回转，朱元璋还要面对现实中的纷乱。对着朱升的门，朱元璋深鞠一躬，依依不舍地边走边回头。

还未走到那溪水处，朱元璋忽听后面有人喊道："大帅且慢。"

一回头，那老者正笑吟吟地示意朱元璋回转。朱元璋见此人形态儒雅，一副教书先生的打扮，心想恐怕这就是朱升。但又有些恍惚，以为自己看花了眼，边走边想如何对待。

走到近处，见那老者其实并不显老，身体矫健，目光敏锐，只是头发花白，增了几分老意。

朱元璋未语先施礼。

老者忙挡住说："老朽失礼，就在这溪边相谈如何?"

朱元璋猜出此人是朱升，喜出望外，忙让老先生先行，至溪边光洁的石块处坐下，两人谈了起来。

朱升道："闻先生所到之城，皆施仁义之策，老朽甚是欣慰啊。"

朱元璋道："我农民出身，所做之事自然要为百姓着想，连年的征战，受苦的就是无辜的百姓啊。"

朱升道："大帅有此心意，定能成大事。本来老朽打算避开军扰，料你若是知人善用者，必会近日来访，所以躲了起来。但见大帅不紧不慢，如此敬重文才，只身前来，心有愧疚，决定还是见上一面。"

朱元璋道："我年少家贫，书读得少，最敬仰的就是读书人，读书明理啊。我现在是带兵打仗，将来若要治理城池，出谋划策，靠的还是天下文才啊。元璋在此恳请先生相助，同去应天，为天下百姓谋安定。"

朱升朗然道："大帅有此心，老朽感激不尽，既已决定归隐田园，老朽实在不愿出山，请大帅见谅。"

朱元璋以为此事万不可勉强，但朱升既是大儒，年事又颇高，就询问了他对天下局势和大势的看法。

朱升道："元朝已经到了灭亡的时候，大帅得应天是明智之举。你的邻邦虽强，却敌不过你的谋略，也比不过你的仁义之名，得民心者得天下，自古如此。"朱元璋听此觉得朱升所言很有道理，即问道："我现在待在应天，虽然陆续收了附近的地方，守应天不难，但四邻劲敌，元璋还请先生指教如何发展。"

朱升道："我就送你九个字，你若能严守这九字，得天下是迟早之事。"

朱元璋忙道："请先生指教。"

朱升缓缓道："高筑墙，广积粮，缓称王。"

朱元璋重复了一遍，觉得

明初木雕观音菩萨

含义深奥，一时难以懂得，就让朱升再复述一遍。朱元璋默默读了四五遍，方解其意。

朱元璋对朱升道："先生，这'高筑墙'就是要我守住应天，巩固应天；这'广积粮'就是要我发展经济实力，储足物资；这'缓称王'就是要我不要过早称王，太早称王难免被人当做攻击的目标。不知元璋理解得是否正确？"

朱升听后，大笑道："果然是英明之人，但这九个字不仅仅是这些。等到了关键时刻，你就想想这九个字，对你必有帮助。"

朱元璋心中非常感激朱升，奈何朱升又不肯出山，只好作别。

隔年朱升在家乡造房，朱元璋得知，还亲笔题匾相送："梅花初月"，以形容朱升的高洁、贤智。

此后，朱元璋对朱升一直敬重有加，给朱升很高的礼遇。

而朱升也感念朱元璋的英明，在朱元璋征服徽州地区的各派势力的时候，朱升总是替他说话。而在朱元璋派兵出击饶州的时候，饶州守兵负隅顽抗，久攻不下，致信朱升。朱升发挥自己的影响力，在当地调集了壮士数千，予以援助，并送亲笔陈情书给饶州统帅，动其军心，劝他投降，最后朱元璋取得饶州大捷。

待在应天的朱元璋，势力其实已经很强大，但他严守朱升的建议，周围的张士诚称了王，方国珍称了王，徐寿辉称了王，朱元璋就是不称王，宁愿就屈打着小明王的旗号。这样朱元璋使得元朝把目标放在那些称王的人身上，不暴露自己的野心。同时，朱元璋利用别人忙着和元军打仗的机会发展自己，等小明王的军事力量被元朝消灭得差不多的时候，元朝的军力也受到严重挫伤，可谓两败俱伤。而朱元璋则趁机向南面和东南部突围，攻占大片土地，财力也充足了，应天的根据地也巩固了，朱元璋开始把目标对准他附近的强大邻居。

龙凤四年（1358）十一月，婺州"久拒不下"，朱升劝朱元璋亲临指挥，朱元璋"因问兵要"，朱升说："杀降不祥，唯不嗜杀人者，天下无敌。"朱元璋采纳他的建议，亲率十万大军前往婺州，令"城破不许妄杀"。至十二月，夺取婺州。

吴元年（1367），朱升被授予侍讲学士、中顺大夫的职位，同修国史。洪武元年（1368）一月四日，朱元璋在应天登上帝位。其后，朱升又制定祭祀斋戒礼、宗庙时享礼，编纂防止"内嬖惑人"、干预朝政的《女诫》，并为朱元璋撰写了颁赐李善长、徐达、常遇春、李文忠、邓愈、刘基、陶安、范常、秦中、陈德等功臣的诰书，为明初政坛的稳定起了重要作用。

可以说，朱升辅佐朱元璋十余年，文治武功并著，可谓居功至伟。但是，就在朱元璋称帝之后，朱升却萌生退意。洪武二年（1369）二月便正式"请老归山"。

彰显诚心，三求终得刘伯温

帮助朱元璋取天下的，武人多而文人少。文人除了李善长以外，刘基也算一个，不过，在我们的生活中，很多老百姓都知道刘伯温，但不一定知道刘基。其实，刘伯温的正式名字为刘基，字是伯温。元武宗至大四年（1311），出生于江浙行省处州路青田县南田山武阳村，故当时人们也称他为刘青田。刘伯温出身于官僚世家，在家庭影响下，他从小才智超群，14岁进处州（今浙江丽水）郡学，学习《春秋》。17岁，拜名儒郑复初为师，攻读宋儒周敦颐、"二程"开创的"濂溪学""洛学"。他博览群书，经史子集、天文兵法无所不通，而"尤精象纬之学"。

元顺帝元统元年（1333），年仅23岁的刘伯温就锋芒初露考中了进士，当时的人们都很器重他。老师郑复初曾对他父亲说："此子必高公之门矣！"秘书监揭曼硕对人说："此魏徵之流，而英特过之，将

来济时器也。"

元至元二年（1336），刘伯温位居江西高安县丞，为官清正廉明，因为打击权贵而声名远播。但是，在极端腐败的元末社会中，正直守法的官员很难得到重用，特别是统治集团为了巩固军事统治，实行民族压迫政策，人民被划分为四个阶层，蒙古人最高贵，色目人第二，汉人第三，南人最下。所谓"南人"指的是元朝最后征服的原宋朝统治下的以汉人为主体的各族人民，刘伯温自然属于"南人"之列。才华横溢的刘伯温始终由于"南人"的身份在官场上到处受到排挤、打击。29岁时，刘伯温复审一起人命冤狱，尽改原判，因而得罪了检察官，被降为职官掾史。30岁时因同幕府官僚发生意见分歧而被迫辞官，不久补升江浙儒学副提举，行省考试官，又由于多次上书弹劾御史失职数事，受到御史大臣重重阻挠，激愤之下刘伯温再次辞官。先在江苏丹徒隐居，后又寓住浙江临安，每天在西湖与酒为伴，排解心中忧愤。

这时，全国各地的农民起义一浪高过一浪。至正八年（1348）十一月，首先是方国珍在浙江台州起兵，腐败无能的元朝统治者，为了镇压农民起义，被迫起用刘伯温为江浙省元帅都事。刘伯温得到重用，仍旧为元朝忠心耿耿。他建议筑庆元城，用以围攻起义军，并且极力反对招抚。方国珍大惧，厚赂刘伯温，遭其拒绝。方国珍收买刘伯温不成，便派人由海路到大都（今北京）去厚赂朝中重臣，使朝廷下诏招抚。刘伯温因此被元廷扣上了"失天子悯念元元之至意"的罪名，撤了他的职务，把他关在绍兴府，气得刘伯温多次想自尽以求解脱，幸亏门人密理沙等拼命拦阻，他才活了下来。从此他放荡不羁，一天到晚在绍兴游山玩水，作诗赋词，他自比为屈原、贾谊："上壅蔽而不昭矣，下贪婪而不贞"，"进欲陈而无阶兮，退欲往而无路"，用来抒发自己不满于元朝统治集团的情绪。

此时方国珍不断壮大自己的实力，其他各地农民军也都纷纷起义，江浙行省自感无能，被迫再次恢复刘伯温的官职，先命他"招安山寇吴成七等"。刘伯温自募"义兵"，采取剿抚兼施的办法，血腥镇压了那些拒命不服的起义者。后又与行省枢密院判石抹宜孙互为掎角，相互声援，联合起来打击方国珍。因镇压有功，他先后被江浙行省提拔为枢密院判、行省郎中，然而当报到朝廷时，由于朝中当权者排挤汉人，便借口刘伯温原只担任过儒学副提举，其资格只够上迁总管府判，事实上反倒降了级又丢了兵权。在仕途上三起三落、到处碰壁的刘伯温不再对元政府抱有希望，绝望之下，他置元世祖像于案上，北向而拜曰：臣不敢负世祖皇帝，委实因为走投无路。于是就逃归青田，时值元顺帝至正十六年（1356）。

落魄而归、怀才不遇的刘伯温，此时开始冷静下来，考虑自己今后的出路。他一向把距离他最近的割据势力方国珍看成海盗，连姑苏（今江苏苏州）的张士诚，亦为刘伯温所不齿，他曾说："吾生平忿方国珍、张士诚辈所为！"当然不可能去投奔他们为其效力，于是决定投靠应天的朱元璋。确实，在刘伯温看来，在元末群雄中，有雄才大略、能成大业的除了朱元璋外再无他人。还在十年前第一次罢职时他就隐隐约约地萌发过这个念头。那次，刘伯温"与鲁道源、宇文公谅日纵酒西湖，见有异云起，时基已醉，放言曰：'嘻，此所为天子气，应十年，我其辅之一。'"至正十六年（1356），朱元璋攻下南京，刘伯温更加觉得他非同一般。然而，朱元璋到底是与"圣朝"对立啊！在自己以前创作的诗歌中，不是也直斥他为"盗贼"吗？这样，饱读经史和饱尝仕途坎坷的刘伯温，心事重重，下不了决心，索性采取静观时变的办法。他一方面集乡练自保，抵制方国珍的攻击；另一方面，发愤写作，著《郁离子》十卷十八篇以见志。

而在朱元璋招募了李善长之后，有一天，他问李善长："你经常把我比作汉高祖，你好比是�侯。至于徐达嘛，也比得上淮阴侯，可用谁来比作留侯呢？"李善长答："金华人宋濂博闻强记，又兼通象纬，应当可以担此重任。"朱元璋补充说："据我所知，通象纬者莫如青田刘基。"

早在应天的时候，朱元璋就知道浙江四杰在江南声名享誉，而四杰之中的刘伯温有"小诸葛"的美称，说他上知天文，下知地理，熟

读兵法，料事如神，博览群书。在朱元璋看来若能得到刘伯温的辅佐，在江南的发展将会不同凡响。

此时朱元璋的求贤之心更切，于是决定动员刘伯温出山辅佐。

朱元璋知道胡大海在攻克浙东一带的时候，和浙江四杰有过往来，就让胡大海亲自拜请四位出山任职，起初他们是和胡大海交往过，也表示过对朱元璋仁义之师的欣赏。而这次胡大海去请刘伯温，虽然还带了朱元璋的亲笔书信，却被羞辱了一番。原因竟然是朱元璋前不久所杀的一个女子，竟是江南才女苏坦妹，而苏坦妹和才女楚方玉并称"江南苏楚"，和浙江四杰多有往来，不仅诗词唱和，还经常一同参加当时浙江有名的"兰溪会"，吟诗作对，谈论天下大事。苏坦妹不仅相貌绝美，且聪颖过人，琴棋诗画皆受好评。

当朱元璋得知自己所杀的那个美女居然是苏坦妹，一下子惊坐在椅子上，很久都没回过神来。朱元璋怎么也没想到，自己所杀的竟然是江南才女苏坦妹，他还曾拜读过刘伯温与苏坦妹唱和的诗词，如今却为整顿军纪让她做了替死鬼，心中懊悔异常，也明白想要求到刘伯温不是那么容易的事。

也许朱元璋做过很多错事，但他都没后悔过，而杀了苏坦妹却让他痛心不已，后悔难当，他知道必须为自己的鲁莽行为负责。几宿思索过后，朱元璋决定亲去苏坦妹的墓前祭奠致歉。

见到苏坦妹墓前的碑文，朱元璋心中更是一番难受。碑文有楚方玉的沉痛悼念和对朱元璋的讨伐，见到墓前种满鲜花，献满礼物，朱元璋知道来悼念苏坦妹的文人墨客肯定不少。

朱元璋当下决定，在苏坦妹墓前筑碑立文，自我检讨。

朱元璋的碑文一立，顿时引起城内外的骚动。不知道朱元璋杀苏坦妹的人也都知道了此事，而知道此事的人看法不一。

朱元璋对李善长说道："我不管天下人如何看待，朱元璋做了一件愚蠢的事，就是要向天下人检讨，愿苏坦妹地下能知朱元璋对她的歉疚。"

然后，朱元璋又派胡大海去请刘伯温，这时刘伯温对朱元璋已有好感，但仍未同意。最后，朱元璋亲自去找刘伯温悔过，并说道："元璋知道此误，致使天下人诟病，更让文人儒士伤心，但已铸成大错，苏坦妹的性命不可挽回。元璋诚求先生出山相佐，但知先生自杭州被攻下后，隐居青田，潜心著述，元璋打扰并非为己，而是为了天下的百姓啊。如今战乱四起，百姓生活在水深火热中，若再乱下去，天下百姓何以聊生。"

刘伯温终于被朱元璋的诚心所感动，答应出山助他一臂之力。

后来，朱元璋与刘伯温在所设的酒席上谈话，这位久经沙场的大帅很有闲情逸致地向刘伯温问道："不知先生吟诗作赋的本领如何？"

刘伯温微笑着回答说："那些不过是读书人的雕虫小技，没有半点为难。"

这时，朱元璋便随手扬起手中的斑竹筷，请他以此为题赋诗。

刘伯温不假思索，脱口而出："一对湘江玉箸看，二妃曾洒泪痕斑。"

朱元璋听后，对他的才气很钦佩，但还是装作不满，皱了皱眉头说道："未免书生气太浓了！"

刘伯温揣摩透了朱元璋的心思，知道一位胸怀天下的人，怎么会喜欢这些风花雪月的诗句，不慌不忙地接道："汉家四百年天下，尽在留侯一借间。"

这句算是说到了朱元璋的心窝子里。刘伯温巧妙地将张良用筷子为汉高祖刘邦分析天下大势的典故，放进了诗句，将朱元璋喻作汉高祖刘邦，而自比留侯张良。朱元璋听了这句是又惊又喜，一为刘伯温的才气，二是因为当时朱元璋帐下虽然文韬武略人才济济，但就是缺少张良这样谋臣式的人物。朱元璋大笑道："伯温能够来到我的身边，正是上天赐给我的张良啊！"

刘伯温也从交谈中看出朱元璋有胆有识，便向朱元璋详细分析了天下群雄逐鹿的形势，阐明了当前应对时局的十八条对策，深得朱元璋赏识。这一幕和诸葛亮对刘备分析天下局势不谋而合，也难怪后人将刘伯温与诸葛亮相提并论了。朱元璋从自己建立队伍以来，对人才

特别尊重，凡是他认为有才能的人，都给予了相应的待遇。刘伯温也不辱使命，审时度势，运筹帷幄，总能献上良策。史书上称他："每遇危难，勇气奋发，计划立就。"意思也就是说，每当朱元璋遇到危难的时候，他总能献出良策，帮其渡过难关。

建礼贤馆，终得浙东四先生

朱元璋在攻取金华之后，听说江南地区人才辈出，就下令广开门路招贤纳士。当时浙江的名士以青田的刘伯温、龙泉的章溢、丽水的叶琛、浦江的宋濂这四位最为著名，被人称为"浙东四先生"。

他们在地方上的声望极大，他们都做过元朝的官员，因乱世或隐居，或辞官，或组织"乡兵"自保，很有影响力。

叶琛，字景渊，浙江丽水高溪村人。至正四年（1344）任歙县县丞。至正十二年（1352），升任处州路总管府判官，元将石抹宜孙在处州一带镇压农民起义，叶琛积极为其出谋划策。至正十八年（1358），官至行省元帅，帮助元军镇压农民起义，直到朱元璋攻下处州才辞官回乡。

宋濂，字景濂，号潜溪，浦江（现浙江义乌）人。曾受业于古文大家吴莱、柳贯、黄溍等，元顺帝曾召他为翰林院编修，但宋濂亲历元朝政府的腐败，以父母年迈需奉养为由，拒绝了元顺帝的召请，以修道著书为业。宋濂喜欢读书，而且从年轻时代就喜欢藏书。当时，他因元末战乱迁居浦江，在青萝山中筑室读书，因名其楼为"青萝山房"。兵燹之后，官私藏书毁损严重，而宋濂因隐居山中，仍能坐拥书城。明祁承汉《澹生堂藏书红》说："胜国兵燹之后，宋文宪公读书青萝山中，便已藏书万卷。"清载殿泗《风希堂文集》卷二《宋文宪公全集序》则说宋濂"始自潜溪徙浦江，得卷氏藏书之富，首推宋濂"。

之后，宋濂藏书之精华，有少数流入清人之手。如北宋本《长庆集》，先后为钱曾、黄丕烈、潘祖荫所藏。《百宋一廛赋》："庐山《长庆》，见取六丁；金华太史，独著精灵。"注："《长庆集》北宋时镂版，所谓'庐山本'者。庚寅一炬，种子断绝，唯此金华宋氏景濂所藏小宋本，图记宛然，古香可爱，推稀世珍。"又有宋本《春秋经传集解》《史记》《文选》等流入清宫内府，《天禄琳琅续编》有记。宋濂还曾藏有宋刊《事林广记》，后归广东丁日昌，《持静斋书目》著录。

章溢，浙江龙泉八都镇横溪村人，字三益，号匡山居士。曾在元将石抹宜孙派兵将诛杀龙泉一带的义军时，劝言勿杀，受到石抹宜孙的赏识，封他为龙泉县主簿、浙东都元帅府金事，但章溢不愿为腐朽的元朝效命，退隐到龙泉和浦城交界的匡山。

当时的朱元璋虽然发展迅猛，但也没有被胜利冲昏头脑，对人才还是求贤若渴。他虽然已经成功请到刘伯温为他效力，但他又怎会嫌人才多，更何况他们还都是人人称赞的贤才呢？

刘伯温到了应天之后，朱元璋非常敬重他，给他很高的礼遇。为了招揽到天下更多的文人谋士，朱元璋还特意建造了"礼贤馆"。

当刘伯温知道朱元璋专为文人建造了一所房子，且命名为"礼贤馆"的时候，刘伯温心中很感动，而朱元璋的用意也就在于想以诚意感动刘伯温，让刘伯温出面请浙江的另外三位先生。朱元璋知道，若这四人都来了，那文人墨客就不用自己去亲自请了，定会闻名而来。且若真的得到了这浙东四杰，那在江南地区，首先是有了谋臣为以后的发展打下更广泛的基础，再次是对自己赢得民心有很大帮助。

为了彻底消除刘伯温的顾虑，朱元璋决定以自己的行动来证明自己的诚意和对文人的敬重。那就是自己亲自为"礼贤馆"题名。

到了揭碑仪式那天，文武将士、城中的士绅，都被召集到"礼贤

馆"前，参加这个仪式。花费这么一番工夫，造了一座"礼贤馆"，朱元璋当然不会放过借"馆"宣传的机会。于是，朱元璋先请刘伯温第一个登上"礼贤馆"的台阶，并对众人说："刘先生是我们应天最有才华的文士啊，今天还请刘先生揭开匾牌的红布。"

众人叫好，刘伯温也不退让，大方而高兴地揭下匾牌。汤和、徐达他们都知道是朱元璋题的字，在他们看来，能写字，尤其是朱元璋能写出这么好的字来，真是不容易了，所以连声称赞："这字真是有气魄！""好字啊！"众人皆议论纷纷，只有刘伯温不言语，望字而笑。

这些都看在朱元璋的眼里，他谦虚地对刘伯温说："先生，你说这匾上的字咋样啊？"

刘伯温再看了一下，笑而不语。

他的神态还真让朱元璋着急，众人见刘伯温如此反应，一时不敢言语，心中忐忑。

刘伯温当然已经猜到这是朱元璋写的字，虽然朱元璋很器重自己，但刘伯温想知道朱元璋对文人的忍耐和敬重到底有多大的尺度。他看了看匾，又看了看朱元璋，又看了看李善长他们，仿佛是说不知道谁写的，然后才说："说真话呢，还是假话？"

此言一出，全场寂静，不知道刘伯温要在这大喜的日子发表什么言论。尤其是汤和、徐达、李善长他们三人互望了望，仿佛说："千万别说什么丧气的话，惹得大帅不高兴。"

听刘伯温如此说，朱元璋有些尴尬，但也只得说："当然听真话，直言最好。"

刘伯温方道："这字呢，气势是有的，但的确写得不好，实在不是好字。"

众人一听，更是哑然。刘伯温一副无所谓的样子看着朱元璋，等待朱元璋的回答。

朱元璋脸上更尴尬了，但依然没有愠色，不好意思地解嘲道："呵呵，这字啊，是我写的，还苦练了几天呢。看吧，才写出这个样子来。所以呢，这'礼贤馆'一定得有贤士啊，不然以后应天的字还不是更差了。"

听到朱元璋的话，大家心头的紧张松弛下来，都笑起来。

只见朱元璋指着那三个字道："若我们当年有机会读书习字，就不是今天这个样子啊，所以，这是教训。希望大家看到这三个字就想想文人的重要，尤其是我们军营中的将士们，不要以为打仗才能得天下，打仗才能建功立业，这文人贤士啊，是成大业的智力帮助，是教育我们子孙后代的师长。"

众人听此言皆叫好，刘伯温心中也就有了数。

此时，朱元璋又特地走到刘伯温身边说："这'礼贤馆'只请到浙东四杰之一的您，是元璋的失误，若能得四杰，'礼贤馆'才名副其实啊。"

刘伯温见朱元璋已经公开对自己说这样的话，且朱元璋真的是求才若渴，就决定帮助朱元璋请叶琛他们出山到应天来。

就在这天晚上，刘伯温来见朱元璋，他说："大帅，有了'礼贤馆'，伯温定当与大帅一同请叶琛他们出山。"

朱元璋听此言，心中很高兴，他知道这事有了刘伯温帮忙，就成功了一大半。

朱元璋道："好，元璋当亲自去请三位先生。但是，军中事务急切，难以脱身。"

刘伯温道："请大帅放心，伯温前去说服，以探情形，明日即可起程。"

朱元璋说："这样吧，我的字虽写得不好，可是呢，有特色。呵呵，我今夜写三封亲笔信，明早送往先生的住处，以表元璋心意。"

第二天一早，朱元璋的夫人马秀英拿了个布包行李，来到刘伯温的住处。

刘伯温大惊道："夫人，你这是?"

马夫人微笑道："大帅他昨日一宿都在写这三封信，现在正熟睡呢。"说着掏出三封信来，正要交给刘伯温。突然听到一声："谁说我在睡觉呢，我来给刘先生送行呢。"原来是朱元璋已经赶到了，他爽朗

的笑声顿时充满了刘伯温的小院，马秀英嗔怒地望了望他。

朱元璋接着说道："这三封求贤信啊，写得不咋样，可是代表我的一片心意啊，请先生相送。"

刘伯温接过信来，掂着三封信，居然如此厚重，知道朱元璋对文人儒士的敬重是发自心底的，而为了赢得天下，朱元璋也是最用心的。

沉默片刻，刘伯温说："大帅放心，伯温定全力进劝。请大帅和夫人先回府歇息。"

朱元璋道："是这样的，我不能亲往，就让夫人代我出访。不然，显得我们不够诚意啊。"

刘伯温忙说："有这三封信就够了，不必烦劳夫人大驾。此去路途遥远，多是山路，夫人不必亲往。"

朱元璋道："先生可以为我如此奔波，我当然也可以。这事就这样定了，让夫人与你同往。"

刘伯温正要推辞，马秀英笑着说："先生不必推辞，昨晚我和大帅想了很久，孩子们都大了，也该有老师教书识字，这军营中的家眷们也都期待着设立学堂。我们这次去啊，不是为了什么天下战争的，是为着孩子的，为着孩子们能学到真知识，我是和先生一起为孩子们求师呢。"听到这一番话，刘伯温也不好再作推辞，就和马秀英及几个护卫一起出发了。

精诚所至，金石为开，终于打动了另外三位先生，他们来到了朱元璋军中，共谋天下大计。

朱元璋一见到几位先生便诚恳地说道："今为了天下百姓苍生，委屈了几位先生。"一个主帅能说出这样的话，让他们深受感动，不像其他农民起义军领袖，心中只有自己的霸业，哪有百姓的安乐啊！他们听了这话，认为朱元璋心系天下百姓，一定会深得人心，是个成大事的人，纷纷表示愿意在朱元璋麾下效力。

亲人重聚，滁州亲收三义子

朱文正，是朱元璋的亲侄儿。他性格乖张，心胸狭窄，品行不佳，也不懂得怎样为人，却是一名军事天才，战功卓越。由于背叛朱元璋，被囚禁，最后在监狱中死去。

李文忠，字思本，小名保儿，汉族，江苏盱眙人，他是朱元璋大姐的儿子。李文忠 12 岁时母亲（曹国长公主）便去世，父亲李贞带着他辗转乱军之中，多次濒临死亡。

沐英，定远人，父亲早逝，跟从寡母生活，8 岁时母亲又亡故，成了流浪儿。朱元璋行军打仗，遇到了他，收交马皇后抚养，成为义子。他因年龄小，连父母姓氏都不知道，朱元璋给他取名文英，小名大概叫"周"，别人称呼他为"周舍"。

至正十三年（1353），朱元璋刚攻下滁州不久，正忙于整理军纪和各方事务，忙得不可开交。这一日，朱元璋稍稍有了空闲，突然想起自己的家人，想到如果父母和兄弟姐妹们能活到今日该多好，一时思绪万千，心情悲伤。

突然听到有士兵来报，说是城门口有一个人自称是朱元璋的姐夫李贞。朱元璋还以为是自己刚才念及家人，尚在梦中，定睛一看，果然门口立着一位兵士，让他再报一遍，果然是有个叫李贞的盱眙人，要见自己。

朱元璋也顾不得那人是否真是李贞，策马即奔向城门。

到了城门口，见官兵围着两个人，一大一小。朱元璋走近一看，那人果然是姐夫，只是几年不见，他显得非常疲惫，苍老不少，身旁

的孩子衣衫褴褛，瘦骨伶仃。朱元璋失声道："姐夫，真的是你啊！好久不见了，姐姐她怎样？你们过得可辛苦？"

李贞和孩子眼中溢满泪水，不待大人回应，那孩子说道："我母亲她，她活活饿死了。"朱元璋心中更为悲痛，同时注意到李贞身边这个叫保儿的孩子。他悲伤的眼神中不是少年应有的无虑，而是充满了镇定和痛苦，虽然才十几岁，却是少年老成，身材瘦弱，骨骼却发育得很好，愈加显得浑身都是骨头。注视他的眼神，朱元璋倍觉亲切，那是一种亲情的融合。他想起自己的姐姐，想起这个孩子正和当年失去双亲的自己同龄，而那孩子镇定的眼神中分明有自己的影子。

安顿好姐夫和外甥保儿，往事如潮水般涌进朱元璋的脑海，一时间，思绪难平。

过了几日，又有人来投奔，说是朱元璋的侄子。守城的官兵半信半疑，不敢耽误，即刻向朱元璋汇报。朱元璋也还真有些疑虑，怕有人听说自己收留了姐夫外甥，冒名前来，但他又心存侥幸，期待真的是自己的亲侄子。当年朱元璋出家时，只和二哥道别，大哥已死，大嫂带着侄子离开朱家另嫁他人。此时，朱元璋心中正激动地猜测此番是二哥娶妻生子了，还是大哥的孩子来了。

朱元璋怀着复杂而激动的心情再次来到城门口，满怀期待。

他看到一个妇人和一个十四五岁的孩子，那妇人低垂着头，孩子倒无惊惧恐慌。朱元璋正思量着如何判断，那妇人开口说话，一听口音原来是离家多年的大嫂，朱元璋心中又是一阵酸楚。他知道大嫂当时那样做，也是没有办法的选择，否则只能连侄子也饿死。

大嫂说，听人说重八今日在滁州做了大将军，威风得很，乡下都传得神乎其神。她虽另嫁但从未忘记在朱家的时光，这个孩子跟着她不会有什么前程，请叔叔收留他，栽培他。

朱元璋自然没什么好说的，自己的亲侄子岂有不收之理，再说大哥早逝，抚养侄子也是应该的。他当即应允下来，朱元璋的侄子狗儿就留了下来，而朱元璋的嫂嫂却执意要离开，再三拜托朱元璋照顾狗儿后就走了，也不愿留下地址。

狗儿到来的第二天，朱元璋喊来保儿，还有他在定远收留的一个孤儿沐英。那沐英孤苦可怜，但聪明伶俐，朱元璋就带在了身边。

朱元璋先对狗儿说："按理你是保儿的哥哥，今后你们在一起要像亲兄弟一样，还有沐英，你们两人不可欺负他。"朱元璋拉起狗儿和保儿的手，以父亲的口吻说道，"你们是我的至亲，如今到了我跟前，就像我自己的孩子一样。"然后拉着那两个孩子走到沐英跟前，说，"沐英，我在定远遇到你，就决定把你抚养成人。今后，你们三个都是我的孩子，做我的义子，好不好？"

三个十几岁的少年都经历了苦难和失亲之痛，如今有朱元璋做义父，都很欢喜。朱元璋为保儿取名李文忠，为狗儿取名朱文正，沐英就叫做周舍，也称为沐舍。

自此，朱元璋对这三个孩子严格要求，并为他们请了先生，教他们读书识字，学习做人的道理，平时也让三个孩子读些兵书，练习武功，准备把他们培养成文武双全的有用之才。经过朱元璋的悉心培育，用心教导，这三个义子茁壮成长。

眼看朱文正、李文忠、沐英已经长成十八九岁的青年，饱读兵书，生活在军营中，个个都有着将帅之气，论起带兵打仗来个个生龙活虎，计谋良多，勇猛有加。朱元璋看在眼里，喜在心头。他知道，如果用好这些义子，他的事业则多了三个帮手，但也有相反的可能，他们年轻，未经世事，难免仗势放旷。因此，朱元璋在平时的生活中对三个义子要求严格，从不放纵他们，但又晓之以理，动之以情，从情感上约束教育他们。朱元璋最常讲的就是，要铭记失去亲人的痛苦，珍惜今天的机会，把目光放远，不怕吃苦。他常常告诉三个义子，自己之所以取得今天的小成就，靠的是大家的力量，以此讲为人处世的道理，培养他们的忠义意识。

李文忠读书聪颖、敏悟，所学东西就好像以前学过一样。19岁时，李文忠以舍人的身份率领亲军，随军支援池州，击败天完军,骁勇善战为诸将之首。另又进攻青阳、石埭、太平、旌德，都将其攻下。于万年街击败元朝院判阿鲁灰，又于于潜、昌化击败苗军。进攻淳安，夜

袭洪元帅，降服其部众千余人，李文忠被授为帐前左副都指挥兼领元帅府事。随即会合邓愈、胡大海之军，攻取建德，改为严州府，率军驻守。苗帅杨完者率苗、僚数万军队水、陆并进，李文忠率轻兵击败其陆军，将所斩杀首级，浮在巨筏之上，水军见此情形也争相逃跑。杨完者又来犯，李文忠与邓愈一起率军将其击退。进而攻克浦江，严禁军队焚火打劫，以示恩惠、信用。义门郑氏避军于山谷，李文忠将其招回，并派兵保护，民心大悦。杨完者死后,其部将乞降，李文忠予以招抚，获得三万余人。

和李文忠相比，朱文正不是一个乖孩子，或许仗着自己是朱元璋的亲侄子，他平日的行为完全是公子哥的派头，花天酒地。可后来的洪都保卫战中证明了他——是一个杰出的军事天才。

至正二十三年（1363），洪都，也就是今天的江西省会南昌市，坐落在鄱阳湖畔。具有重要的战略意义，历来是兵家必争之地。朱元璋控制了江西地区以后，派了朱文正驻守洪都。但是，朱文正一到洪都就流连于烟花之所，整日饮酒作乐，还谱了曲，让仕女们日夜排演，而军事布防等重要工作则交给下属去操办，自己并不打理。

长江中游地区的陈友谅一直想吞掉朱元璋的势力，但几度东征都失败而归。至正二十三年（1363），陈友谅统率六十万水军，巨舰数百艘，前来攻打洪都。汉军铺天盖地而来。满城将士人心惶惶，此时朱元璋忙于与东吴的张士诚作战，无暇西顾，就算挥师西援，以朱元璋的势力，也很难与汉军抗衡。因此，为了争取更多的备战时间，朱元璋给洪都方面下达了命令：誓死保卫洪都，等待大军来援！

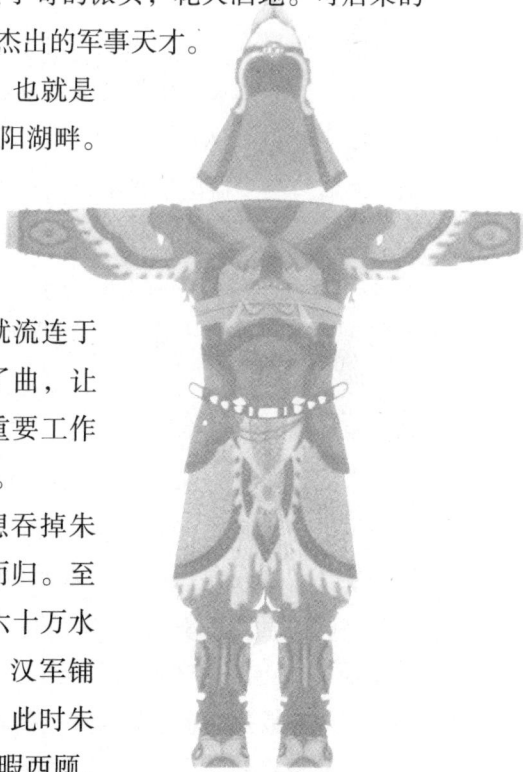

明代将官甲胄

朱文正接到这道命令后，一改平日里花天酒地不务正业的模样。他迅速召开紧急军事会议，他以一个最高将领的身份用坚定的口吻对每一个将士说："城亡与亡，我等誓死保卫洪都城！"他立即分配兵力防守各个城门，接下来朱文正和南昌守军们将要面对的是六十万大军——当时堪称世界上规模最庞大，战斗力最强的军队之一！

由于洪都将士奋战死守，陈友谅六十万大军围攻八十五天，长达三个月，都未能攻破洪都城。陈友谅不禁叹道："朱元璋座下猛将如云，竟还有朱文正此等军事奇才，若能效力于我，势必如虎添翼！"也正是这一战让朱文正一鸣惊人，连许多身经百战的大将都不得不叹服。

相比于李文忠和朱文正，沐英更懂事些。他和朱元璋非亲非故，却被朱元璋带在身边，收为义子，他倍加珍惜这种机遇。沐英"数从上征伐，入侍帷幄，昼夜勤励"，18岁被授帐前都尉，参与守镇江，开始担军事要任。沐英早年虽无惊人之举，却在后来进攻云南、守卫云南、发展云南中做出了贡献，而且始终对朱元璋是忠贞敬仰如一。

洪武三年（1370），沐英被授镇国将军，任大都督府事；次年升大都督府同知。大都督府是明初军事中枢，掌天下兵马，当时府中机务繁积。沐英在府中七年，处事果断，剖决无滞，深得朱元璋器重。洪武十四年（1381）九月，朱元璋以傅友德为征南将军，蓝玉、沐英为副将军，率三十万军征讨云南。

朱元璋收养的义子，都是没有成年的；大多是孤儿，然而也有父母在世的；大多数非亲非故，是邂逅而收留的；都改为朱姓，在元璋家中生活，受马皇后照料。朱元璋共有义子二十多个，上述之外，知道名字的还有朱文刚（柴舍）、朱文逊、金刚奴、真章等人。朱文刚和真章随同耿再成镇守处州，至正二十二年（1362）当地发生叛乱，文刚与再成均战死。金刚奴镇守过衢州，朱文逊在太平战死。

朱元璋在政治上对义子非常信任，开始派他们出去做官，多是做一个大将的助手，既让他们历练取得功名，又有监视主官的作用。可以说，朱元璋之所以能够成功建立大明江山，他的这些义子是功不可没的。

大公无私，胡大海心悦诚服

元至正十八年（1358），胡大海与李文忠两人带兵占领严州，胡大海是朱元璋在和州时来投诚的虹县人。胡大海身强力壮，智力过人，曾被朱元璋任命为前锋，跟随朱元璋渡江略地，立功不少。此时占领严州，后在攻取浙江等地时均有战功，任江南行省知。

在以往的岁月中，胡大海对朱元璋的统领并无异议，言听计从，卖命打仗攻城，而李文忠虽是朱元璋的义子，也能严格要求自己。攻占严州，是两人首次合作，合作的过程尚能很好配合，这是因为有共同的目标，而一旦城被攻下，两人就有了矛盾。

主要是因为两人在严州的初期管理上意见相左。胡大海以为严州刚破，应加强军事守备，而李文忠则认为严州刚获，百姓需要安抚，当稳定人心，疏通政治，加强各方建设和管理。两人各执己见，却未想到要共同合作努力治理城池，这是因为两人的思路和性情不同，做起细琐事来难以调和，又各不相让，虽未起争端，但有了矛盾，心里结了疙瘩，一时难以消解。

朱元璋得知此事后，明白其实他们两人都没错，只是中间缺少沟通协调，两人的想法也都各有道理，大凡有才之人，往往不愿妥协。

朱元璋觉得此事的沟通解决还得他出面斡旋，颇费脑筋。一个是他的亲外甥加义子，平时钟爱有加，一个是自己信任的将领，对这两人不存在情感上的偏颇。而且朱元璋在军中一直致力树立的就是自己公正严格，绝不姑息纵容亲人朋友的形象。

思虑很久，这日晚上，朱元璋和他的夫人说起此事，马夫人知道这是一件难调之事。朱元璋说："若处理不好，恐怕将士的矛盾此后越结越多，如今大业未定，万不可内部有矛盾纷争，这件事关系着我驾兵驭将的能耐，也得让人说不出我有任何偏袒。"

马夫人笑笑说："你做事总是要考虑到最详尽，现在有没有什么决定？"

其实朱元璋平时很少和马夫人讨论政事，更不让她参与事务的讨论，但这次不同，这次有他们的义子李文忠在里面，朱元璋以为有一半算是家事，而且他说给马夫人听，是想让马夫人出面相助。

朱元璋说："此事万不可让胡大海有半点委屈和怨言，否则保儿的未来和我在军中的形象都将被毁。"

马夫人望着向来果断的丈夫说："我知道，你也不忍心保儿受屈，是吧？"

朱元璋笑道："知我者，妻也。"

马夫人遂微笑着柔声说："你就别卖关子了，快说吧，需要我做什么？"

朱元璋有些不好意思道："嘿，我说吧，就你最了解我。"又望了望马夫人道，"我一直不想你介入军事政事中来，但此次牵涉保儿，也算是家事了，所以想请你出面跟保儿聊聊，宽慰宽慰他。"

原来，朱元璋决定严州的管理以胡大海的想法为主，虽然李文忠的建议没错，但是朱元璋暂且不让他执行，即便执行，他想好了，也要让胡大海来负责，一个人同时负责军事和城池的初步管理，比两个不和的人在一起要有效得多。但是朱元璋也知道，这个决定李文忠就算表面上碍于义父之令，心理上其实难以平衡，所以他请马夫人出面做李文忠的心理疏通工作。

隔了两日，朱元璋召来帐前都指挥使首领郭彦仁，对郭彦仁说："严州李文忠和胡大海如今在闹矛盾，看来得我亲自出面解决了。李文忠这次指挥有功，又是我的亲外甥和义子，但胡大海是我的心腹，我对他非常信任。"

郭彦仁道："所以元帅难以定夺正误？"

朱元璋道："不是，两人不合也并非正误之别，就因为李文忠和我有如此亲密关系，所以必让他受些委屈，我不能让胡大海有半点委曲求全之意。他是我的心腹，身包其心，心得其安，心若稳定了，这身才能安定啊。"

郭彦仁听朱元璋一番辩证，心下佩服，却有些不明白自己在此要扮演何种角色。朱元璋见郭彦仁似懂非懂，有些茫然，说道："请郭指挥速去严州，亲传我的命令，严州事宜皆由胡大海管理决策，告诉他我永远信任他，他是我的心腹，我这个天下还要靠他来安定呢。并告诉李文忠，义母念他，请他速回应天，无须让他知道让胡大海管理严州一事。"

郭彦仁得令后，速去严州，把朱元璋的话先传给胡大海。胡大海听此心存感念，感念朱元璋并未偏向他的义子，感念朱元璋在他和李文忠矛盾的时候依然信任他任用他，他从未想过自己居然是朱元璋的"心腹"，听到朱元璋亲说他为"心腹"，胡大海心中决定无论何时他都将铭记大帅的重用和信任。

李文忠听说义母召他，即刻快马回应天。他并不知道朱元璋的决定，朱元璋决定由自己亲口告诉他。

到了应天，李文忠马不停蹄，直接去见义母。马夫人见过他，一阵嘘寒问暖之后，并无他言，只说让他去拜见义父。

李文忠高兴地去见义父，朱元璋将各种事情询问之后，进入正题："保儿，你是我的义子，又是姐姐唯一的儿子，对你，义父有责任爱护培育，但请保儿顾全大局，莫怪义父。"这种先发制人，让李文忠有些莫名其妙，他不知道朱元璋到底有什么话有什么决定。他对这个义父是敬畏有加，平时除了正式严肃的谈话，生活中的问题他很少和义父相谈，再说朱元璋也没有那么多时间和精力。

朱元璋又说："义父知道你和胡大海两人不合，所以先召你回来，让胡大海按照他的想法管理严州，义父会重新安排你的职务，你们二人今后还要好好合作。"

李文忠听此言，心有不悦，但也不敢反驳。朱元璋知道这是李文忠正常的反应，并无多言。他知道在这种情形下，自己不宜多言，多言反而失去了威信，他扮演的是白脸的角色，接下来上场的是马夫人的红脸，这样一严一慈，刚柔并进，才能彻底消除李文忠内心的不平。

果然，还未待朱元璋让李文忠离开，有人来报，说马夫人差人来喊李文忠吃饭。

朱元璋推说自己有事，让李文忠自己先回家陪义母吃饭聊天。

马夫人一见李文忠有些冰冷的脸，就知道他受了委屈，先不说啥，亲切地拉他吃饭，不停地给他夹菜，边吃边说："你义父啊，作为主帅也真不容易，看看忙得连饭都不能陪你吃，我在家常常也等不到他回来，就连晚上睡觉，他也常常睡不安稳，睡不踏实。管理这么多优秀的将领兵士，他操心着呢，不是担心这个受了委屈，就是担心那边有了纷争。"

说得李文忠有些不好意思，直到饭后，马夫人才说："保儿啊，义母知道你受了些委屈，昨日你义父都跟我说了，当时啊，我就抗议了，说这样不行，这对保儿不公平。"

李文忠抬起头，感激地望着马夫人。

马夫人叹口气说："你义父说，他知道这样你会介意，但这是锻炼你的时候，他万不可袒护你，那将葬送你的前程，若他偏袒了你，将士们会怎么说。所以尽管你没错，因你是自家人，还得先屈自己人，以抚慰他人，让别人说不出话来。"

见李文忠低下头，已经知道原委，马夫人又说："保儿放心，这事不是义父不信任你，也不是义父以为你的主张有错。你们攻打严州都有功，但人家胡大海为我们打仗做事，不能委屈了他，能屈能伸才是真丈夫，保儿将来还要成大事呢，还怪义父不？"

李文忠正声道："义母放心，保儿绝无委屈之心，更不会怪义父，保儿会以大局为重。"马夫人见李文忠确实解开了心中的结，长舒了一口气。

隔日，李文忠正不知道自己是回严州，还是待在应天待命，朱元璋派人来召。

朱元璋丝毫不提昨日之事，对李文忠说："我虽把严州交给了胡大海，也非常信任他，拿他当心腹，但他毕竟不是我们家人，独守严州，我还是有些放心不下。文忠，你且再去严州，要真心对待胡大海，不可再有矛盾。"朱元璋走到李文忠跟前，接着道，"但是此行，义父有一个更重要的任务交给你，命你代替义父监察大将胡大海，你虽无管治事务的权力，但对胡大海却有节制之权，他若不对，你即使要干涉，亦要回报义父。"

李文忠见朱元璋让自己监察胡大海，如此重要的任务，他自是不敢儿戏，认真以待。

而胡大海已经知道朱元璋对自己的重用和心意，见委派了李文忠一个无实权的职位回严州，以为朱元璋对自己是仁至义尽，无可挑剔，很卖力地管理城池，对朱元璋也更加臣服。

朱元璋对将士的驾驭有自己的方式，这是他的英明之处；同时，对周围人能做到合理调配又是他的精明之处。而义子监军，是朱元璋独特的军管方式，也是非常成功的用人模式。

第五章

建国称帝，定鼎金陵

　　此时的朱元璋在军事上可以说是势如破竹，政治上也越来越得民心。他采取避强击弱的作战方略，成功攻下了镇江。他知道如何用人，又有人在其身边出谋划策，所以，后来经过一系列的南征北伐，平定了陈友谅、张士诚、方国珍、陈友定等割据势力，于洪武元年（1368）在应天(今江苏南京)称帝，建立了明王朝。

避强击弱，苦肉计成功占镇江

朱元璋在占领应天后，算是有了自己的根据地，也基本上解决了粮食问题，但军事形势极为严峻：元将定定在东边据守镇江；青衣军张明鉴据扬州；张士诚占据平江、常州，后来又占据了浙江西部的一些地区；元将八恩尔不花驻守徽州，石抹宜孙驻处州，石抹宜生驻婺州，而衢州又有宋伯颜不花防守；天完徐寿辉则攻占了池州。

这几天，将士们的家眷陆续从和州来到应天，人人欣喜，为应天的气派和江南的富庶惊叹不已。在人人欢欣的时候，只有朱元璋夜不能寐，心事重重。

有次，众人议事，朱元璋论及当前的形势，认为对自己不利，颇显忧虑。

李善长说："张士诚、徐寿辉虽强，江左、浙右又为各郡所并，元兵各方驻守，看似应天处于劣势，但事情总是有其两面性，劣势的背面往往是优势。"

徐达、汤和却颇不以为然，在他们看来，这些文臣多是磨嘴皮子，又不能上战场，还能把劣势说成优势。

而冯国用听此，颇受启发："处在劲敌之中，其实倒是一种自我保护。东面是张士诚北面是小明王，西面又是徐寿辉，张士诚、徐寿辉虽是敌人，但这样的形势却割断了元兵主力进攻应天的路途，他们和小明王一起成为应天的三大护卫啊。"

朱元璋脸上稍稍舒展开来："说得好啊，我们就是要用好这个优势，看清这个劣势，从小处发展。"

这几日，朱元璋站在地图面前，东观西望，南察北看，仔细分析了此时的军事形势和各个势力范围的情态，觉得眼下要巩固应天，只有东边的镇江是个缺口，若镇江落在张士诚的手中，那张士诚的势力可以直接进攻应天，而南边是宁国需要收归，否则宁国被徐寿辉吞并，那在背部受敌窥视，也很危险。要巩固应天，守护应天，这是两个必须攻下的据点。

连冯国用都不得不叹服朱元璋的军事才能以及他敏锐的观察力。

几经讨论，朱元璋采用了冯国用先取下游镇江的建议。取镇江是朱元璋刚刚安顿在应天不久所做的第一次征地之战，且镇江又是如此重要，所以出兵前，朱元璋以为此仗只可胜不可败，不然的话可能引起张士诚的出击，把局面弄得更糟。

朱元璋还想到一个问题，他虽然相信自己的将士身经百战，勇猛威武，攻城略地已非难事，但是将士们的家眷刚刚从和州来，安定在应天，恐怕他们现在无心打仗，还沉浸在家人相聚的温馨中。朱元璋想用一招苦肉计，而这个"割肉"的人，只能是自己最亲近的兄弟，至于这个人选，他已经想好了，那就是徐达。

这天，朱元璋找来徐达，对他说道："现在的情形只有你最适合带兵出击镇江了，你是老将，在军中有威信，你若舍得家眷，其他人自然也就无话可讲。"

徐达说："说实话，这个时候出兵，兵士们的士气还真的很难鼓舞啊。"

朱元璋笑道："我倒是有个计策，让他们在出兵前个个遵守军纪。不过，就是需要你的帮忙，演一段苦肉计才行，不知你愿不愿意？"

徐达不解道："我能演啥苦肉计，只要能整顿军队，安定人心，有什么不乐意的。我们都是出生入死这么多年的兄弟了，你就快说吧，别卖关子了。"

于是，朱元璋就将自己的计策讲给了徐达，徐达点头答应了。

到了出兵的日子，将士们都整理好武器战马，依依不舍地离别妻子，却不见统领徐达下令出发。将士们正着急间，忽然听说徐达犯了

大错，正在应天府受审，可能处以死刑，众人慌忙去看怎么回事。

原来是徐达在攻下集庆清点城内物资的时候，把一个很普通的玉坠藏下未交，打算送给夫人做个纪念。

而徐达的夫人和马秀英在闲话中说到此事，并给马秀英看了那块玉坠，并非名贵物品，徐达夫人也不过是感慨徐达对她的一番情意。而马秀英听了，心中有些不平。朱元璋都做了大元帅了，也没给自己送过礼物，哪怕是再平凡不过的物件，同时，马秀英多了个心眼，前段时间朱元璋得到一个如花似玉、会些武功的女子郭宁莲，她怀疑朱元璋把东西都送给郭宁莲了，就向朱元璋抱怨起来，这才引发徐达私藏物品的公案来。而这一段看似真实的内幕，是由朱元璋和马夫人杜撰出来的，但又符合生活常理，所以，将士们都信以为真了。

应天府内，坐着马秀英、郭宁莲、徐达的夫人，还有被捆绑了的徐达、李善长、汤和等人，下面又围观了许多等待出发的将士。

朱元璋坐在大元帅的位子上，表情严肃，神情痛苦，沉痛道："徐达，你跟随我这么多年，我一直把你当亲兄弟看待，你怎么能犯这种错误呢？可知道我们刚进城就约法三章了，如今别怪大哥不庇护你，军法处置！否则难以面对众多的将士。"徐达的夫人立即啜泣道："求元帅饶他一命，小女子愿代徐达去死，这都是因我而起的。"

朱元璋并不理她，马夫人上前道："不过一块小玉坠，且不是什么名贵物品，用得着上军法吗？"

朱元璋立即大怒道："你们这些妇人，统统退下，什么是军法？军法就是要严格执行，以明纪律，玉坠虽小，事情却大。我们一再强调不可私自藏物，百姓的归还百姓，我们不是强盗，我们是为百姓打仗，守护百姓的。拿百姓的东西算什么，这和强盗又有什么区别！"

朱元璋立即转过身去，仿佛不忍看徐达，大声喝道："拉下去，军法处置！"

众人惊呆了，士兵也不敢动徐达，徐达表情绝望地望了望大家，似乎真是要永别了。只见徐达夫人当即目瞪口呆，晕了过去。

李善长和汤和此时站了出来，千说万劝。再三求情，好说歹说，朱元璋才松了口，让徐达以功赎罪，给徐达松了绑。当着众人的面，徐达立下诺言，此城不攻下不归。而朱元璋也借机对在场的将士道："此次出兵，关系重大，若要留下徐将军的性命，你等且要卖力攻城。攻城事小，占城事大，你等切不可擅自抢掠财物，切忌烧房杀人，一旦违反军令，不可将功折罪。"

经历这样一个波折，徐达所带的将士们勇猛杀敌，军纪严明。

镇江元守将定定见义军攻势如此猛烈，率兵力拒，但敌不过徐达一万精兵，战死镇江。而徐达攻破镇江时，严整军纪，再三强调不许扰民，将士们每到一城都被如此要求，且出发前经历了徐达险些丧命的事情，都遵守军令，善待百姓。刚刚经历战争的镇江，竟然像是未曾经过战争，百姓安安静静，照常生活，原来徐达已经在城内四处张贴告示，告慰居民义军的军纪，请百姓不必惊慌，说他们是来保护人民的。镇江的百姓，早就听说朱元璋的军队进驻应天的时候，不杀不伤百姓，不抢不夺百姓物资，纪律严明，如今亲身经历，感慨万千，军民相处和谐。

而徐达由于攻打镇江而升任统军元帅。他在安抚地方百姓、督促他们进行农业耕作的同时，仍然攻下了金坛、丹阳等地，巩固了这个位居最东边的前沿阵地，以防张士诚的西侵。

朱元璋觉得镇江离应天如此近，安顿了镇江也就为守卫应天作了铺垫，亲往镇江安民。到了镇江后，朱元璋先拜谒孔夫子庙，以显示自己尊儒爱民，行仁义，同时在镇江召集军民，宣告爱民、护民的思想，且重用镇江的儒士，让这些读书人劝告当地百姓拥护士兵，勤恳务农，发展经济。朱元璋亲行镇江，不仅稳定了军心，更重要的是稳定了百姓的心，徐达因为此次立下大功而被免除军法。

元正十六年（1356）七月，朱元璋在应天自称吴国公，设立了自己的行政机构及军事管理机构江南行枢密院，任命徐达为同金枢密院事。徐达身为江南行枢密院同金、镇江统军之帅，在抵御了张士诚的多次进攻后，乘胜进围常州。

但是，常州守敌死守城池，不肯出降，加上城内兵粮充足，徐达

等攻打不下。朱元璋为示公允，即依军法降了徐达及其属下一级官职，并写信责备徐达说："虐降致叛，劳师无功，此吾所以责将军，其勉思以补前过。否则必罚无赦！"徐达由于久攻常州不得不但要受到朱元璋的指责，而且还要应付张士诚军的一次次反扑。但徐达沉着指挥部队作战，并没因这些困扰而有所贻误，使张军的企图难以得逞。同时，在城外三十里外驻扎的常遇春、廖永安、胡大海等率部前来增援，内外呼应，张军大败，生擒敌将张德。残敌溃逃奔入城内。见常州危急，张士诚便派了手下悍将吕珍夜间潜入城内，加强防守能力。徐达督军轮番猛攻，吕珍眼看士气低落，支撑不了，便弃常州而逃。到至正十七年（1357）三月，终于胜利地打完了长达半年之久的常州攻坚战。朱元璋在常州设立长春枢密院，由徐达担任金枢密院事，汤和担任枢密院同金，统兵镇守该城。

接着，徐达乘胜进攻宁国，俘获十万余降兵，战马二千匹，然后又出师宜兴、常熟、江阴马驮沙（今江苏靖江）等地，朱元璋尽据了宜兴的靖江一线地区。

经过两年多的征战，朱元璋已经逐渐稳固了以应天为中心的江南政权，大体控制了今江苏、安徽南部和浙江西北部地区。

以少胜多，鄱阳湖大败陈友谅

至正二十年（1360），陈友谅将徐寿辉杀死后便自立为王，定国号为汉。随后，陈友谅占领了江西、湖南和湖北周边地区，掌控了长江中下游地区，形成了一股强有力的割据势力。俗语说得好："一山不藏二虎。"陈友谅称帝没多久，就亲率强大勇猛的水军由采石顺江东下，向应天府发起进攻，打算将朱元璋占据的地区一举兼并。

采石被陈友谅攻下之后，朱元璋知道要面对强敌了，他扩展地盘的行动已经惹起周围势力的注意。一系列事件让朱元璋明白，此时的陈友谅在群雄中不仅军力最强，疆土最广，野心也是最大的。

强军突袭使得应天城里人心惶惶，朱元璋马上召集部下商量对付汉军的策略。众人议论不休，有人认为应尽早投降，有人觉得应尽快逃跑，也有人力主与敌军拼死抗战。朱元璋非常忧虑地对刘伯温说："陈友谅是个不择手段的人，进攻采石是他想攻应天的前奏啊，且还趁我们不注意攻下了池州。"

刘伯温说："这个人最不讲道义，以现在的形势看来，若陈友谅和张士诚联合起来，那应天就很难守卫。"

朱元璋知道这是自己最关键的时刻，成者为王，败者为寇。能否取胜，就取决于如何谋划应对现在的战争形势，以及用什么样的军事战略才能击败强敌。

面对最强的陈友谅和最富的张士诚这两个邻敌，到底先攻哪个，朱元璋拿不定主意，便找刘伯温商量看有何妙计。

刘伯温和朱元璋秘密商谈很久，认为目前一定要主动出击，问题就是用什么样的打法。最后在两种策略间犹豫，迟迟无法选择。其实两种都是两线作战的方法，只不过方式不同。一种方法是对陈友谅和张士诚同时作战，把这两个强敌都打下去，兵分两路，主攻陈友谅，张士诚那边以攻为守；另一种方法是，集中主要兵力，先看准两者中谁的弱点最明显，奋力进攻，待胜利后，立即回转对付另一方。朱元璋其实更倾向于同时对付张士诚和陈友谅，但他也知道自己的实力有些危险，更担心张士诚若和陈友谅联合起来同时对付自己，那就更危险了。

刘伯温建议说："一直以来和周围的邻居都有大小纷争，但只有陈友谅的野心最可怕。张士诚虽然最富，但他没野心，没野心的人不用怕他。伯温以为，到了现在，只有争取军事上的主动权，集中力量对付最强的敌人陈友谅。因为陈友谅已经对应天虎视眈眈，打下陈友

谅，不仅能自保，而且是取得天下的关键。"

朱元璋觉得刘伯温的分析很有道理，他点点头说："恐怕若两线作战，胜券较少。而和陈友谅的战争将是一个长久战，没那么快也没那么容易结束。所以，为了确保这一持久战打胜，就必须和周围的邻居修好，让他们不在我们出兵的时候突然袭击，且上游无事，张士诚就势力孤单，容易攻打。"

刘伯温随后又说道："方国珍与张士诚都好对付，但是我们此时还必须消除元朝对我们的注意。臣以为，我们可以先与元朝修好，等拿下陈友谅后再从长计议。"

朱元璋说道："我们跟元军除了打仗还是打仗，这修好，真是让我自觉羞愧。元璋宁愿战死，也不愿向元朝示弱。"

刘伯温说："气节当是如此，但是大帅如今要以大局为重啊，非常时期用些技巧是不得已而为。伯温以为可以向元朝送乞降书一封，先让元兵不来攻，极力对付陈友谅。"

朱元璋脸上顿时变了："怎能向元朝乞降呢！"

刘伯温道："刚才已经说了，这只是技巧而已。群雄之中，哪个不是今日和你好，明日又和你斗！元兵不也是忽而这样，忽而那样，兵家言降，只为计策。"

朱元璋叹口气道："现在也只能这样了，问题是元兵不会怀疑我们是假降吗？"

刘伯温道："这个还请大帅放心，伯温来写这封乞降书，保证元朝不会有所怀疑。"

朱元璋这时才想起，刘伯温是元朝的进士，又做过官，由他出面的确是万全之策。

明·箭楼

　　向元朝假降的同时，朱元璋还派人拉拢安抚远方的方国珍，极力向张士诚出示修好之心，对和张士诚有纷争的小地方都愿意拱手相送。这样，朱元璋身边的邻居算是有了暂时的安静。

　　身边的势力安抚了，朱元璋、刘伯温两人在室内密议，商讨出击陈友谅的战策。刘伯温道："陈友谅虽然甚为勇猛，却缺乏才智与谋略。尽管敌军众多，但他们远道而来，深入我军区域将疲乏不堪。我军则养精蓄锐，还担心无法获胜吗？若您多奖赏众将士，事先设好伏兵，并设计诱使陈友谅尽早对应天府进行偷袭，在敌军没有防备之时进行痛击，要击败敌军就很有希望了。"

　　朱元璋听后很高兴，然而，该安排谁去引诱陈友谅呢？刘伯温向朱元璋举荐了康茂才。

　　康茂才是陈友谅的故交，当时是朱元璋的心腹。朱元璋表示赞同，便叫来康茂才，说道："陈友谅此次来袭，我需诱其上当，只有你能帮助我。请你先给陈友谅写封信，佯装投降，应允做其内应；然后再送一点假情报给他，让他兵分三路进攻应天，以分散其兵力。"

　　于是，康茂才让自己家的一个曾侍奉过陈友谅的老仆前去送信。陈友谅看完老仆送来的信后很欢喜，丝毫没有起疑心。

　　朱元璋从抓获的陈友谅的逃兵那里获得情报，将他们进攻的路线弄清楚后，便命徐达、常遇春等大将分几路在江边几个重要关隘埋好了伏兵。朱元璋亲率大军镇守卢龙山（今南京狮子山），安排兵士备好红黄两面旗帜并定好了信号：高举红旗是告知敌军已到，高举黄旗则是命令伏兵击敌。一切准备就绪，就等陈友谅进入埋伏圈。

　　送信的老仆一离开，陈友谅就亲率水军向江东桥驶去。但是来到约定地点后，陈友谅依约定方法，接连喊了几声康茂才都无人应答。这时陈友谅才意识到自己中了圈套，便慌忙下令船队撤退。

　　朱元璋见陈军已进入埋伏圈，趁其刚上岸尚未来得及喘息的时候，立刻打出信号旗，令埋伏的军队从水、陆两方面夹击陈军。陈军顷刻间便溃不成军，兵卒们都抢着上船逃跑，被杀者和落水而死者不计其数，有两万多兵士被俘虏。

被部将保护的陈友谅则撇下百余艘巨舰，抢到一只小船逃走了。朱元璋率军乘胜追击，先将安庆、太平夺回，接着又攻取了信州、袁州（今江西宜春）等地。

应天战败后，陈友谅军队内部矛盾加剧，朱元璋趁其内部不稳之际，继续向西进发，只用了一年时间，便占领了蕲州、黄州和兴国等地，他对洪都（今属江西南昌）守军进行了收编，又攻下瑞州、吉安、临江，军力大增，控制区迅猛扩展，声势日益浩大。

战败后的陈友谅心有不甘，为了报仇雪恨，他一直在积蓄力量。三年后，陈友谅建造了很多战船，把他的家人和文武大臣皆搬至船上，亲率六十万大军直取洪都，准备拼死一搏。朱元璋闻讯，忙率领二十万大军解救洪都，陈友谅只好暂时撤至鄱阳湖。朱元璋封锁了鄱阳湖的出口，围堵敌军，准备和陈友谅在湖中一决生死。

陈友谅的水军拥有众多高大的战船，排起来的阵形竟然长达十几里，很有气势；而朱元璋的水军则全是些小船，尽管军队作战勇猛，将不少敌军杀伤，可自身也死伤不少，与敌军一连对峙了三天，也未获胜。

因此，朱元璋决定采取火攻。他调来七只小渔船，上面载满了芦苇火药，由敢死队员驾驶着驶向陈军的大船并占据上风位置，待东北风刚一刮起，就点燃小船冲向陈军。

陈军的大船转动不便，来不及躲闪，被火船引燃，随后火势便蔓延开来，陈军几百艘战舰瞬间化做了灰烬。陈友谅的部下有的被烧死，有的成了俘虏。陈友谅带着一些残兵向鄱阳湖口冒死突围，不料湖口早已被朱元璋封堵。就在陈友谅突围之时，朱军乱箭齐放，将其射死。最终陈军惨败，朱元璋获得了全面胜利。

鄱阳湖水战长达三十七天，其历时之长，规模之大，投入兵力、舰船之多，战斗之激烈，皆是前所未有的。

面对陈军高大的舰船、精良的装备，朱元璋准确地分析出敌军的薄弱环节，找出其失误所在，化解不利条件，在刚进入湖口的时候就在武阳水与鄱阳湖、长江与鄱阳湖各个隘口设下多重兵力阻截，限制其展开兵力，防止其发挥兵多舰大的优势，从战略上包围陈友谅的军队，所以一开始就拥有了战略主动权。之后，他又将大部分战船和兵力集中起来依次攻打陈军，同时又巧妙地借助风向、水流等自然条件，迅速占据有利的攻击阵位，充分利用火器的功用，适时采取火攻，最终以少胜多、以小击大、以弱胜强，使这一场战役成为我国水战海战史上以弱胜强的经典战例。此战的胜利，奠定了朱元璋平定江南的基础，并为以后北上灭元、统一全国创造了有利的条件。

主动出击，徐达苦肉计灭士诚

在张士诚起义的过程中，不断有大批元朝旧臣和地主投降义军，并得到张士诚的重用。建立政权后，张士诚虽然广揽人才，却不能知人善任。另外，张士诚对待投奔他的文人"不问贤不肖，辄重赠遗，舆马居室，无不充足，士之嗜利者，多往趋之"。张士诚用人无方造成盐民义军中鱼龙混杂，既有对元朝刻骨仇恨的穷苦百姓，也有投机农民革命的地主知识分子。当看到张士诚战事不利，元朝降臣就纷纷鼓动张士诚投降元朝，张士诚没了主意。

至正十七年（1357）七月，被朱元璋俘虏的张士德派人偷偷送来书信，劝说大哥张士诚："可降元朝，以为之助。"一个月后，张士诚正式向元朝廷请降，并把隆平府改名平江。已经疲惫不堪的元朝廷大喜，册封张士诚为太尉，义军将领也都得到了相应的封赏。

张士诚投降后，立刻成为元朝廷镇压江南农民起义军的急先锋。他与元朝军队兵合一处，大举进攻朱元璋控制的地区。从至正十八年（1358）到至正二十三年（1363）秋，双方在江浙地区进行了大小数十

次战斗，始终没有分出胜负。同时，张士诚又趁刘福通和韩林儿的宋政权三路北伐之机，攻占了苏北和鲁南的大片土地，把自己的势力范围向北扩张到了济宁。投降元朝后，张士诚集团已经从农民军彻底转变成江南地主豪绅的代言人，不仅到处镇压农民军起义，而且大肆追求物质享乐。

为了满足私欲，张士诚在其统治地区加大了对农民的盘剥，比元朝政府有过之而无不及。据元末诗人谢应芳记载，张士诚统治下的昆山地区，"比于前元多增粮额，民以穷困，输官不敷。……今催粮里长人等，破家荡产，累遭杖责，监系囹圄，受罪数月，逃亡缢死，不知其数"。由于张士诚政权的腐化变质，刚刚摆脱元朝统治的江浙人民，又陷入水深火热之中。

至正二十三年（1363）陈友谅战死，他的地盘和残军很快都被朱元璋收归肃清。而这个时候北方的元军正在进行内斗，打得不可开交，富有的张士诚不久自立为吴王。面对这种情形，朱元璋觉得"缓称王"的策略需要应对新的形势有所改变，"吴国公"已经不能和眼下的政治形势相对应了。

刘伯温和李善长都认为，应天在历史上是孙权的都城，孙权所拥有的正是吴国，虽然张士诚自称为吴王，但是吴王这个称号内涵丰富，要想统一天下建立国家，此时称吴王最合适不过。于是，朱元璋在至正二十四年（1364）的一月也称了吴王，设置百官，建立中书省，一个农民的儿子终于转变为王侯。此时的尴尬就是两个吴王同时出现，为了区分，在人们的心目中，张士诚就成了东吴，朱元璋则为西吴。

一山难容二虎，两个吴王接壤相连，争斗是必然之势。而挑起争端的又必然是有野心的那个。已称王的朱元璋心里很清楚，要巩固自己的霸业，不可仿效他人的享乐，他已经拥有应天这个虎踞龙盘之地，就必须守住这个据点，壮大这个据点。此时的朱元璋，虽然除掉了一个厉害人物陈友谅，初步控制了长江中游地区，但是他的野心是得天下，立大业，他怎能容得下附近的另一个吴王张士诚呢？

不过，朱元璋并没有直接去平江攻打张士诚，他先发布了《平周檄》，历数张士诚八条罪状："为民则私贩盐货，行劫于江湖；兵兴则首聚凶徒，负固于海岛，其罪一也。又恐海隅一区难抗天下全势，诈降于元，坑其参政赵琏，囚其待制，二也。厥后掩袭浙西，兵不满万数，地不足千里，僭号改元，三也。初寇我边，一战生擒亲弟；再犯浙省，杨苗直捣其近郊；首尾畏缩，又诈降于元，四也。阳受元朝之名，阴行假王之令，挟制达丞相，谋害杨左丞，五也。占据江浙钱，十年不贡，六也。知元纲已坠，公然害其丞相达失帖木儿、南台大夫普化帖木儿，七也。恃其地险食足，诱我叛将，掠我边民，八也……"

然后命徐达、常遇春率一部分舟师水、陆并进，渡过长江，进攻淮东。徐达和常遇春先行击溃张士诚军一部分，进抵海安，不久克海安后进围泰州新城，败张士诚援军，擒其元帅王成。此时，张士诚为分散朱元璋的兵力，以四百艘舟师泊在长江北岸一个叫范蔡港的地方，同时部署诸多水兵在江苏靖江北部水域，以诱惑徐达前来，再乘机反攻。朱元璋指挥若定，不为所惑，仍旧把主力放在海安、泰州地区，使张士诚计谋失败，无机可乘。数月后，朱元璋派部将又攻下张士诚的发家之地高邮。

至正二十六年（1366），徐达与常遇春会师淮安，克兴化。五月，又攻下朱元璋的老家濠州。为显示自己与往日之不同，朱元璋亲至濠州，省陵墓，宴父老，真是与当年不可同日而语。更大的胜利就在眼前。朱元璋采取集中兵力，先除去张士诚羽翼的战略，把其势力分为两段，南北阻隔，无法呼应，为日后的进攻打下了坚实的基础。

这年八月，朱元璋任命徐达为大将军，常遇春为副将军，率军二十万讨伐张士诚。

朱元璋已料到张士诚必对苏州重兵把守，需要调其兵将离山。他毫不迟疑地命令正准备直击苏州的二将不要急于取苏州，先直击湖州，使张士诚的军队不得不从苏州分散至湖州，待其军士劳累奔波疲惫之时，移重兵直至苏州，己方则必胜无疑。

徐达、常遇春二人也不得不佩服朱元璋的计谋和战略。

此时，李善长不由得对刘伯温言道："其人有君主之威，将来之

事可见端倪。"

刘伯温笑而不语，他知道朱元璋有更大的企图。

这一仗打了数月，苏州成为孤城，南、西、北三面被朱元璋的军队围困。

直到吴元年（1367），围城三月依然未能攻下，军士已有焦躁不安之心。常遇春向来是杀戮成瘾，建议道："当立刻攻城，杀进城内，不必死守。"徐达不置可否，他一向最听朱元璋的，如今将身在外，不敢轻举妄动。

朱元璋对此泰然处之。他在派兵围攻苏州的同时，还做了另外一件重要的事情——派他的大将廖永忠去"迎"小明王韩林儿，并在途中命廖永忠结果其性命。朱元璋心里是何等明了，战时"迎"小明王，他必无疑心，趁此机把他做个了结，免得日后再生枝节。再说这边，朱元璋见张士诚缩在城内动弹不得，心中早有胜数，只是不愿攻城伤及城中百姓，将来难以平抚，即给徐达、常遇春只围不攻的命令。

同时，朱元璋不断让文臣们写劝降书送进城内，劝张士诚早日投降，然张士诚来了个拒不回信，亦不投降，死守城池。对此，朱元璋有的是耐心：就等你耗到粮绝之日。

至七月，张士诚城中已无粮草，他只得亲自率军突围。张士诚的兵士打开城门准备出战，即迎来常遇春这位勇猛之将。常遇春挥兵向前，他早已等得不耐烦，把张士诚的精兵杀得落花流水。张士诚惊吓不已，从马上坠落，被士兵救起匆匆逃回城中。

忍无可忍的张士诚恨透了朱元璋，休息十日后，咬紧牙关，亲自率兵再次出击。这次可不得了，张士诚和他的军队已无路可走，做好了视死如归、决一死战的准备，表现得勇猛惊人，甚至骁勇的常遇春都险些招架不住。眼看张士诚有胜利的希望，城头不知谁喊了一声："军士如此辛苦，可以休息再战！"瞬即鸣金收兵。张士诚及其士兵正惊讶不知如何之时，常遇春已经掉头再击，大败张士诚。

原来，朱元璋早在城内安插了自己人。他知道张士诚的性格不易劝降，恐其来个誓死抵抗，这样必伤及自己的士兵，他先下手为强，差刘伯温找了机灵的士兵见机行事，以干扰张士诚的军心。

不久，徐达展开猛烈的攻势，终于攻入平江城内。辉煌一时的张士诚此时已是英雄穷途末路，这时正是日暮时分，他和他的夫人刘氏，怀抱两个幼子，准备以死了结。他无法忘记连日来的悲惨，更无法原谅自己当初没有和陈友谅一起抵抗这个看着并不起眼的朱元璋。他只是想当自己的小帝王，和家人过安稳的日子，守着身边的百姓安居乐业，他厌倦了战争。然而，他没意识到朱元璋的雄心，对朱元璋最初的"劝降"并未放在心上。落日的余晖映着他和他的家人，以及惨败不堪的城楼，他的心里涌起百般滋味。他放火烧死了自己的妻儿，闭门准备上吊自杀，被他的部将解救。徐达将其擒获，押送到应天。

朱元璋看到披头散发的张士诚，心中感慨，这也是昔日的英雄啊。同时，张士诚的凄惨样，更激起了朱元璋平定天下为我所有的决心。他明白，人不可无志，只有足够的强韧，彻底消灭了敌人，他朱元璋才能真正地安稳下来。当夜，张士诚趁看管的人不备时，上吊自杀。

城破之日，徐达严格约束部下，并立下军令："掠民财者死，毁民居者死，离营二十里者死！"朱元璋的军队纪律严明，秋毫无犯，赢得了当地人们的信任。

乘胜追击，平方国珍杀小明王

至正十八年（1358）底，朱元璋的军队已东下衢州（今属浙江）、婺州（今浙江金华），逼近方国珍所据的庆元、温、台诸地。十二月，朱元璋遣蔡元刚至庆元招降方国珍。国珍召集其兄弟谋曰："方今海内虽乱，而元运未终，然惟建业善用兵，威振远迩，恐吾兄弟不足与抗。不如姑示顺从，以观天下之势。"乃遣其子完为质子入侍，元璋知其无诚意，命完归去。

至正十九年（1359）一月，方国珍遣使奉书于朱元璋，并献黄金50斤、白银100斤、金织文绮百端。其书略曰："国珍生长海滨，鱿盐负贩，无闻于时。向者因怨构诬，逃死无所，遂窜海岛。为众所推，连有三郡，非敢称乱，迫于自救而已。惟明公倡义濠梁，东渡江左，据有形胜，以制四方，奋扬威武，以安百姓。国珍响风慕义，欲归命之日久矣，道路壅遏，不能自通。今闻亲下婺城，抚安浙左，威德所被，人心晾从。不弃犷愚，猥加诲谕，开其昏朦，俾见天日，此国珍所素愿也。谨遣使奉书上陈恳款，或有指挥，愿效奔走。首言为定，明神实临。"

三月，方国珍遣郎中张本仁以温、台、庆元三郡献元璋，且以次子方关为质，不过，朱元璋又命方关返还了。九月，朱元璋授方国珍为福建等处行中书省平章政事、方国璋为行省右丞、方国瑛为行省参政、方国珉为江南行枢密院签院，并令奉龙凤为正统。但方国珍并无诚意投降朱元璋，虽说他接受了朱元璋的职位，却是心怀鬼胎，待其成败变化。他提出借口，不以"龙凤"纪年，暂且以"至正"作为纪年。

后来，方国珍却在地主政客刘仁本、张本仁等人的怂恿下，接受朱元璋封职才一个月，就又接受了元朝封他的江浙行省平章政事的官职。并于至正二十年（1360）至二十三年（1363），每年派出大批海船，运送张士诚的十余万石粮到大都（今北京）去，元顺帝大为赞赏，封方国珍为江浙行省左丞相，赐爵衢国公。至正二十五年（1365）五月，方国珍曾遣使至山东察罕帖木儿处，并愿为之效劳，适察罕帖木儿被田丰、王士诚杀，察罕帖木儿养子扩廓帖木儿对国珍使臣"于礼特优"。

方国珍害怕朱元璋派军来攻，伪装"惶惧谢罪，以金宝饰鞍马献"。至正二十二年（1362），朱元璋部下苗军元帅英叛乱，杀胡大海，持大海首级奔国珍，国珍不受，自台州奔福建。时方国璋守台，截击之，为蒋英所败，国璋被杀，朱元璋遣使吊祭。次年，温州人周宗道以平阳降元璋，方明善以兵争，元璋参军胡深击败之，进兵瑞安、温州。国珍恐，请岁输白银三万两，俟元璋下杭州城后，即纳土归附。元璋遂命胡深班师。而国珍仍北通扩廓帖木儿，南交福建陈友定，企图形成掎角之势。元廷对方国珍不断拉拢。至正二十五年（1365），任方国珍为淮南行省左丞相。至正二十六年（1366）九月，任方国珍为江浙行省左丞相，弟方国瑛、方国珉，侄方明善并为江浙行省平章政事。未过几年，晋升为太尉。

至正二十七年（1367）四月，朱元璋的军队把湖州、杭州等张士诚统治区攻占下之后又向平江围攻，此时方国珍自知难保，又要出了新的诡计，他一方面坐山观虎斗，一方面暗地里北通扩廓帖木儿，南交陈友定。

朱元璋在攻下陈友谅、张士诚的城池后，军队已有疲惫之态，于是，他就和刘伯温、李善长商讨，如何以最少的付出让方国珍主动言降。

李善长认为，对方国珍这样见风使舵的人，可以直接写一封讨伐信，吓唬吓唬他，再据理相劝，不费兵力直接使他归降。

朱元璋说："这主意好是好，但方国珍这样的人，心里时刻都在

变化，说不准他哪天又不投降了，趁我们出击别地的时候，来个突然变卦，在后背插你一刀，也是很有可能的。"

刘伯温沉思良久方说："看来征战是不可避免的，经历此前的长久战，此次不宜再派重兵，而且方国珍的兵力并不充足，又缺乏训练，素养差，长久未上战场。臣认为此次只需在浙东调集驻兵，先从陆地进攻，一方面占领了土地，另一方面方国珍也无路可逃。"

朱元璋听后，笑着说道："好！方国珍没路可逃，你这番话正提醒了我，没路了，可是有船啊，那方国珍海船千艘，若真逃到海上称王，还是留有后患啊。"

李善长和刘伯温相视一望，两人都不得不佩服朱元璋考虑问题的周全。

商讨之后，朱元璋决定先让李善长执笔写招降书，看看方国珍的反应，同时谋划军事进攻的策略。

与其说以朱元璋之名发出的这封信是在招降，还不如说是在讨伐谴责方国珍。信中历数方国珍的12条罪过，每条都是他最没尊严的求降告饶、献礼之举，说他朝送款于西，暮送款于北，怎是大丈夫的行为。方国珍收到这封信时，当场暴怒。

这当然是朱元璋的计谋，他就是要让方国珍生气，气得一病不起最好，他就真的不用费力气了。但是朱元璋也知道，以方国珍的性情，当然会暴怒，但还不至于气到重病的地步。果然不久，朱元璋就收到方国珍的回信，确切地说就是一封乞降信，把朱元璋的英勇和实力赞美了一通，还言辞恳切地表示忠心。朱元璋当然不会再信他，不过，方国珍既然没中计，那出兵还是要再寻个理由。

七月，朱元璋又责令方国珍贡粮二十三万石，并写信威胁他，若不按时进贡，就武力相对。方国珍惶恐不已，日夜运珍宝，集海船，准备下海逃跑。可是，聪明如朱元璋，又怎么会放任方国珍不管呢？毕竟，方国珍也算得上一支势力强大的义军。方国珍以庆元（今浙江宁波）为根据地，占领了温州、台州以及浙东沿海一带，拥有千艘战船，掌控丰饶的鱼盐资源，对朱元璋的发展来说是必须要吞并的肥肉。

朱元璋在得知方国珍要逃跑这一信息后，立即行动。兵分三路，直入方国珍的势力范围。参政朱亮祖一路攻台州，方国瑛败逃黄岩；朱亮祖又攻温州，方国珍侄方明善逃走；朱亮祖分兵取瑞安，在乐清打败方明善，追至楚门海口。同时让汤和、吴祯率领驻扎在常州、长兴、宜兴、江阴等地的驻军合攻庆元。在这些老将的指挥下，浙东沿海地区有的是惧怕朱元璋的势力，不攻即破，有的是一攻即破，很快都被收归占领。方国珍逃入海中，朱元璋就让廖永忠率领水军从海路围守进攻，切断方国珍逃入海中的后路。

方国珍被多面夹击，尤其是廖永忠从海上与汤和从陆地的合击，让方国珍无法承受，且他的将领大多已经投降，只好送出所有的财产和船舰，彻底投降朱元璋，朱元璋总算平定了这方割据势力。

其实，在朱元璋攻打方国珍的同时，还计划着如何除去小明王。朱元璋知道自己多少年来都打着小明王的旗号，扮演忠义之臣的角色，也正是自己的仁义之名赢得了民心，赢得了将士们的忠心。要除掉小明王，那只有在暗处行动，让他死于意外，让天下人觉得小明王的死纯属偶然，和自己没有关系。而这个计谋当然不能和刘伯温商量，也不能和李善长说，并且对朱元璋来说就是设计杀个不经事的小明王，无须周折，只要把事情做得圆满就好了。

想了几天，朱元璋决定光明正大地行动。

这日早议，朱元璋对文武将士说："我在应天也称了吴王了，可我们的主人还是小明王啊。当初称吴王也并无犯上之意，不过是为了给对抗张士诚找点事由，长些气势。如今强敌除掉了，我认为是去滁州迎接小明王的时候了。"

众人听到要迎小明王，顿时议论起来，尤其是汤和、徐达，他们愤愤地说："东征西战，卖命的是我们的兄弟，死伤的也是这些兄弟，他小明王有何德何能来应天称王称帝！"

朱元璋立即喝止道："不得无礼，红巾军自起义以来，信奉明教，忠义为名，才赢得如此形势，我认为此时理应前去迎接小明王，以建立大业。"

众人的议论声依然没有停止，在众人都讶异的时候，只有刘伯温捻须一笑。

朱元璋看在眼里，心中慨叹："刘伯温果然堪称小诸葛啊，他太聪明了，但愿他这份聪明不要阻挡自己的野心。"

朱元璋起身说："众人且不要再议论，当初徽州大学士朱升奉劝我'高筑墙，广积粮，缓称王'这个建议的确是智者之举，就是这九字方针，奠定了我们今日的领地城池。明日即去迎接小明王，小明王就是我们应天的君主，各位不要再心存私念。"

第二天一早，朱元璋就派大将廖永忠前去滁州迎接小明王。

廖永忠一到滁州，片刻不歇，即让小明王收拾些物品，说是日子已经确定，不得不赶路，否则江中起风太过危险。小明王要带随身侍卫同去，廖永忠就对他说："应天比这滁州好多了，你什么也不用带，就我和你两人火速乘船前去应天，吴王已经为明王安排好一切了。"

行至瓜洲，突然船破，船尾、船头进了很多水，水正涌向船舱。而小明王大叫自己不识水性，让廖永忠补船。廖永忠也不说话，随即跳向附近的一条渔船走了。

第二天清晨，廖永忠即前去应天府请罪，说行船的时候，不料船撞上暗礁，漏水，恰逢夜黑，无法修补，而小明王不会游泳，天黑夜冷的，自己未能救出小明王，险些丧命，被渔民相救，才回到应天。

朱元璋听此，大怒道："小明王是我们的君主，怎能如此疏忽。廖将军虽屡次立功，但功不抵过，斩首。"

汤和、徐达这些老将赶紧出来相劝，刘伯温、李善长也从中说好话，最后，全军将士一起为廖永忠求情，朱元璋才赦免他的死刑。

小明王死后，朱元璋就不再用龙凤年号，他成了名副其实的国君，只是还没有正式宣告天下罢了。

自此，朱元璋的强敌已被逐渐除去，而他的建国之路也不远了。

争分夺秒，东征南战扩张势力

除掉小明王之后的朱元璋，已经没什么顾虑了，所以他不再用小明王的龙凤年号，以"吴元年"为自己的新年号，这其实也标志着朱元璋要成为新的帝王。

站在地图前，朱元璋望着南北形势，到底是北上出击元兵，还是向南继续征伐弱小的义军势力？

刘伯温说："北方在表面上还是元朝的天下，但其内部的情况却很复杂。山东一带是地主军王宣在防守，河南是扩廓帖木儿驻守，关内陇右是李思齐、张良弼等人把守，大同是孛罗帖木儿镇守。而扩廓帖木儿和李、张二将不合，孛罗帖木儿和扩廓帖木儿两人一直是对立的，他们之间一直纷争不断，在打内战。而且此时元廷统治者之间也在争夺政权，互相残杀。"

朱元璋望望南方的形势说："这南边比北方稍显安静，四川是夏国明昇的地盘，云南是元朝的宗室梁王镇守，福建是陈友定的势力范围，但他仍然效忠元朝，两广也都是元朝的势力范围。"

两人把南北形势作了一下对比，觉得北方元将不合争斗，元廷统治者又内斗争权，其实为向南发展提供了一个良好的战机。此时元朝的将军自顾不暇，当然不愿向南出兵，且南方对朱元璋来说又比向北出击更有地利上的优势。

把目光放在南方之后，朱元璋考虑现在的战略是先攻打南方的哪个军事割据势力。

经过一番分析，朱元璋认为四川的夏国其实国主很年幼，且兵力

不强，一直以来群雄纷争，夏国都无动静，此时一定不会有什么野心，而云南在边疆地区，一时半会儿对中部来说没什么威胁，也没什么军事价值，可以不管，所以就把向南的进军目标定在了福建和两广地区。

定下进军策略后，朱元璋开始进行部署规划。

在多年征战中成长起来的朱元璋，对任何一次进攻和防守都会百分之百的努力和严谨。

虽然决定向南进攻，但他依旧密切地关注北方的举动，派出了几个军事侦探前去侦察情形。

李善长说："此时进攻福建和两广，当重兵出击。善长认为最好派徐达那些老将，福建、两广离应天较远，老将们身经百战，可以随机应对临阵出现的突变。"

自从刘伯温到了应天，李善长总处于弱势，毕竟他的智略不及刘伯温，且对江南的军事形势不如刘伯温熟知，在对军事谋划上刘伯温也是略胜一筹。当然李善长并不是不明白自己不如刘伯温的地方，但他气不过的是，刘伯温这人喜欢显示自己的聪明，有时仗才欺人，不给自己留面子。所以这次，眼看朱元璋就要成帝业了，李善长作为淮西功臣，当然要在关键时刻再表现一番。

而李善长的一番苦心，并未得到朱元璋的青睐，朱元璋也没有采用李善长极力攻取南方的建议。他把李善长和刘伯温的分析综合起来，他看得更高，也更远：南方当然是要进攻的，但北方绝不能放弃，而同时进军的压力又太大。

朱元璋思虑很久之后，召来周德兴："周兄，你跟随我多年，身经百战，按理说，我们也该在应天享受几天清福了。可是眼下，天下局势依然不容乐观啊。"

周德兴知道朱元璋肯定是要委自己以重任，他已知道要出击福建和两广，但还不知道具体的作战计划，立即拱手道："天下未定，德兴万无休养之意，德兴愿为平定天下尽毕生精力，请主公放心。"

朱元璋长叹一声道："你们都是我的好兄弟啊，跟随我多年，从未安宁过，平定天下的时候就快到了。"

朱元璋的一番话，引起周德兴许多回忆，那回忆里有儿时相伴的甜美，也有艰苦作战的酸涩，同时对朱元璋也更加忠心，因为在他心里，朱元璋虽贵为吴王，但并未忘记兄弟间的情谊。

朱元璋决定把最远的广西交给周德兴去征服，因为广西相对偏远，朱元璋担心万一是年轻的将士出兵，难免会有留下不归的野心，因为在过去的战役中并不是没有投降敌人，或有自立门户之心的将领，所以他派出自己信得过的老将周德兴率兵出征。

这一次，朱元璋是多线同时出动，周德兴出征广西的同时，朱元璋决定再派军队由江西直入福建。

相对广西来说，福建更让朱元璋放心不下，因为周德兴带兵出击广西的元兵，应该说是胜券在握。而福建的陈友定却没那么好对付。陈友定本来是一个贫民，在元至正十二年（1352）红巾军进攻福建的时候，他投靠元朝做了"民兵"，立了不少战功，此后占领很多城池，发展壮大，长期占据福建，虽无大志，飞扬跋扈，却对元朝尽忠尽责，在福建的根据地也算是比较坚固。

朱元璋在福建的策略是兵分三路，分别是胡廷瑞率领的骑兵从江西出击，作为正兵，以正面攻击，让陈友定误以为这是主力，诱使他派重兵相对；而另一路则从水路，派汤和、廖永忠从明州以舟师攻福州，作为奇兵，所谓奇兵是让敌人无法预料，突然袭击；另外还派李文忠从蒲城去攻建宁，这一路视为疑兵，用来分散陈友定的兵力。

各军部署妥当，朱元璋知道这次出击虽然让胡廷瑞所属的骑兵做正兵，但他并未把所有的重托都放在胡廷瑞那里，胡廷瑞不过是个幌子，用来诱惑陈友定，真正的主力其实是汤和、李文忠，这样的布局是故意让陈友定分不清主次，无以应对。

汤和与廖永忠从海路到了福州后，并未出击，先派使者到延平送招降书给陈友定，顺便打探陈友定的情形，这招降书不过是宣战书而陈友定则当众斩了汤和派去的使者，这使得汤和非常愤怒，立即通告两路将领，看来陈友定是已经做好了备战的工作。且兵探回来报告说，陈友定在福州城，环绕城墙设垒筑台多处，并派了勇士相守，福州和

延平在军事上构成掎角，护卫援助。

得知信息后，汤和、廖永忠猛攻福州，同时李文忠攻建宁，胡廷瑞攻延平，三路齐下。最先被攻下的是福州，陈友定的主力军都在延平，而胡廷瑞则故意边打边绕，不集中攻击。攻下福州后，汤和、廖永忠直奔延平，援助胡廷瑞齐攻陈友定的主力军，陈友定和他的将士誓死守城，城最外围的守将和守兵都被打败了，而最里面的守护非常严实，城门久攻不下，城墙难以穿越。汤和他们一直围攻十天，最后城内的陈友定兵力不足，难以抵抗，方才城破。

陈友定知道，即便自己投降也不会有什么好的结果，强命他的儿子与他一同自杀。汤和他们仅仅花了半个月的工夫就攻下陈友定的老巢延平，又用了几个月的工夫整顿接管福建地区的城池和百姓。

而征两广的军事策略，朱元璋也是兵分三路前进。周德兴和杨璟由湖广南攻广西，陆仲亨从韶州直捣德庆，另一路则是平定福建的水师，由汤和、廖永忠率领，从海道直袭广州。

这一次，朱元璋并没有让三路兵士同时出发，而是分时段进行，以减少损失，同时也避免远方作战将士混乱的状态，所谓"将在外，君命有所不受"，而附近都是自己的兵士，并非同时进攻，就容易调度协调，增援进退也都容易指挥。

周德兴所率领的兵士最早出发，从衡州推进广西，先经过血拼占领了永州，又攻下全州，最后攻入桂林地区。这一路兵所遇到的抵抗势力最大，障碍也最多，但周德兴有绝佳的指挥才能，也有极强的适应能力，最后都成功地达到了目的。第一路军初步告捷的时候，朱元璋立即让陆仲亨出兵北江和西江地区（今桂林一带），切断广州和靖江的交通要道，阻止两广之间的援助和后退路线。然后让廖永忠派人向元将领劝降，并把来攻的军事力量夸大数倍，进行威吓，最后江西福建行中书省左丞何真归降。何真一归降，广州和附近的州县不战而下，都顺利收归。

此时，在两广的大好形势下，朱元璋又让廖永忠派兵沿着西江进入广西，与周德兴会合，同时围攻靖江，靖江很快被攻破，广西被平定。

朱元璋抓住最好的时机，抢先东征南伐，以他出色的军事部署能力，很快就平定福建，收归两广，扩大了地盘，也充实了军力，为北伐元军打下基础，也为自己霸业的形成做了漂亮的注解。

挥军北伐，徐达领兵攻取大都

朱元璋在战胜了陈友谅、张士诚之后，领有湖南湖北、安徽江西、浙江江苏等地盘，这些地方都是国内最富庶的，他兵多将广，钱多粮多，成为国内最大的一支地方势力，虽然南方还有一些不听调遣和他唱反调的军阀，北方还有所谓正统的元朝，但显然已经没有什么力量可以阻挡他统一全国的步伐了。

所以，朱元璋决定挥军北上，尽早将元朝推翻。于是，他先找刘伯温商量了大致的作战方针，然后又和诸将在军事会议上详细商讨。

素有"猛将"之称的常遇春说："末将以为，如今南方已定，只剩下北方一些军事割据，那些势力又互相争斗，应趁此机会，用攻坚战术，重兵出击，直接攻下大都，都城一旦被破，乘胜再攻击北方的军事势力，即可大获全胜。"而朱元璋的思路刚好相反，当然他也知道常遇春提出的方案也是大多数将领的想法，但是却有轻敌冒进的倾向。

朱元璋说："大都是元朝经营了上百年的都城，防御守护一定非常坚固。倘若集中兵力深入，久攻不下，而分散在山东等地的元兵再去大都援助，那么我们的军队到时可能粮饷不足，进退皆难。"

这个时候刘伯温说："直接进攻大都虽然是速战的策略，但正如

主公分析，看似存在优势，仔细分析弊端更多，不如反其道而行。"

朱元璋看了一眼刘伯温，又扫视诸将，决定选择和常遇春相反的策略，他说："刚才所说的劣势，对我军来说都是致命的威胁。我以为，都到了这种地步了，攻大都是早晚之事，不过方式不同罢了。大都好比是一棵大树的根，而山东、河南等地不过是其所剩无几的枝叶，不如先去枝叶，取下山东，回师河南，砍其枝叶，去其羽翼，再进军潼关，占其门户。这样，东、南、西三面的军事要地皆被我军掌握，此时大都处于孤绝无援的境地，再发动总攻包围大都，自然拔其根基。攻下大都，再乘胜向西，云中、太原等地亦在掌控之中，元朝即可彻底灭除。"

诸将听了，皆连连称赞这是最稳重全面的策略。

这就是朱元璋在十多年的战斗生涯中培养出的军事分析能力，既能把握全局，又能细心紧密地注意到局部，同时野心和魄力共存。

战略既定，下一步就是具体的军事部署。这次真像李善长建议的那样，用最精锐、最强的将领出击。朱元璋备战工作的下一步就是组织挑选统帅部人员。

朱元璋知道，选拔人才得和李善长商量，李善长虽谋略策划

徐达像

不如刘伯温，但对人际关系的处理，对将领们的熟悉却是最好的。

朱元璋说："这次北伐，关系重大，我觉得还是要任用老将担任将帅。"

李善长说："平陈友谅之前，主公亲自指挥诸将，此次北伐，将领皆在远处作战，善长认为需要选出一个能在场指挥节制诸将的大将军。"

朱元璋道："这也是我在考虑忧心的问题啊。像常遇春、蓝玉这样的猛将，虽骁勇善战，但常常会意气用事，必须有个大将军来压阵，你以为谁做这个大将军最合适呢？"

朱元璋这样问李善长，并不是说他自己心中就没有人选，不过他更想听听他人的意见。

李善长略有所思，沉默片刻即说："善长以为，徐达可统率全军。徐达身经百战，用兵持重，言行谨慎，不做无把握之事，也不打无把握之仗，又注重军纪。在将士中又属老字辈，能服众。"

朱元璋点头应允，其实他心中也选了徐达，徐达是他的结拜兄弟，一同打天下可谓是赴汤蹈火，性情稳重，靠得住，对朱元璋绝对服从和忠心。

经过缜密的考虑，朱元璋在行军前宣布了北伐的将帅部署：徐达为征虏大将军，管制诸将，有运筹决策之权。常遇春骁勇善战，所向披靡，为副将军，做先锋。朱元璋知道，像常遇春这样的骁将，必须要适当驾驭，他的位次仅在徐达之下，他就无话可说，毕竟徐达是老将，同时任命参将冯胜配合常遇春，做左右翼。雪显、傅友德各领一路大军，独当一面。

应该说，这支北伐军配备了最优秀的将领，也使用了最精锐的兵士。

出发前，朱元璋特地和几位主将谈心，谈心不过是为了让他们更好地打仗，更好地为自己服务，这是朱元璋用人的聪明之处，他非常清楚将领的情绪和心理在作战中的重要性，所以每次大战，朱元璋都恳切关心地和将领谈话。先是徐达、常遇春、冯胜、傅友德等人。对徐达、汤和这两个结拜兄弟，朱元璋在私下里都是以兄弟相称，从不摆架子。而朱元璋跟老将在一起，最拿手的谈心方式就是回忆，通过对往事的记忆，唤起情感共鸣，这样情感拉近了，说什么也都容易听进去。

朱元璋说："北伐的重任在你肩上担着，这个责任很重，你作为大将军，一定要严整军队，沟通上下，使将士们同心协力。大将军的

威严，你当用则用，有违纪犯规者，当严惩不误，万事慎重再慎重，当断则断，指挥百万大军当镇定自若，统筹兼顾。"

一切都安排妥当，行军前，朱元璋为鼓舞士气，在应天北门外的七里山，设出师祭坛。

朱元璋先举起酒盏，祭告天地，告谕将士们北伐的意义和重要性："此次北伐，是奉行天命，为天下百姓而出征。我们的目的并不是为了攻城略地，而是要平定中原，推翻腐朽的元朝，为天下百姓谋安居乐业之环境。我们仁义之师的称号不能枉当，每次出征，我都再三交代，不可滥杀无辜，不可抢人财物，不可强夺民女，此次依然如此，我们是讨伐元朝的义军，义军'义'字当头，望众将和众士切记心中。"

这一席话，对士兵们而言是感动和鼓舞，也是送行前的关切。

至正二十七年（1367）四月，朱元璋命中书右丞相徐达为征虏大将军、平章常遇春为副将军，率军二十五万，从淮河向北，直入中原。

在徐达率兵北上的同时，朱元璋还做了另外一件事，这件事对他平定北方、收拢人心起到了很关键的作用。

朱元璋在用武的同时，还用了文。所谓用了文，就是让宋濂写了一封敬告北方官吏和人民的檄文，到处散发张贴，以使北方人民明白此次北伐的因由，消除北方地主官僚对红巾军的疑惧心理，同时也用来瓦解元军的士气，文告中提出"驱逐胡虏，恢复中华，立纲陈纪，救济斯民"的纲领。宋濂的这篇檄文长达千字，言辞恳切，从汉族中原人的立场历数大元统治的弊端和腐朽。

这时，元朝的内战仍是打得不可开交，等到朱元璋攻打大都时，元朝的将领们也是各自为战，不愿听从他人，更不愿委屈自己与别人合作，为朱元璋各个歼灭提供了良好的战机。而宋濂的那篇檄文，对北方的汉族官僚、地主、知识阶层起到了很好的安抚和拉拢作用，使得北伐军所到之处并未受到百姓的反击，还得到地方势力的相助，且山东、河南的一些州县不攻自破，纷纷投降。

在具体的战略操作上，朱元璋让北伐军的主力徐达从淮河地区进入河南，同时让邓愈做偏师，由襄阳向北攻南阳以分散元兵军力，三个多月的时间，山东即被平定。顺利平定山东后，兵分两路，一路攻陈桥，再攻汴梁；一路攻归德（今河南商丘）、许州（今河南许昌）和邓愈会师，从后路攻击汴梁。这样，两兵夹击，汴梁不战而降。同时，冯胜也攻克了潼关，河南也被平定。

朱元璋的军事计划基本成功，下一步就是从三面包围元大都。这时已经到了明洪武元年（1368）五月，朱元璋亲自来到汴梁，召开军事会议，商讨攻占大都的军事策略。虽然大都的羽翼被除，但朱元璋依然不敢轻敌，非常重视这次出击，因为最后的胜利就要到来。

至正二十八年（1368）八月，徐达、常遇春将元大都攻克，并改称"北平府"。稍后又挥师西征，直取山西。在和战斗力很强的扩廓帖木儿军进行了艰苦的交战后，明军将山西平定了。十二月，徐达率领明朝骑兵五万余人与王保保交锋于太原城下，王保保弃师而逃。明军歼灭元军四万余人，常遇春一路北追到欣州，王保保十余万大军全军覆没。次年春天，徐达西征的队伍攻打陕西，将元朝将领李思齐俘获。

当时，明军的主力正迅速向秦晋挺进，元顺帝也趁机命令丞相立刻领兵向北平反攻。常遇春按命令和李文忠统领八万步兵、一万骑兵救援北平，元军听说后仓皇向北方逃亡，常遇春领兵乘胜追击，获得了彻底的胜利。

为将元军对北平的威胁完全解除，常遇春又领兵攻打元上都开平，元顺帝逃至和林（今蒙古国哈尔和林）。攻克开平后，常遇春消灭了守城的元军，夺得数万车马，统治中国八十九年的元王朝从此宣告终结，常遇春因此为明朝的建立立下了不可磨灭的功勋。

朱元璋北伐灭元之战，是一个战略决策和战争经过基本吻合的典型战例，显示了朱元璋卓越的用兵才能和驾驭战争的能力。朱元璋审时度势，知己知彼，料敌先机，用兵如神，是此战获胜的重要因素。此次战争的胜利，推翻了元朝的统治，确立了明朝对全中国的统治。

成功者必有非凡之处。朱元璋能从一个默默无闻的无名小卒成为逐鹿天下的人物，继而成为时代风云际会的宠儿，靠的不仅仅是运气。

朱元璋和同时代的众多枭雄相比，更少以个人名利为出发点进行冒险的政治赌博；其能力、信念、人格更经得起乱世考验。因而更具众望所归的个人魅力，能整合出一支同心同德、令将士听命的军队，这是刘福通、陈友谅、张士诚、方国珍等人不曾做到的。

终于，在北伐胜利的凯歌声中，朱元璋在应天登基称帝，国号大明，年号为洪武，从此，开始了明王朝的统治。

多路分兵，沐英功高留守云南

洪武元年（1368）八月，徐达、常遇春北伐大军攻入大都，元朝灭亡。元朝灭亡后，边疆地区和西南、东北都还有部分势力存在，对朱元璋来说，最迫切的任务就是休养生息，统一南北，建立统一的大明王朝。他知道，若这些残存势力不消灭，大明王朝就不安宁。

一日早朝后，左丞相李善长觐见皇帝朱元璋。礼毕，李善长问道："皇上这几日为何显得心事重重呢？"

朱元璋从龙椅中起身，来到李善长的跟前道："自从我坐上这龙椅之日起，南北战事还算顺利，统一大业已然在望。可有两件事始终压在我的心头，令我难以释怀。"

李善长道："皇上是指云南的梁王和东北的纳哈出吗？"

朱元璋点头道："正是。自前朝顺帝北走之后，内地还有云南梁王和东北纳哈出两股势力雄踞一方。他们继续用着前朝年号，听命前朝皇帝。自古以来，西南和北方都是难以征服之地。西南交通不便，更有天堑之险，易守难取；北方各部流动性大，祸害也最大。想那宋朝北方未定，更是没过上一天好日子。我这心里哪能放得下呢！"

李善长闻听此言心中暗喜，正色道："陛下，臣今天来正为此事。多年的征战百姓深受其苦，臣以为开国之初应注重休养生息。对于梁王和纳哈出，当从长计议。"

朱元璋想了想说道："嗯，有道理。对此事善长有何见解？"

李善长道："臣以为梁王和纳哈出二者，应先取梁王。"

其实朱元璋心中早有打算，如今百废待兴，征战还是需要，但已不是乱世中的打法，他认为从长远来看，当先取梁王。其一梁王处于云南，云南和蒙古本部地处遥远，容易孤立。其二取下云南，后方安定，更有利于对纳哈出及北方蒙古残部进行彻底打击。

李善长接着说："北伐成功后，再谋云南。可先取夏，孤立云南，由四川入云南。"

朱元璋点头称许，眼下的情形，这是最好的途径了，虽然时间会拖得久些，但对于刚刚建立的王朝来说，战争只能是局部性的。虽然他比任何人都更迫切地想看到一个统一安定的大明王朝。

洪武四年（1371）一月，朱元璋命汤和、傅友德由水陆分兵两路攻夏，十月夏破。贵州各部闻风而降，云南东、北两面屏障尽失，云南梁王如预测中的那样成为孤立之王。

此时朱元璋认为攻打梁王的时机已经成熟，便招来文武大臣讨论出兵之事。

朱元璋说道："自开国以来，北方基本平定，南方大部扫平。我准备即日起兵发云南，一举攻下云南，去心头之患，你们以为如何啊？"

此言一出，武将们个个叫好，跃跃欲试。对他们来说，打仗虽然充满了危险，但打仗更能证明自己的能力，而且谁都知道此时梁王已经成了瓮中之鳖。然而，文官则大多低头不语。

见文武官员的反应如此不一，朱元璋道："善长，对此你有何看法？"

李善长稍顿了一下，想了想，说："皇上，臣以为此事有点操之过急。虽然梁王已被孤立，但西南诸部关系复杂，且凭天险易守难

攻。自古以来取西南者多恩威并施使其各部臣服，臣以为可以先尝试招降梁王。"

朱元璋想，梁王恐怕没那么容易招降，但人心难测，在此种境遇下也难免会服输，即问道："刘伯温，你说说看。"

刘伯温道："皇上，微臣以为李相国言之有理。臣以为取云南有上中下三策：上策即招降，因灭夏后，贵州的势力都已投降，招降无论成否，都是一个值得尝试的方式。中策是先招降，然后出兵取之，一方面我们招降之举会瓦解云南各部，造成其内部分裂；另一方面，云南业已成为孤悬之地，随着时间推移，其实力会逐步削弱。"刘伯温说完，看了看朱元璋以及文武官员，稍作停顿。

朱元璋已经明白刘伯温的意思，稍有不满，还是问道："那下策就是立即出兵了？"

刘伯温道："正是，臣以为此策最不可取。一则刚刚灭夏，贵州各部即降，而云南各部却没有丝毫动静，臣以为梁王是准备负隅顽抗。想必梁王已布置防御妥当，且处于临战状态，战斗力强，一旦开战双方都会损失惨重。二来即使勉强灭了梁王，又该如何安置各部？恐人心不服，有必要先来个招降，给他们一点心理准备。所以臣以为正如李相国所言，应先对其进行招降。"

朱元璋听后，已经明白其实先招降是最明智的做法，但心中稍有不快。战争年代他需要李善长、刘伯温这样的文才做参谋，但现在是巩固势力的时候，他们两人的话虽有道理，其实话中都藏着争斗，且朱元璋并不是不担心他们两人的势力过于强大。此时担心这些为时尚早，眼下对外作战还是大家共同的目标。朱元璋对这两人的建议并未做回复，而是不了了之。其实，他的心里已经有了策划。

此后的事实正如刘伯温所分析的，朱元璋先后多次派遣使者前去招降梁王，但使臣皆被梁王所杀。

洪武十四年（1381），朱元璋决定采用武力。朱元璋任沐英为征南右副将军，和傅友德、蓝玉三将兵分两路直取云南。誓师大会后，朱元璋召来三位将领，对他们说道："此次出征不同以往，如今梁王实力大不如前，你们此次面对的不仅是战争，更重要的是云南各族的民心哪。我希望你们不仅能把仗打好，还能妥善处理好这些事情，以利于后方的长期安定。"

三将齐声道："请皇上放心，臣等明白。"

朱元璋说道："明白就好，明白就好啊。你们都是跟随我多年的老将了，我放心，去吧。"

其实，朱元璋还是很担心的。这些武将不比那些文官考虑事情细致，多年来的战争使他们长于破坏而短于建设。云南一战关系着西南的长治久安，如果杀伐太重或处理问题不当只怕会引起各部矛盾，以至于留下后患。所以此次出兵云南，朱元璋选将也特别小心。与梁王一战不仅要胜，而且要大胜、速胜，得充分体现出新王朝的实力，使那些犹豫不决的部落感受到天威，使他们心甘情愿老老实实俯首称臣。这就要有沙场骁将，蓝玉是上佳人选；西南山多路险、地形复杂，得选一位用兵老成、处乱不惊之人，傅友德最为合适；云南一战，最重要的是战后诸部安抚工作，沐英在这方面更有经验，也更为可靠。此三人兵分两路，相信不出半年，云南定能拿下。做皇帝的也就拔去了这一在背之芒啊。

朱元璋即派兵从东、北两面分兵入滇。一路由湖广西取普定（今贵州安顺），直指昆明；一路由四川南下进攻乌撒（今云南镇雄、贵州威宁一带）。不过三个多月，东路军一路高奏凯歌打到昆明，梁王平章达里麻兵败自杀。东路军再北上与北路军会合攻下乌撒，把当地元军主力彻底消灭。正如预想的那样，这是一场大胜、速胜之战，原来举棋不定左右观望的西南各部纷纷归顺降服。

朱元璋听此消息很是高兴。从谋划攻滇到如今初步拿下，经历了太多波折，也耗费了他太多精力。现在总算有了初步成果，但这还是刚刚开始。要走的路还很长，下一步该怎么办呢？夜已很深了，房内的马皇后早已入梦，朱元璋还是踱来踱去竟无丝毫睡意。忽然皇上一声叹息，惊醒了皇后。人人都羡慕皇上，可又有几人知道皇上的辛苦呢？权力越大，责任也就越大。自从登基以来，皇上明显苍老了许多。

马秀英看在眼里疼在心头："重八，又有什么心事，说来听听。"虽然朱元璋早就改名，但马秀英还是习惯喊他重八，他也乐意借此心存往昔。

"关于云南我有一个初步想法，想先说给你听听。云南地处边陲，容易生乱。我决定把此次出征的三十万大军全部留在云南，这三十万军兵可在云南娶妻生子、开荒生产，这一定有助于云南的稳定与边疆的开发。"朱元璋似乎对自己的这个想法有些兴奋，说得笑容满面，胸有成竹。

"好想法，可是你得注意两点。一是不能勉强这些军兵，二是得有合适的人选来驾驭他们才成，免得他们生出祸端啊。"马秀英明白，三十万军兵不是小数目，一旦出乱，祸及的可都是平民百姓。

"这你放心，我已决定好了人选，就是我的义子沐英。这次取云南，数他功劳最大，而且他对各部族的安抚又有经验。我觉得他最合适。"朱元璋想到这位干儿子，心中颇有些得意。

马秀英听完此话立刻说道："皇上，这样恐怕对沐英不太公道吧？他立了大功，理应回朝受封。你怎么能把他留在那儿呢？"

朱元璋笑着说："我就知道你会为他说话。不过，我这也是为他好啊。你想想看，沐英的性格不适合在朝为官。他功劳越大，回朝后危险就越大，这是保护他。此外，他确实是留守云南的最佳人选，至少他的忠诚多于别人，不然在那偏远地区再培养出一个梁王，不是功力全废？这事就先这么定了吧。"

朱元璋紧皱的眉头舒展开来，他为自己这个想法感到开心。他也决定，很多事情不能老是咨询李善长、刘伯温他们。随后，朱元璋下令把傅友德与蓝玉召回京师，留沐英在云南坐镇。沐英在坐镇云南期间，除了在洪武二十年（1387）与二十二年（1389）镇压了百夷（白夷）巨酋思伦发的两次大"反叛"以外，把军政民政都办得井井有条，所垦的新田有 100 万亩以上，使明朝一直"无西南之忧"，对边疆的稳定做出了杰出贡献。

洪武二十五年（1392）六月，沐英病卒于云南，年仅 48 岁。朱元

185

璋十分痛心，命归葬京师。十月八日沐英的灵柩返京（南京），朱元璋下令，赐葬于江宁县长泰北乡观音山。二十一日明太祖朱元璋追封沐英为黔宁王，谥昭靖，侑享太庙。

平定云南和治理云南，是沐英一生的最大功绩。沐英去世后，在整个明朝期间，承袭"黔国公"的沐氏子弟就是整个云南的最高统治者，为保障明王朝西南地区的稳定做出了不可替代的贡献。沐英家族世袭黔国公爵位，其子孙世代镇守云南，直至终明一代，计12代，14任。

纳哈出降，终于完成统一大业

纳哈出，元末名臣，官至太尉，属蒙古札刺亦儿氏，是成吉思汗四杰之一木华黎裔孙。

至正十五年（1355），朱元璋攻克太平将其俘获，朱元璋以其为名臣后人，待之甚厚，劝其归顺，但其坚决不肯。后来朱元璋好言相抚，厚赠银两，准其北归元朝。元亡后，元顺帝北逃，史称北元。以纳哈出手握重兵，封其为丞相，继封太尉。

不久，元辽阳行省平章刘益降明，辽东大部为明所有，纳哈出领兵踞开元路（今开原），屯兵二十万于金山（今昌图金山堡以北至辽河南岸的吉林双辽东北一带），恃畜牧丰盛，与明军对峙。当时元顺帝早已于明洪武三年（1370）殁，不久太子又死，由顺帝孙脱古思帖木儿继位，纳哈出成为元末主要势力，曾封其为开元王。

云南平定以后，南方基本稳定。其实攻下云南，只是朱元璋对付据守北方的纳哈出的前提。朱元璋明白，和梁王比起来，纳哈出更为

棘手，所以他选择先易后难、逐个解决的方略。

纳哈出身为元朝世将，善于带兵，有勇有谋。在镇守太平时，和朱元璋军对垒遭擒。朱元璋念其是个将才，决定放走他。后来纳哈出随元顺帝北上，拥兵盘踞金山（今辽宁省内），养精蓄锐，伺机南下。朱元璋每想至此，就对自己当初放虎归山后悔万分，以致如今酿成大患。

这一日，朱元璋召集诸文武官员共同商讨对付纳哈出之策。户部尚书茹太素进言道："皇上，我们对梁王先采取招降。对纳哈出，我们是否也先用此策呢？"

朱元璋感慨道："这我不是没想过，但照目前形势绝无可能。劝降梁王时，我们已把他完全孤立。现在虽已击溃元顺帝的中路军和扩廓帖木儿的西路军，西北初平，但他们余部尚在。他们不能深入内地抢掠，但仍然可以给予纳哈出各种补给，纳哈出仍有周旋余地呀！"

"我们可以先尝试招降，如不行再出兵。现在天下大势已定，纳哈出不会不识时务吧？"茹太素接着说道。

"看来你还是不了解他啊。金山为元朝残部的前沿阵地，一旦金山被破，元朝残部势必土崩瓦解。而纳哈出是极忠于元朝的，他断不会降，这一战在所难免。"朱元璋摇头道。

"皇上，他纳哈出有何好怕？末将愿领兵前往，打他个落花流水！"

朱元璋定睛一看，说话之人是蓝玉。蓝玉是员悍将，攻城拔寨少不了这样的人才。如果和纳哈出交手，蓝玉仍显稚嫩。如果冯胜、傅友德、蓝玉三人同往，定会万无一失。朱元璋明白此次出征只许胜不许败，经此一战要彻底摧毁元朝残部的复国念头。

洪武二十年（1387）一月，朱元璋命冯胜为征虏大将军，傅友德、蓝玉为副将，统兵二十万北攻纳哈出。冯胜率军从松亭关出长城，驻兵于大宁、宽河、会州、富峪四城。切断元中路军残部与纳哈出的联系，存储粮草供应大军。派大军从北面包围金山，使纳哈出完全孤立。

此时金山四周皆为明军占据，纳哈出与外界断绝了联系。

"冯将军，末将请命出战纳哈出。"连日来纳哈出闭门免战，蓝玉实在是憋不住了。

"蓝将军，大军临行前皇上可有言在先，若纳哈出坚守，我们绝对不可贸然进攻。虽然金山已成孤地，但纳哈出军队的战斗力不可低估，现在开战只会造成我军不必要的伤亡。"

"如此这般，我们可要等到何时呀！我就想和纳哈出好好打一仗，看看这元朝老将有何能耐。"蓝玉道。

"蓝将军少安毋躁。"傅友德道，"我们不费一兵一卒，即可拿下金山。"说完和冯胜相视一笑。

"这是为何？你们把我搞糊涂了。"蓝玉不解地问道。

"皇上真是料事如神啊。出征前皇上说过，纳哈出不可能投降。除非我们成功围困金山，若失去外界补给，纳哈出不得不降啊。"傅友德答道。

而此时正如傅友德所言，纳哈出军内粮草仅能维持几日之久。纳哈出坐在大帐中思绪万千。自己这半生为了元朝，兢兢业业，呕心沥血，可到头来却落得今天这步田地。大元好不容易打下的大好河山转眼就要完了。纳哈出明白，元朝的基业已经完了，想到此不禁哭出声来。

"大帅，你这是怎么了？"一位将军闻声走入大帐问道。

纳哈出迅速恢复常态，他不能在此时丢了大帅的尊严。他整理了一下心情，说道："你把诸位将军都喊入帐来，我们议事。"

很快将军们便站满了纳哈出的大帐。虽然大敌当前，缺吃少喝，可纳哈出的军队依然纪律严明，没有丝毫松懈。

"将军们，你们有何退敌之策？"纳哈出问道。

帐下一片沉默。事到如今，谁也没有好的方法。

"不如……降了吧！"纳哈出哽咽道。

此言一出，帐下将军们立即跪倒一片。"大帅，我们宁死不降！""我们与金山共存亡！"

"诸位将军赶快起来，"纳哈出道，"我知道你们都是不怕死的好

男儿，可如今不是逞英雄的时候。元朝大势已去，你们都是我们蒙古的精英，元朝可以亡，而你们不可以亡啊！如果你们还认为我是大帅，就按我说的做。"

纳哈出戎马半生，早把自己的生死置之度外，但他不能不为蒙古的将来考虑。他知道如今的天下已是朱元璋的了，再为元朝做殊死挣扎也徒劳无益，虽然他是那么维护心中的这个王朝。他必须尽快为金山的将士以及金山的百姓们找到退路，投降便成了唯一可能的选择。

探子很快就把这一消息报告给了冯胜。冯胜和傅友德商量后二人找来蓝玉。

冯胜说道："蓝将军，好消息啊，你终于等到和纳哈出交手的机会了。"

"真的吗？什么时候？准我带多少兵马啊？"蓝玉闻听此言，激动地发问。他早就盼着这一天了。

"蓝将军不急。等你吃饱喝足了，还可以睡上一觉呢。然后，骑上你的战马自己去就可以了。"

"啊！这是什么意思啊？"蓝玉不解地问道。

傅友德笑着说："都说蓝将军胆子大，不过如此呀。实话告诉你吧，你已经没有机会和纳哈出交手了，他已决定投降了。让你去是招降的，一个人敢不敢啊？"

其实，这是傅友德和冯胜在激蓝玉呢，招降这事冯胜和傅友德商量过后，还是觉得蓝玉最合适。身份上蓝玉是永昌侯、大军副将，完全合适。另外，纳哈出降不代表他手下的每个人都愿意投降，让骁勇的蓝玉一个人去，可以起到震慑作用。

"打仗都敢，这有什么不敢的？你们就看我的吧！"蓝玉笑道。

招降这日，蓝玉只身一人进城。纳哈出摆出酒席，蓝玉只管大口喝酒，大块吃肉，表现得相当愉快。这不仅震慑了纳哈出的将军们，同时也让他们认为明军是真心来招降他们的。宴毕，纳哈出同众将军出城受降，全城一片肃然。

纳哈出来到城门口，转身北望，遂又跪地三拜。蓝玉心想，这厮还是放不下元朝啊，不过果然是一条好汉。遂赶快扶起纳哈出，解下自己的斗篷道："大帅，城外风凉，快把这衣服披上吧。"纳哈出心里明白，披上这明朝将领的衣服，自己也就成为明朝的人了。纳哈出喟然一叹道："罪将岂敢！我这把老骨头行将就木，蓝将军风华正茂，还是请蓝将军披上吧。"说着二人走出了城门。

纳哈出投降后，朱元璋亲封纳哈出为海西侯，赐铁券丹书。

洪武二十一年（1388），纳哈出从傅友德往征云南，途中卒于武昌舟中，葬于南京。其子察罕改袭沈阳侯，洪武二十六年（1393），因蓝玉案被杀。次子佛家奴惧，即刻去职，隐居泉州惠安。

后来，朱元璋又顺利地解决了女真族的问题。朱元璋经历了十五年风雨，削平群雄，推翻了元朝，完成了明朝的大一统事业。

第六章

铁腕治国，兔死狗烹

　　建立大明王朝之后的朱元璋，开始采取一系列的铁腕政策。对于那些为开国立下汗马功劳的功臣，他开始忌惮于他们的权力、威望，所以，朱元璋对他们开始逐一除之，留下了历史上有名的"胡蓝之狱"；他惩治贪官，大兴文字狱，造成了文化历史的停滞不前。

借手杀人，冷眼旁观伯温死

刘伯温，这是一个在民间传说中有着类似诸葛亮那样传奇色彩的人物。他曾辅佐朱元璋完成帝业，开创明朝天下。他足智多谋，才能出众，是杰出的政治家、军事家和文学家，被喻为诸葛亮、魏徵再世，其功劳并不逊色于李善长。

洪武三年 (1370)，朱元璋大封功臣。授李善长中书左丞相，封韩国公，岁禄四千石，子孙世袭，朱元璋更是把他比做汉之萧何。封刘伯温诚意伯，岁禄两百石。

受封当晚回到家中，刘伯温长子刘琏问道："父亲，儿不明白为何父亲仅被封为伯爵，而李善长竟然位居六公之首？这太不公平了。"

"琏儿呀，你还太年轻啊，许多道理你还不明白，皇上这是向着我们呢！"刘伯温道。

"儿的确不明白。他李善长岁禄四千石，为何仅予父亲两百石？就算李善长居功至伟，但父亲也不遑多让啊！"刘琏实在是不解，他替父亲觉得委屈。

"琏儿，自古以来飞鸟尽，良弓藏。此时，谁的地位越高，谁也就越危险啊。你可以这样想，为父岁禄虽只有区区两百石，仅为李善长的二十分之一，但为父的危险也只有他李善长的二十分之一。"刘伯温解释道。

刘伯温明白，如今天下初定，皇上还不敢对这些有功之臣下狠手，但这一天迟早都会来临。朱元璋这个皇上如此聪明，他不会留着这些功臣的。只要老百姓能过上太平日子，我刘伯温还有何求！该是我回青田老家过几天清静日子的时候了，找个适当时机就回去吧。这官场污秽不堪，荣华富贵万不可贪恋啊。

统治阶级的内部矛盾随着政权的日益稳固也逐渐暴露出来。从朱元璋政权的基础看，它有两支基本力量：淮西集团和浙东集团。朱元璋建国称帝后，淮人在政治、军事、经济上占了绝对优势，而浙东集团被排挤、受压抑，他们自然不甘心放弃，千方百计设法获取朱元璋的信任。就这样，两大派系斗争越发尖锐激烈。这种矛盾反被朱元璋所利用，重用淮人又用浙东势力来监视淮人，加强和巩固自己的权力。当时，左丞相李善长功高望重，为众人敬仰，只有刘伯温与之分庭抗礼，李善长不乐。

过了段时间，皇上召刘伯温进宫议事。君臣礼毕，朱元璋问道："伯温啊，有没有什么话想对我说啊？"

刘伯温明白，皇上这是在问自己对封爵一事有没有意见呢。"启禀皇上，臣没有什么要说的。"

"你不说我也明白，这些年你跟随我没少给我出谋划策，立下了不少功劳。和李善长比起来，封你为伯爵确实委屈你了。如今右丞相徐达征战在外，我准备增设一个丞相，让你来做，你看如何啊？"

"皇上这万万不可啊，臣担当不起！"刘伯温立即俯身下拜道。

"有什么担当不起的，我认为你做丞相比李善长更合适。"皇上扶起他道。

"皇上过奖了，李相国是柱国大臣，功勋显赫。而臣只不过是那山野小树，能支起只檐片瓦以得安身已是不错，怎可和李相国相提并论。"刘伯温趁机道出自己的归隐之心。

朱元璋明白，李善长没少说刘伯温的坏话。刘伯温在此时拒绝丞相一职，其原因只是为求自保。"伯温，你的才干我太清楚了，这丞相一职我以为你最合适。你不愿意只怕是另有原因。最近有些奏章都在说你的是非，当然也有说李相国的。你怎么还说李相国的好呢？"

"皇上，臣性子直，只怕是得罪不少人。但平心而论，目前丞相一职还是李相国最为合适。现在文武百官的关系，怕只有李相国一人能

够理顺。"刘伯温明白，现在诸文武多是淮西子弟，他们统揽朝廷大权。在这种情况下，他根本无法立足，所以丞相一职自己绝不能担任。

"既然你不愿意做这个丞相，我也不勉强你了。我有几个人选你帮我参谋一下。"朱元璋心里明白刘伯温在担心什么，便不再勉强。

"杨宪如何呀？"朱元璋问道。

"臣以为杨宪不行。"刘伯温很感激皇上能与他共同探讨丞相人选。

"为什么啊？当初可是你把他推荐给我的啊。"朱元璋很是不解。

"杨宪的确具有相才，也很得皇上赏识。但他办事好勇斗狠，处理不好与群僚的关系。只怕日后一旦为相，会使百官人人自危，引起变乱啊。"杨宪是刘伯温的好友，刘伯温太了解他了。

"那汪广洋怎么样？"朱元璋继续问道。

"此人还不如杨宪，他的才气不能统领群臣，做个中书省参政已足矣。"

"那胡惟庸呢？"

"此人有相才，但气量不足为相。遇事睚眦必报，一旦为相，必打压异己。"

"难道他们都不行吗？"朱元璋愤愤道。

"皇上，臣以为现如今有李相国坐镇中书省已经足够了。皇上大可不必为此心烦。"刘伯温明白，李善长如今已统揽朝政，谁出任另一个丞相也不可能从根本上改变这一现状。皇上想靠增加一个丞相职位来牵制李善长，只怕是徒劳无益。

朱元璋也明白这个道理，他早有废李善长之心，只是时机还未成熟。李善长位居六公之首，一旦动了他，只怕那些开国功勋会人人自危。

北伐军攻克河南后，朱元璋赴汴梁，刘伯温和李善长留守应天。刘伯温谓宋元以宽纵失天下，宜肃纪纲。于是朱元璋诏令诸御史纠劾时不要有任何回避，宿卫宦侍有过者，皆启禀皇太子置之于法。中书省都事李彬由于贪欲服法，李善长因和他有很好的交情，请刘伯温拖延处理此案，刘伯温不徇私情，马上上报，报可，方祈雨，即斩之。

李善长从此与他断绝了关系。朱元璋回应天后，李善长攻击刘伯温在盛夏祈雨时，杀人于祭坛下。其他怨恨刘伯温的人也相互诉苦诬告。朱元璋留下奏章没有处理。正逢大旱，朱元璋要求大家广为进言，刘伯温奏："士卒死后，其妻悉处别营，凡数万人，阴气郁结；工匠死，暴尸野外；吴将吏降者皆编军户，足干和气。"朱元璋按刘伯温的主张办完这些事，然而十天之后仍未降雨，心中恼火，恰逢刘伯温丧妻，就批准他告老回家。这时朱元璋方有在凤阳建造中都的意思，又锐意出塞追歼残元主力王保保。刘伯温在回乡之前进言说："凤阳四散之地，非天子宜居；王保保未可轻也。"后来果然又如他所说。

这年冬天，朱元璋念及刘伯温劳苦功高，亲自修书，召他回京，赐赉甚厚，进兼弘文馆学士，并追赠其祖、父皆永嘉郡公。洪武三年（1370）十一月，朱元璋大封有功之臣，授刘伯温诚意伯。到了第二年，才又允许他回家。

刘伯温性格刚强，疾恶如仇，不能忍受不平之事。因此他与许多权贵不和。加之洪武初年，他位高不居，功成身退，不愿为相，使性本狐疑的朱元璋对之不满，触犯了"寰中士大夫不为君用，是自外其教者，诛其身而没其教，不为之过"的禁条。他屈己藏身，消极逃遁，反为小人提供了一块禁脔，日后他们凭借自己手中的权势，不断加害刘伯温。

洪武四年（1371）一月，李善长告老还乡。一时丞相一职没有了合适人选。朱元璋现在最欣赏的人选是胡惟庸，可刘伯温曾说过不可让胡惟庸掌相权，若为相则必难驾驭。虽然答应了李善长以胡惟庸为相，朱元璋觉得还需先观察一下再作决定。

思来想去，朱元璋决定把流放在外的汪广洋召回应天，重新入主中书省，且命他为相。选择汪广洋，朱元璋出于两点考虑：首先，汪广洋被贬实属被冤；其次，汪广洋在中书省虽没功劳可也没犯错，最难得是他很明白自己的心思，即便汪广洋坐了丞相的位子，也会懂得把实权交给皇上心仪的人。于是朱元璋即命汪广洋为右丞相，胡惟庸为左丞相。

随着权势的增大，胡惟庸日益骄横跋扈。仗着以淮西勋贵做后台，又凭借皇帝的宠信，胡惟庸在中书省为所欲为。各部门的奏章，胡惟庸必先自己看过再交给皇上，对自己不利的，他就隐藏起来，不上报给皇上。一时胡惟庸权倾朝野，喜欢钻营的就极力巴结他，看不惯的也是敢怒不敢言。

胡惟庸的胆子越来越大。虽然汪广洋在他之上，但他明白，他的真正威胁不是汪广洋，而是那个告老还乡，但仍留在京城的刘伯温。此人极得皇上赏识，又聪明过人，一日不除刘伯温，自己做起事来就一日不安心。

刘伯温说的没错，胡惟庸掌权后不仅难以驾驭，而且气量狭小、睚眦必报。胡惟庸没有忘记刘伯温当年在皇上面前说自己的坏话。出于多方考虑，胡惟庸决心除掉刘伯温。于是在刘伯温生病期间，胡惟庸买通给刘伯温看病的太医，偷偷在刘伯温药里下了毒。

这一天，胡惟庸装作替皇上赐药，随同太医来到刘府。

"刘大人，皇上今天派我来探望刘大人。皇上特赏你奇珍药物一瓶，盼刘大人早日康复。"胡惟庸一反常态地客气谦卑。

"谢谢胡大人，我想知道这药是不是皇上给我的，你可以让我明明白白地离开人世吗？"刘伯温气喘吁吁地说道。

皇上的心思越来越难以把握，连刘伯温这样的老臣也不知这药是皇上所赐还是胡惟庸的主意。

胡惟庸笑说："刘大人这又何必呢，你不是料事如神吗？你就猜猜看。不过皇上说了，一定让我看着你喝下去他才放心。"

是的，这药是谁给的已经不重要了。刘伯温知道这一天迟早会来的，他对于皇上来说已经没有价值了。如今的皇上运筹帷幄，又何须他刘伯温在耳旁唠叨。胡惟庸更是对自己嫉恨交加，如今得势，除掉自己也在所难免。

"父亲，这药你不能喝啊！"刘伯温的长子刘琏恳求道。

"琏儿快住口，你要好好保重，记得把我送回青田老家啊。"刘伯温岂不知这是毒药，只是他不能不喝呀。

刘伯温含泪苦笑着喝下毒药，觉肚中有个拳头般的块状体，又过了三个月，病情转坏。朱元璋听说后遣使护送他返乡，而且亲自写下意味深长的话："君子绝交，恶言不出；忠臣去国，不洁其名。"刘伯温刚到家里，病情即恶化，一个月之后便去世了。享年65岁，谥"文成"。

朱元璋得知刘伯温的死很伤心，这种伤心是发自内心的悲哀，他知道自己的双手已经沾满了鲜血，刘伯温可以说是死在他朱元璋的手上，他不放纵胡惟庸，胡惟庸何以猖獗至此。可是皇位在，他就必须狠心，是皇权逼他不得不如此，皇上若太过仁慈，必然被臣子左右。悲伤只不过片刻，很快朱元璋又回到皇上的位置来。他心里清楚，从长远来看，刘伯温作为浙东派的代表也必须铲除，胡惟庸替他做了他不愿公开做的事。

刘伯温死后不久，胡惟庸案发。朱元璋方想起刘伯温生前所言，十分后悔。他对刘基次子刘璟说："你父为我忠心不贰，临终前都还惦记我，如今我才知道他是被奸臣暗算了。我要向天下公布他的好处。"又安慰道，"你父亲是有分晓的，如今我做皇上的也是有分晓的，终不会负了他的好名声。"洪武二十三年（1390），朱元璋颁诰，令刘伯温子孙世袭诚意伯爵禄。

君相之争，胡党一案株连广

胡惟庸，凤阳定远人，至正十五年（1355），朱元璋攻下和州后归附义军，授元军府奏差，寻转宣使。此后，任宁国县主簿，进知县。当时太师李善长操纵政权，胡惟庸以黄金二百两贿赂他，从此青云直

上，先迁吉安通判；至正二十四年（1364），设湖广行省，又被提升为湖广金事。朱元璋称吴王，在李善长引荐下，胡惟庸被召为太常少卿，当了没多久又升为太常寺卿。明朝建立后，更是春风得意，几年后便位极人臣。洪武三年（1370），入中书省，拜中书参知政事。洪武六年（1373）一月，右丞相汪广洋因"无所建白"出迁广东参政，从这时到同年七月，"帝难其人，久不置相"，胡惟庸以中书左丞"独尊省事"数月，七月代替汪广洋升为右丞相。洪武十年九月，又迁左丞相，右丞相仍由汪广洋担任。从洪武六年（1373）汪广洋第一次罢相后，中书省的大权实际上由胡惟庸一人独揽。到洪武十三年（1380）一月为止，他做了长达七年的丞相。

徐达、刘伯温极为鄙视胡惟庸的人品，徐达"深疾其奸"，曾多次"从容言于帝"。为此，胡惟庸曾十分想和徐达搞好关系，但徐达憎恶他的为人，根本不答理他。胡惟庸又变换手法，企图贿赂徐家守门人福寿来加害徐达，但被福寿揭发。当徐达获知此事之后，并没有问罪于他，只是向朱元璋进言，说胡惟庸不具备做丞相的资格。

胡惟庸任相时，淮西集团的政敌杨宪在洪武三年（1370）就已被杀掉了，胡惟庸独相数年，汪广洋在洪武十年（1377）尽管与他同居相位，但汪为人"宽和自守，居相位默默无可否"，在中书省仅仅是"浮沉守位而已"。因此，除了皇帝以外，胡惟庸觉得刘伯温是对他在政治上唯一构成威胁的人。由于刘伯温曾与朱元璋论相，胡惟庸更是耿耿于怀，伺机报复，这种艰难处境刘伯温也深有感触，隐居青田故里的时候，为了避祸，每日"惟饮酒弈棋，口不言功"。即使韬晦如此，还是防不胜防，最终被胡惟庸陷害致死。

刘伯温死后，胡惟庸也没有放过他的长子刘琏。洪武十年（1377），刘琏做江西参政，朱元璋很赏识他，"常欲大用之"，但后来被胡惟庸的党羽逼得坠井而死。

可以说，胡惟庸的起家同李善长关联很大。他出任丞相后，又"以兄女妻其从子佑"，这样两家又有了亲戚关系，往来越发密切。李善长是淮西集团的领袖，位列勋臣第一，虽然在洪武四年（1371）致仕，但李家的权势很大。朱元璋又在洪武九年（1376）把女儿临安公主许给了李善长的儿子李琪，李家遂为皇亲。朱元璋曾打算立杨宪为相，说："杨宪可居相位。"杨宪也"数言李善长无大才"。为此胡惟庸对李善长说："杨宪为相，我等淮人不得为大官矣。"在以李善长为首的淮西集团的迫害下，不久杨宪被判处极刑，罪名是"劾汪广洋不公不法、李善长排陷大臣、放肆为奸"。从杨宪被治死罪之后，朱元璋"以惟庸为才，宠任之。惟庸亦自励，尝以曲谨当上意，宠遇日盛"。在明初"无一日无过之人"的年代，竟能"独相数岁"，胡惟庸做到这一步实属不易，说明他十分受朱元璋赏识，但这种赏识，并非是才干上的赏识，而是朱元璋推行高度集权的君主专制统治所需要的赏识。本来，从人品、学识、才干上来说，丞相这一职，最合适的人选当属刘伯温。朱元璋也曾对刘伯温说："吾之相，诚无逾先生。"但这也仅仅是说说而已，从明太祖欲将皇权强化到更高的程度来看，显然刘伯温又不是十分适合的。

朱元璋决定罢中书省、废丞相，是在相权和君权的矛盾日益加剧下形成的。胡惟庸赢得了朱元璋的宠信，骄恣渐露，在朝中有恃无恐，尤其是在刘伯温死后，"益无所忌"。自己占据丞相之位多年，掌握生杀大权。他不按正常上奏的途径行事，内宦外宦及各司上奏的文件，都先拿来自己翻阅，对自己有害，就藏起来不予上报。四面八方急于升官的或是以前丢官的文臣武将，争相向其献媚，并以重金贿赂于他，这样一来，丞相的权势炙手可热，恩威震主，对君权威胁极大。朱元

明·龟船

璋为此十分不安，他必须考虑政治体制的变革问题而避免大权被人夺取，于是头脑中便开始酝酿"弃中书省，废丞相"的念头。但丞相制度延续了一千多年，废除它不仅需要相当的时间而且要等待时机成熟。于是继争夺相权的激烈倾轧之后，接下来的就是更加残酷的君权与相权的斗争。

其实朱元璋始终打着自己的算盘呢。胡惟庸虽然霸道，但他只不过是自己的工具而已。一方面胡惟庸上台极力打击浙东派，另一方面，作为淮西人，胡惟庸拉拢自己的小圈子，也分裂了淮西派。他朱元璋不是不想杀胡惟庸，只是时机未到而已。

首先进行改革的是地方行政体制。洪武九年（1376）六月，"改行中书省为承宣布政使司……悉罢行省平章政事左右丞等官，设布政使一员"，又增改了按察使司、都指挥使司，各司对六部和皇帝负责。这样中书省便失去了实权，丞相的权力也因此而被削弱。接着在洪武十一年（1378）三月，"命奏事毋关白中书省，上于是始疑胡惟庸"。这是两项非同一般的政治手段，丞相的实际行政权力，几乎都被剥夺了，这对胡惟庸来说是危险的信号。对这种日益逼近的威胁，胡惟庸不可能无动于衷，他是非常熟悉朱元璋嗜杀成性的残忍本性的。要么坐以待毙，要么铤而走险，以胡惟庸的阴险狡诈和他在政治上经营多年的政治基础，他自然选择后者。因为不断激化的相权与君权之间的矛盾斗争，对抗是双向的，不可能一方处于完全被动无所作为的状态，否则双方矛盾便不会发展到无法调和的地步，这是事物变化发展的一般规律。据说，当时胡惟庸定远旧宅的井中忽生石笋，高出水面数尺，又有传言说胡家三代祖坟上，夜里有火光照耀如白昼，这被阿谀奉承的一些小人说成是好兆头。

胡惟庸知道后更加坚信是上天在帮他，谋反之心更坚决了。他的家人因殴打官吏，被人上奏，朱元璋大怒，把他的家人杀了，并"切责丞相"，胡惟庸却不谢罪。朱元璋又因中书省办事违慢，多次"诘问所由"，同时开始重新追究刘伯温的死因。胡惟庸对这些感到极为恐惧，于是对其同党说：皇上草菅功勋旧臣，与其坐以待毙，不如先发制人，千万别束手就擒。他暗中结交吉安侯陆仲亨、平凉侯费聚，利用手中的权势和金钱来威胁引诱。陆仲亨因在陕西擅自动用驿站的车马而被怒责，被安排在代县做捕盗。费聚奉命安抚苏州军民，因贪恋酒色，被责往西北招降蒙古残部，无功而返，也被朱元璋切责。现在他们与胡惟庸往来频繁，常在胡家饮酒。

胡惟庸对他们说："我们做的尽是些违法乱纪之事，一旦东窗事发，该怎么办？"胡惟庸把自己谋反的计划告诉了他们，并让他们在外召集军马，作为外应。又与御史陈宁在中书省"阅天下军马籍"，下令都督毛骧找来卫士刘遇贤和亡命之徒魏文进做心腹。另外，派明州卫指挥使林贤下海勾结日本人，遣元故臣封绩致书元嗣君脱忽思帖木儿，以向其臣服作为交换条件请求为其提供兵力援助。

朱元璋明白，打压了浙东党之后，胡惟庸又成功分裂了淮西派，胡惟庸的任务已经完成了。况且，他胡惟庸现在已经成为群僚公敌，不杀不足以平民愤，不杀有可能引起更大的乱子。

刚好此时有人来报告朱元璋，说在大街上发现了一批外国人，盘问之下得知他们竟是占城贡使。他们自称已经来了好几个月，竟然不能见皇上。

朱元璋听了，很是纳闷，自己怎么不知道有占城贡使前来朝拜呢？于是召来礼部尚书盘问。

"皇上，礼部关于占城贡使前来朝拜一事的奏章，两月以前已经呈送中书省，可至今仍没有得到批示啊。"礼部尚书答道。

皇上认为此事有损大明国威，一定得查清楚。于是召来胡惟庸对质。

"皇上，臣在两个月前已经批示了这个奏折。可此奏折一直放在中书省，礼部并没派人来取。"胡惟庸说道。

"皇上，按道理这种奏折批示完，中书省应该派人直接送回礼部的。"礼部尚书辩解道。

"废话，中书省每天日理万机，说不定把这件事忘了。你们礼部就不会派人过来看看！"胡惟庸大声说道。

朱元璋很是愤怒。这胡惟庸太放肆了，竟然当着皇上的面训斥一个礼部尚书，私下还不知道有多猖狂！于是，他以玩忽职守、相互推诿等罪名，把胡惟庸和礼部尚书一起打入大牢。

得到胡惟庸入狱的消息，曾经被迫害的和一些见风使舵的人立即向皇上进言诉说胡惟庸的罪行。洪武十三年（1380），胡惟庸被处死，朱元璋借机裁撤了中书省，收回了丞相权。

其实，朱元璋是把胡惟庸案当做一个捕人的巨网，并不收绳。在以后的十余年中，他随心所欲地陆续往里装人。而且，他也明知，胡惟庸案根本构不成死罪。他必须罗织更多的罪名，把此案定成铁案，让他们永世不得翻身。

胡惟庸案一直到洪武二十三年（1390）才算告一段落，网绳暂时收起。十余年来，粗粗算去，共杀了三万多人。

欲加之罪，宋濂充军含冤死

从元至正十八年（1358）宋濂出山，到洪武十年（1377）致仕，前后十九年。在这十九年的时间里，朱元璋非常尊重和信任具有渊博知识和高尚品行的宋濂，并一直"留在身边，充当顾问"。

宋濂一生饱读经书子集，写得一手好文章，当时的人都以能得到他的文字为荣。相传刘基曾对太祖评论当代文章时说，天下文章以宋濂为第一，自己甘拜下风。

在明太祖朱元璋为政期间，以宋濂等为代表的"道统"文学在官方政治势力的推动下，渐渐取得了文学的主流位置。

道统文学观已产生了很长时间，可是每一阶段的理念都有所不同。

如，唐宋古文家在理论上提倡"文以明道"，特别着重于"文"的工具性，却并非不重视"文"，代表人物是韩愈和欧阳修；宋代理学家针对前人的不彻底性，提出了"文道合一"以及"作文害道"的观点，防止文人在"道"以外重受到"文"的吸引。

宋濂在元朝末期曾被元顺帝召为翰林院编修，但他以侍奉双亲为由婉言辞谢，并在乡里隐居起来。这一期间，他曾经信仰道教，从事写作，阐释个人的主张和学说。

他的文学思想便是沿袭理学家的极端观点而发展的。宋濂特别着重于"文"，而他指的文并非专指"辞翰之文"，却是"道"的"象"，也就是"呈现"，"文"和"道"时刻相随，"道"在何处，"文"便在何处。在著述里，他也一次次地提出了"文非道不立，非道不充，非道不行"，"文外无道，道外无文"等看法。

然而，若单独以宋濂的理论来评判各位古代作家，便显得十分偏执狭隘了。例如，在《徐教授文集序》里，宋濂毫无顾忌地提出，在孟子之后便"世不复有文"；他认为，贾谊、司马迁学到的只是"皮肤"，韩愈、欧阳修学到的也只是"骨骼"而已；他认为，唯独宋代的几名大儒"得其心髓"，方可谓"六经之文"。

实际上，通过《元史》的编写格式可以看出，"文道合一"论是一种被官方赞同的观点。自从范晔的《后汉书》被分别立为《儒林》《文苑》两传，以此将经学之士和文学之士区分开来，后世的官修正史便大多遵循这种编写格式。而《元史》则将此种区分取消了，单独设立《儒林传》，提出"经艺文章，不可分而为二"。

《元史》是朱元璋命宋濂编撰的，宋濂如此安排肯定投合了朱元璋之意。在官方的支持下，此种理论必定会对文学的发展产生灾难性的影响。在宋濂的文集里，充满了众多美化、赞颂明初统治集团上层人物和赞扬贞妇烈女之作，这些作品集中体现了他的"道统"文学观。较为接近现实中的人性。例如在《王冕传》中，他将元末一个"狂士"的精神状态刻画了出来。《送东阳马生序》也较为真实动人，讲述了他早年在贫困严寒中求学的艰难。

宋濂写的各种文体时常各具特色，较为灵活。他的散文语言简洁淡雅，很少铺陈，但偶尔有些描写的片段，也可写得清丽俊美。

从总体上看，宋濂的文章风格既完全符合道德准则，又具备很高的语言造诣，体现了他娴熟的写作技巧，或许这就是他的文章被奉为明朝初期文章风尚典范的缘由吧。

宋濂于1369年依令修撰《元史》，被授为翰林院学士承旨、知制诰。因此，明朝初期朝廷中一直流传着"一代礼乐制作，濂所裁定者居多"的说法。

宋濂在儒学长期熏陶下，精通经史，深谙世之兴衰的道理，他希望朱元璋用儒家的思想来统治天下。

一次，他趁朱元璋请他来讲解《春秋左氏传》的机会向朱元璋进言道："《春秋》乃孔子褒善贬恶之书，苟能遵行，则赏罚适中，天下可定也。"

作战的时候，朱元璋喜欢黄石公《三略》等兵家书籍，宋濂就进言不应只看兵书，"《尚书》、二《典》、三《谟》，帝王大经大法毕具，愿留意讲明之"。

统一天下后，朱元璋出于对国家长治久安的考虑，也经常和他一起研讨帝王之学，探究治国的策略。朱元璋曾问他哪本书是帝王之学里最为重要的，他举出真德秀的《大学衍义》，朱元璋就命人在宫殿的两庑壁上抄录下来。除自己观览外，当诸大臣会集时，还让宋濂分析给大家听。宋濂就乘此时进言"君人者兼治教之责，率以躬行，则众自化"，倡言人君要以身作则，应用礼义治理民心，用教育引导人民，而不能仅仅依靠刑罚的手段。

宋濂所讲的这些道理，对朱元璋都产生了深刻的影响。虽然明初朱元璋对文人的态度反复无常，他的"文字狱"亦发展到令人发指的地步，但是朱元璋"好儒"的记载也有不少，这或许与宋濂的影响有直接关系。因此朱元璋每当和群臣谈起宋濂来，皆称其"淳谨君子，辅导有方"。

在宋濂辅导太子的十余年里，一言一行地教太子遵守礼法，引导他走上正道。在他同太子讲解学业，谈到政教及前代兴亡事情时，如果他认为太子的意见是对的，就说"应该如此"，若是不对，他便说"不该如此"，绝不迎合太子。至正二十五年（1365），他返乡省亲，朱元璋与太子赏赐他很多。他上书道谢，并在信中继续鼓励太子要以"孝、友、恭、敬、进德、修业"为努力目标，"毋怠惰、毋骄纵"。朱元璋看到这封信，非常高兴，找来太子，亲自讲给他信中的内容，又写信褒奖宋濂，还叫太子回信表示感谢。

宋濂辅佐尽心，赢得朱元璋和太子的信任，更加上忠厚谨诚的品质，使他能久居庙堂之上。

宋濂久居宫禁，严格约束自己，对朝中诸事绝不向外人道及。他在自己屋中写下"温树"两个大字来时刻警醒约束自己。每当有人问起朝内之事，他就指给他们这两个字作为回答。

"温树"的典故，原来是汉成帝时孔光的故事。当时孔光官至御史大夫，谨慎持重，对家人也不讲朝中之事，家人或问宫内温室树皆何木，孔光也沉默不作答。宋濂用这两个字，其用意不言自明。但若是太祖问宋濂，宋濂却坦诚相告，即使是问到家事，亦一一道之。有一次，宋濂和朋友在家中喝酒，朱元璋秘密派人侦察。第二天，朱元璋问宋濂说："你昨天喝酒没有？跟谁一起喝？用些什么菜肴？"宋濂如实回答了朱元璋，朱元璋十分高兴，笑着说："一点都不错，你果然没有骗我。"朱元璋有心要他涉政，他拒绝道："我除了舞文弄墨，不会别的。"因此，朱元璋更厚待他。每次在便殿朝见，都要设座命茶。早晨，则叫他陪同进膳，下朝后，经常咨询再三，直到夜半才散。宋濂不善喝酒，有一次，朱元璋跟他开玩笑，强要他喝，宋濂三杯酒下肚，便摇晃起来。朱元璋看他跟跟跄跄的醉态，高兴得哈哈大笑。然后朱元璋亲御翰墨，赋《楚辞》一章作为赏赐。朱元璋曾亲手调甘露汤给宋濂喝，并说："此能愈疾延年，愿与卿共之。"又让太子朱标为宋濂挑选良马，还亲自写了一首《白马歌》，以示宠耀。

宋濂最终以信，尤其是自己高尚的品行，赢得了朱元璋的信赖。他长期侍从内廷，却总不道人长短。有一次，朱元璋向他问及群臣的

好坏，宋濂只举出那些正直的大臣，对其他人则只字未提。朱元璋问他，他就说："我会说他，是因为他和我是朋友，我了解他，才说他好；至于我没有交往过的那些人，我不知道他的好坏，所以没有资格去说。"

还有一次，主事茹太素上了封万言书，朱元璋看了十分生气，便征求廷臣的意见。有的廷臣为讨好朱元璋便说这书不好，恶意诽谤，不合乎法度等。独独问到宋濂时，宋濂说："他是尽忠于陛下的！既然陛下广开言路，为何又要深究臣子之责。"过了一会儿，朱元璋仔细看完上书，觉得有的很值得采纳实行，就召集那些廷臣斥责一顿，并说："如果不是宋濂就要误给他定罪了。"在朝廷上朱元璋常说："古人最高等的是圣人，其次是贤人，再次是君子。宋景濂在我身边做事十九年，未曾讲过一句谎话，未曾批评过一个人的短处，宠辱不惊，始终若一，称他为贤人也不为过。"

不过，宋濂在朝十九年，虽然受到朱元璋的尊重和信任，但其官位却起伏不定，官职最高才达到正五品。

洪武二年（1369）八月，由于他修纂完成《元史》，被授予翰林学士，正五品官。然而到次年八月，由于失朝而被贬为七品编修。洪武四年（1371）调升为国子监司业，是正六品，没过多久又因奉命考据祭祀孔子的典礼没有按时上报，被贬为正七品的浙江安远县知县。过了一年，又被调任礼部主事。洪武五年（1372）改为詹事府赞善大夫，是从六品，也就升了半级而已。当时朱元璋留意文治，征召张唯等几十个名士，其中年少俊异的，都授予编修，并令在宫中文华堂学习，这时宋濂即做了他们的老师。洪武六年（1373），宋濂由赞善大夫升为翰林院侍讲学士，知制诰，同修国史，兼赞善大夫，是从五品，直到他离开朝廷，他的官职都没有再变动。从洪武二年（1369）的翰林学士，到六年（1373）的侍讲学士，当官好几年，其职位反不如他刚入官场时高。

宋濂侍奉朱元璋多年，对朱元璋每一举措都十分了解，他也深知"伴君如伴虎"的道理，一生言行谨慎，不求有功，但求无过。因此，洪武六年（1373）朱元璋想让他参与朝政，他婉言谢绝了，这反而赢得了朱元璋更大的信赖。

洪武十年（1377），宋濂已 68 岁，告老回乡。他在青萝山畔盖了间草屋，闭门著述，布衣蔬食。

但这样一个被朱元璋称为"贤人"的人，最后也未得善终。本来宋濂致仕后，每年需要入一次朝，洪武十三年（1380），因身体欠佳，太祖允准可不来朝。没想到上朝时太祖因忘记此事，而很不满意宋濂未上朝。太祖偷偷派人视探，正见到宋濂和乡人饮酒作乐，勃然大怒，要处死宋濂，后经皇后和太子解释，事乃作罢。

可是，欲加之罪，何患无辞。朱元璋虽然表面上对宋濂宽容了，但其实仍在寻找借口除掉宋濂。所以，当丞相胡惟庸因为谋反罪被处死后，其孙宋慎被名列胡党，子宋璲也受牵连而死。宋濂全家系狱，朱元璋想一并处死宋濂，后经马皇后、皇太子说情，才改为全家流放茂州（今四川茂汶羌族自治县），当时宋濂拖着 71 岁的病弱之躯，千里跋涉，于洪武十四年（1381）五月，行至夔州（今重庆奉节）途中，终因辛苦劳累而死。

赏赐蒸鹅，君赐臣死涕泪流

明太祖朱元璋在削平割据群雄、推翻元朝统治、为建新朝所进行的战争中，徐达长期担任最高军事统帅，历经百战，功勋卓著，他"以智勇之资，负柱石之任"，"廓江汉，清淮楚，横扫西浙，席卷中原，威声所振，直连塞外"，被誉为明朝"开国功臣第一"。

徐达不仅勇猛善战，其率领的军队纪律也十分严明，从不滥杀投

降的元朝官兵和无辜百姓。此外，他非常重视制造火器，为大部分骑兵配发了火龙枪，以此来缩短明军骑兵在骑射上和蒙古骑兵之间的差距；在与蒙古人交战时，他还大范围地应用了火炮，总结出火枪、火炮、骑兵、步兵互相配合的作战方法。他凭借优良的火器大败扩廓帖木儿的八万大军，将甘肃南部收复，还用攻心术令西部各族向明朝俯首称臣，为朱元璋一统天下立下了汗马功劳。

　　为了表彰功臣，朱元璋于1369年新年颁发诏令建立功臣庙，亲自对功臣的位次进行排列，徐达因功勋显赫被列为首位。然而徐达从不傲慢自负，在皇帝跟前更是恭顺谦卑、谨言慎行。朱元璋时常召徐达进宫，摆席畅饮，总是称之为布衣兄弟，但徐达一直谦逊小心，丝毫不敢逾越君臣之礼。

　　1371年，徐达被派往北平驻守，从那以后，他经常是春季离京上任，到冬季回朝后，又马上归还将印。根据朝廷的礼仪制度，身为丞相的徐达在外出之时，为了显示威仪，应当有相应规模的仪卫。可是他外出时经常坐一般的马车，生活十分节俭，从不为了炫耀自己显达尊贵的地位而铺张挥霍。

　　朱元璋曾打算将自己做吴王时居住过的王府赐予徐达，可徐达毅然辞谢，没有接受。一日，朱元璋将他带到昔日的吴王府，并设下计谋把他灌醉，之后把他抬到床上，盖好被褥，打算通过这种方式迫使他接纳封赏。酒醒之后的徐达吓得不知所措，连忙下床跪在地上向朱元璋请罪。朱元璋见他这样谦卑恭顺，内心十分欢喜，便不再强迫他接受吴王府了。

　　还有一次，朱元璋将徐达召进宫中陪自己下棋，还让徐达用出真本事，徐达只得勉强硬撑着和皇帝下棋。两人从清晨直下到中午，一盘棋还没分出输赢。正在此时，朱元璋接连吃掉徐达的两个子，但徐达却不落子了。朱元璋沾沾自喜道："为何将军不落子了啊？"

　　这时，徐达慌忙站起身来，跪地行礼道："请皇上再仔细地御览全局。"

　　朱元璋定睛细看，才发现棋盘上的棋子已被徐达排成了"万岁"

字样。朱元璋十分欢欣，便将下棋时所在的楼和莫愁湖花园都赐予徐达，这座楼便是此后的胜棋楼。

改组中书省，废除丞相制以后，朱元璋大权在握。他开始了心中酝酿已久的计划，即如何剪除大明王朝的隐患。那些开国功臣功高震主，自己在位，他们还不敢造次，但自己之后呢？他们都是大明王朝的隐患啊。朱元璋一直想拿下他们，但心里仍有许多顾忌。他们都是大明的开国功臣，如果一个处理不好，引得他们振臂一呼，势必得不偿失。如今时机成熟，朱元璋对那些昔日骄兵悍将、淮西勋贵的忌惮也消除了。现在皇上一人掌握着军政大权，没有什么是皇上做不到的。

皇上思来想去，认为现在这些开国功臣对大明王朝威胁最大的就数徐达和李善长二人了。徐达虽然交了兵权，却不肯老老实实地享福，前段时间还在问着胡惟庸的事。看来他是不甘寂寞，保不准哪天又跳出来指手画脚。当初徐达是大明开国的第一功臣，领兵杀敌，夺城无数。如今军权不在，但在军中仍有他的大量部下。他的存在的确是朝廷的一大威胁。

但朱元璋一时还是下不了决心杀徐达。第一，徐达跟随自己出生入死，情同手足。第二，徐达居功至伟，一旦被杀怕是会引来他部下的不满，那些旧将都会人心思动。

这一日是徐达的生日，朱元璋又偷偷来到徐达的府上。每年的这个时候，皇上都会来到这里陪徐达大喝一顿，好好放纵一下。当皇上实在是太累了，每天都有批不完的奏折、处理不完的事。其他人都可以称病请个假休息休息，但皇上不行，整个江山都在他的肩上，他得好好把它扛起来。其实这些还不算什么，作为皇上心更累，每天不得不去揣测每个大臣，这个是否够忠心，那个是否会贪财。所以二人一见面，都很高兴。

"一年不见，皇上龙颜更加年轻了。"徐达笑道。

朱元璋笑道："不行了，这身体已不比当年了，有时也会感到心有余而力不足。"

"皇上说笑了。每年的今天是臣最高兴的日子，因为这一天我又可

以看到皇上了，就会想起我们过去英勇杀敌的日子。"徐达兴奋地说。

"我也是啊。每年的今日我都会按时来你府上。每年的今日也是我最快活的时候。"朱元璋想，徐达还是对过去杀敌的日子念念不忘，看来心还不老啊。

"皇上，看臣今年给你准备了什么？"说着，徐达拿出一个小盒子。

"什么东西？还神神秘秘的。"朱元璋说着打开了盒子，"啊，是烧饼！"说完立马拿起一个塞进嘴里。那样子就像个贪吃的孩子，哪里还有皇上的半点威严。

吃完一个烧饼，皇上才开口说话："自从我当上这个皇上以来，就没有吃过这个东西了。当初做梦都想吃到烧饼，那时要是每天都能吃到烧饼，我们还造什么反啊，哈哈。"说完，朱元璋又拿起一个烧饼放进嘴里。朱元璋很高兴，仿佛又回到年轻的岁月。但他没有忘形，他想，这徐达什么时候学会揣摩起别人的心思来了。

就在这时，院子里忽然吵吵嚷嚷地走进来一群人。

"徐帅，什么时候把我们这些老部下都忘光了啊？我们可一直都惦记着你呢！"一人离老远就喊道。

明·青花龙纹扁执壶

"蓝将军说得对啊，我们今天特来讨杯寿酒喝喝。几天不见就又想徐帅了！"另一人嚷道。

徐达赶忙出门相迎，一看原来是蓝玉他们。

"吵吵嚷嚷成什么样子，皇上也在这儿呢。"徐达训斥道。"皇上也在，刚好我们今天好好喝一场。"蓝玉大笑道。

徐达把众人引进房内。礼毕后，朱元璋问道："你们是怎么知道徐帅的生日的，他可是除了我谁都不告诉的。"

"皇上，我们也不知道今天是徐帅生日，隔三差五我们就来看看徐帅。刚好今天来听下人说是徐帅大寿。哈哈，赶得巧啊！"蓝玉笑道。

朱元璋闻听此言，心里很不是滋味。徐达虽然没了兵权，可仍然和这些部下密切往来，并且仍得到他们的尊崇。有朝一日徐达振臂一呼，他们会不会群起响应呢？

"皇上想什么呢？我们喝酒。诸位今天不醉不归啊！"徐达说道。

众人杯中酒满后，朱元璋道："大家难得聚在一起，你们都是大明的有功之臣，今天我们在这里不分君臣，一醉方休！来，干了杯中酒！"朱元璋故意给这些武将一个不分君臣的机会，想看看他们平日里到底是怎么一个样子。

朱元璋刚说完，众人立马叫好声一片。蓝玉举杯道："徐帅，今天是你高寿。你是大明开国的第一功臣，也是我们这些军中将士的榜样。如果我所记不错，徐帅今年才五十有四，正当壮年啊。如今徐帅若上阵杀敌，那仍是以一敌百啊。这杯酒我敬您了，祝徐帅英勇依旧！"

朱元璋听完这番话，心里十分生气。这第一杯酒你蓝玉不敬我，反而给了徐达，还夸他是第一功臣，太放肆了！

徐达觉察出朱元璋的神色不对，赶忙起身说道："我们这第一杯酒应该先敬皇上，开国以来国泰民安，全靠皇上治国有方啊。"

朱元璋觉察出自己的失态，立马说道："不错，徐帅是我们大明开国的第一功臣。我们一起敬他一杯。"

徐达推辞不过，只好饮尽杯中茶。

"不对呀徐帅，你怎么空着酒杯而喝了一杯茶啊？"朱元璋说道。

"皇上有所不知。前些日子臣背上长了一个疮，太医说这是早些年打仗时落下的病根，说是一根箭头嵌进骨头里没有取出来。太医不让喝酒，就连那我最爱吃的蒸鹅也不让吃了，这些天都馋死臣了。"徐达摇头答道。

"诸位喝酒，比起那些阵亡的将士，我徐达知足了。"见大家都愣在那儿，徐达继续说道。

这顿饭，朱元璋吃得特别郁闷。本来准备放松一下，却没想到众将士那么拥护徐达，真是令人放心不下。朱元璋暗暗起了杀心，决定除掉徐达。但想到徐达战功赫赫、二人情深，仍是歔歔不已。

太子朱标不知原委，见朱元璋长吁短叹，上前一问究竟。朱元璋如实相告。太子大惊，忙跪求道："父皇，徐叔叔可是我们朝廷的忠臣啊。他随父皇出生入死那么多年，父皇怎么忍心痛下杀手呢？如果连徐叔叔这样的功臣都杀了，那谁还敢为我们大明建功立业呢？请父皇饶徐叔叔一命。"

朱元璋见太子这一副懦弱样，气就不打一处来。"如今朝廷仍有大批功臣当道，你太仁慈了，怎么能斗得过他们？看看你那副样子，你让我怎么能放心把大明的千秋基业托付给你！"朱元璋愤愤地说道。

为了大明的江山，他更加坚定了杀徐达的决心。

可是杀徐达不能像杀胡惟庸他们那样，随随便便找个借口就杀了。一旦他的那些部下追查下来，酿起兵变，后果不堪设想，所以一定得想个好办法。有什么好办法呢？朱元璋摆弄着案头的奏章一筹莫展。这时，有人来给皇上送夜宵，朱元璋看着夜宵忽然心生一计。

一日晚上，徐达正一个人在花园散步。忽见皇上的贴身小太监脚步匆匆朝自己走来。徐达心中狐疑，不知道出了什么事，怎么宫里来人也不通报一声。

小太监来到近前，从背后卸下一个包裹，拿出来两壶酒和一只蒸鹅来，然后对徐达说道："皇上念徐帅功勋卓著，特派我偷偷给徐帅带来两壶酒和一只你最爱吃的蒸鹅。皇上说了，这鹅肥得很，酒也是好酒，请徐帅务必吃饱喝足。"

徐达闻听此言，脑子"嗡"的一声响。躲了这么多年，怕了这么多年，该来的还是来了。只怪自己当初没有听汤和的劝，陪他一起回凤阳老家。但多年的作战经验使他很快冷静了下来，徐达对小太监说道："多谢小公公，徐达明白了。你回去对皇上说，就说我徐达谢谢他。我一定像当年在战场上一样，大碗喝酒，大块吃肉。公公快回去吧，路上小心。"

那小公公明白徐达是想让自己赶快走，以免被其家人发现。于是拿起空包裹匆匆离去。

等小公公走后，徐达看着皇上赏赐的酒肉，想起了以往的日子，不禁失声痛哭起来。自己对皇上忠心一片，不料皇上竟猜疑自己，并最终赐自己一死，鸟尽弓藏啊。徐达抓起酒壶一饮而尽，然后撕开蒸鹅，就着另一壶酒大吃大喝起来。

洪武十八年（1385）二月，徐达因吃了所赐的蒸鹅，背疮崩裂而亡，终年54岁。

朱元璋闻讯后决定罢朝，还亲自前往灵堂吊唁，以示哀悼。之后，朱元璋追赐徐达为中山王，赐谥武宁，其三代皆被封为王爵，赐其在钟山之北安葬；朱元璋还亲自撰写徐达的碑文，并命人塑徐达像置于功臣庙，位列第一。

纵览徐达一生，他由小兵当起，一生追随朱元璋，舍生忘死。他性格坚毅、作战勇猛、善于用兵，多次率领大军南征北讨，在酷烈的战争中逐渐成长为元末明初最杰出的将帅。而且他待人宽和，从不居功自傲，对朱元璋也极尽忠心与谦恭，可谓明朝开国第一武将。不过，最终还是没有逃脱兔死狗烹、功高被杀的命运。

文臣之最，难容善长自当诛

朱元璋称帝后，封李善长为大礼使，置东宫官属，李善长兼太子少师，授银青荣禄大夫、上柱国，录军国重事，余仍旧。没多久李善长又建议设置六部官制，议官民丧服及朝贺东宫仪式，后又监修《元史》，主编《祖训录》《大明集礼》等书，制定朝臣大小服色俸赐、

天下神祇名号、封建藩国及功臣爵赏，慰问体恤国初先锋、十大元帅、都尉、指挥、阵亡无后者之父母妻子，禁淫祀。

洪武三年（1370），徐达、李文忠率军返回京城，大封功臣。当时，将军们功劳大的平定了中原，功劳小的也夺取了闽越州郡，李善长在南京留守，"雍容无所见绩"，朱元璋体会到这一点，说李善长虽无汗马功劳，但和我一起共事了很长时间，又在后勤供应上贡献很大，晋封韩国公，授开国辅运推诚守正文臣，特进光禄大夫、左柱国、太师、中书左丞相、参军国事，岁禄四千石，子孙世世勿绝，赐铁券，免二死，子免一死。当时虽然大将军徐达军功累累，地位仍在李善长之下。

李善长外表宽和但内心对人很苛刻，晋封大国，却受爵不让；参议李饮冰、杨希圣，稍侵其权，便论罪奏明皇上要免其官职，和他交情好的中书都事李彬犯法，刘伯温铁面无私，按法律例令办事，李善长"恶人先告状"，以致刘伯温被迫告老退职。朱元璋借淮西力量做了皇帝后，淮西诸将和幕府僚属都成了开国功臣，所以在明朝初年，淮人地位很突出。特别是李善长骄横专擅，既富且贵，凭借自己的权势，颐指气使，凌驾于百官之上，使朱元璋对淮人集团和他越来越不满。张昶、杨宪、汪广洋、胡惟庸先后获罪被杀，碍于李善长过去的功劳，朱元璋一直对他较宽容。一天，朱元璋在和陶凯论斋戒当至诚的时候，向李善长暗示最好还是早些退位："人之一心，极艰检点，心为身之主，若一事不合理，则百事皆废，所以常自检点，凡事必求至当。今每遇斋戒，必思齐整心志，对越神明。"李善长听了向皇帝磕头称是。洪武四年（1371）一月，李善长以疾致仕，皇帝赐临濠地若干顷，置守冢150户，给佃户1000余家，仪仗士20家，与魏国公徐达等同。洪武五年（1372），皇帝命他督建临濠宫殿。洪武七年（1374），朱元璋提拔他弟弟李存义为太仆丞，存义的两个儿子李伸、李佑担任府州官员。又在洪武九年（1376）将大女儿临安公主下嫁给他儿子李琪，拜为驸马都尉。

李善长在开国册封时位居六公之首，又为中书省左丞相，统领中书省日常事务。虽然李善长已辞官多年，但他仍然是淮西勋贵的顶梁柱，朝中大臣有什么疑难之事，也喜欢找李善长商量之后再作决定，比起徐达来，李善长对朝廷的威胁更大。

事实上，在成功除掉徐达的同时，朱元璋一直思考着如何除掉李善长。只是朱元璋明白，和徐达比起来，李善长这棵老树的根更深、枝更茂，要想搬倒他，还需费一番工夫，仔细计划。

洪武十八年（1385），就在徐达死去的这一年，忽然有人报告朱元璋，说李善长的弟弟李存义父子曾经和胡惟庸相互勾结，准备谋反。

朱元璋听到这件事后不禁喜出望外，认为扳倒李善长的机会来了，他决定亲自提审李存义父子。

"说说看吧，你们是准备怎么谋反的？"朱元璋对李存义说道。

"皇上，该说的我都已经说过了。"原来在此之前刑部已经审过了李存义。

"这事李善长知道吗？"朱元璋继续问道。

"皇上，这事家兄完全不知情，还望皇上明察。"李存义答道。

朱元璋岂肯就此罢手，他明白如果真有这样的事情，他们不会不征求李善长的意见。"老实交代或许还有一条生路，要不然大刑之下，你也会什么都交代的。"

李存义已经领教过刑部大刑的厉害，知道自己熬不过去。想想还不如现在就招了，说不定皇上开恩还真能免自己一死。

"皇上英明，家兄的确知道此事。"李存义说道。

"说说到底是怎么回事吧。"朱元璋不紧不慢地说道。

"胡惟庸想造反，因为我和他是儿女亲家，就让我去说服家兄。家兄听说后很是吃惊，说谋反可是灭九族的勾当，坚决不同意。过了一段时间，胡惟庸又派家兄的一个老朋友杨文裕去劝说，说事成之后定当封家兄为九千岁，与胡惟庸共同治理国家。家兄仍是不肯，但言语间颇有些动摇。"李存义说道。

"那后来呢？"朱元璋生气地问道。他待李善长不薄，不敢想李善长真起反心。

"后来胡惟庸看劝不动家兄，便亲自登门来求。家兄仍是不许。后来家兄提起此事曾对我说：'老了，等我死后，就随便你们折腾吧，反正我也看不到了。'"李存义继续说道。

"李善长好大的胆子，立马让他来见我！"朱元璋愤怒地命令道。

等把李善长带到，他已是吓得迈不开步子。刚一见到皇上，便瘫倒在地："皇上，那都是臣一时糊涂才会听了胡惟庸那小人之言。请皇上恕罪。"

朱元璋虽是气愤，但脑子很清醒。他明白，仅靠李存义的这几句供词是扳不倒李善长的。况且如今徐达刚死，如果再杀李善长，只怕会引起老臣们的猜疑。现在不如把他放回去，等掌握了足够的证据再杀他不迟。

"我知道你李善长对我是忠心一片，李相国怎么会和胡惟庸这种小人狼狈为奸呢！这次的事情我就不再追究了，你还回你的杭州好好养老去吧。"朱元璋笑笑说道。

李善长如今早已习惯了安稳的日子，把握不了朝中的形势，更揣摩不到皇上的心思，只以为皇上念其功高，不会拿自己开刀。听皇上不治自己的罪，于是连忙俯身谢过皇上，便又高高兴兴地回杭州去了。

朱元璋的"不治罪"果然麻痹了李善长。他回到杭州后丝毫没有收敛。洪武二十三年（1390），77岁的李善长扩修宅院，因卫匠不够，竟向信国公汤和借兵勇三百。

汤和一向为人小心谨慎，早早便辞官回了凤阳老家。徐达的死使汤和已隐约感到了山雨欲来，所以行事更加小心。他给李善长回信说，自己已经没有了军职，身边只有几个随从，并没有多余的兵勇借给他。

回完信后，汤和心里仍是不踏实。他明白现在皇上要是想杀人，那只需要他说一句话，有没有罪倒不重要。所以自己一定不能让皇上抓到任何把柄，要让皇上知道自己已是一个胆小怕事、安分守己的小民。于是连夜写了份奏章，把情况向皇上汇报了一遍。

皇上看完汤和的奏章，哈哈大笑，对太子朱标说道："你看看，我们当年英勇无比的汤大帅，现在竟然变得婆婆妈妈，这点小事还向我呈个奏章。不过，如果我们的开国功臣都像汤帅一样安安稳稳地过日子该多好，那样我就放心多了。"朱元璋很高兴汤和已经变成了温顺的百姓，同时也对李善长的大兴土木深恶痛绝。

不久，李善长小妾的哥哥丁斌因仗着李善长的势力胡作非为，以致伤了别人性命，获罪入狱。不知危险即将来临的李善长在小妾的怂恿下，向官府施压，命他们放了丁斌。恰好此事又被盯着李善长的锦衣卫报告给了朱元璋。

朱元璋听说此事，万分愤怒，骂道："好你个李善长，你凭什么让我的官员放人？如不杀你，天理何存！"于是命人把丁斌押解进京，朱元璋准备亲自审理他。

丁斌在朱元璋的暗示下，招出李善长与胡惟庸往来密切，并密谋造反。随后，在暗示下，李善长的几个家仆也纷纷告发李善长和胡惟庸的阴谋，并说李善长向汤和借兵三百是想试探汤和的态度如何，看有没有可能拉拢汤和共举大事。一时间，诸文武纷纷参奏李善长。

朱元璋眼看时机成熟，于是下旨把李善长打入大牢，听候处置。

太子朱标求情道："父皇，自古以来治天下者无不以德治国。请问父皇如今你杀罚如此重，今后还有谁肯出来做官呢？李相国为我大明开国第一贤才，如果你杀了他，只怕会令天下士子们心寒啊！"

"标儿，你怎么不明白呢？我杀了这么多人，无非是想交给你一个安稳的大明王朝。你性格软弱，这满朝的功勋们你如何驾驭得了？"如今我把他们都给你除掉，我才放心把朱家的基业交给你啊。"朱元璋不是不知道杀罚太重群臣思变，只是面对这么一个仁弱的太子，他也没有更好的选择。

这日早朝，御史进言道："皇上，昨夜臣夜观天象，发现西南有流星陨落。据史书记载，这预示着有大臣即将获罪身亡。"

朱元璋立即起身道："看来连天都难容下李善长。"群臣立即附和。

于是在洪武二十三年（1390），朱元璋下旨，说李善长身为皇亲国戚，明知胡惟庸想谋反，竟然不举报，真乃罪大恶极，大逆不道，命将其兄弟二人两家共七十余人全部处死。

走在刑场的路上，77岁的李善长终于明白过来，皇上无论如何是不会放过自己的，他会找出各种理由置自己于死地。可惜，这些道理李善长在锦衣玉食的生活中是不能体会到的。同时，李善长也不禁佩服起朱元璋来。他心想如果自己当了皇帝，也难以容下一个像自己这样的李善长的存在。

李善长虽被小心翼翼地处死，但它引起的余震仍远远超出了朱元璋的想象。太子的话没错，李善长的死震动了满朝的士子。一年后有人替李善长上书喊冤，其意大致为：李善长对皇上忠心耿耿，出生入死帮皇上得了天下，论功应排在首位。况且李善长又是皇亲国戚，说他谋反，证据不足，说他要辅佐胡惟庸，则大错特错。李善长贵为开国第一功臣，即使助胡惟庸得了天下，胡惟庸又能给他什么呢？说流星陨落要杀大臣以应天象，则更不可取。臣害怕天下人听说此事，说李善长立下如此功劳却落得如此下场，以致人心离散。现在李善长已经死了，说这些也没什么意义，只盼皇上您能引以为戒，以鉴将来。

谋反不容，蓝党冤狱空余恨

胡惟庸一案被牵连的人全部被处死后，朝野之上人心惶惶。可当人们还没等喘过气来时，新的"大屠杀"又来了。朱元璋原本寄予全部希望的年仅38岁的皇太子朱标，于洪武二十五年（1392），一病身亡。这对于65岁的朱元璋来说，不啻当头一击。他左右权衡，最后选定了16岁的皇太孙朱允炆为接班人。朱元璋担心皇太孙势孤力单，便下定决心再进行一次大清洗。这就有了蓝玉案。

蓝玉，凤阳定远人，洪武后期的主要将领，多次领兵打击元朝残余势力，在明朝统一中国的过程中做出了重要贡献。

他是常遇春妻弟，隶属常遇春手下，作战勇敢，所向披靡。常遇春在朱元璋面前经常夸奖他，因此被朱元璋器重，起先叫他管军镇抚，后升武德卫千户，不久改任亲军千户，积功至武德卫指挥使。

洪武二年（1369），常遇春北征开平，暴死在南归的途中。当时的政治形势是：平定了中原与东南，但元朝势力仍据守北方广大地区，甘宁一带常与明廷有战事，夏的割据势力占领四川，云南梁王忠于北元，誓不附明。洪武三年（1370），蓝玉被擢为大都督府佥事，从而进入了明朝的最高军政机构。次年，朱元璋派傅友德、汤和领水陆军伐蜀，蓝玉跟从傅友德，经过几战，夏主明升（明玉珍子）投降，使元末形成的最后一个割据政权得以平定。

扩廓帖木儿（王保保）也在元末的政治军事舞台上异常活跃，这时退入西北，徐达曾和他展开过激烈战斗，但未将其击垮，所以还经常会由西北方面对新建立的明朝滋事进犯。洪武五年（1372），朱元璋命徐达、李文忠、冯胜统兵去讨伐，徐达出中路，都督蓝玉为前锋，在山西境内的野马川，将其游骑击败，再进败王保保于土剌河。但王保保后退拒明军于岭北，明军再攻失败，死伤有一万多，只好退兵。两年以后，蓝玉再度领兵北击，攻下兴和，俘获一些残元要人，却只是解除了眼前的威胁，并未从根本上清除。洪武八年（1375）扩廓帖木儿死去，基本消除了从西北方面对明构成的威胁。

洪武十一年（1378），蓝玉等率兵出征甘、青，次年获胜。朱元璋命置洮州卫，设官领兵驻守。还师以后，蓝玉被封为永昌侯，食禄二千五百石，从而成为明初新贵。

大体平定甘、青以后，朱元璋向西南和东北遣兵，在这些战争中蓝玉发挥了很大作用。云南梁王在灭掉匝剌瓦尔密以后，顽冥不化，始终不接受明朝招降，最后竟然杀掉了明使，为此朱元璋决定派兵征讨。洪武十四年（1381）九月，作为左副将军的蓝玉，跟右副将军沐英一起，和征南将军傅友德率三十万兵征讨云南。"自九月朔出师，迄下云南，仅百余日"。次年闰二月，蓝玉、沐英率兵西攻大理，再次

获胜，其他的民部地区被招抚。奉诏班师后，蓝玉因功加禄五百石，他的女儿被册封为蜀王妃。

朱元璋是在马背上得到的天下，所以他一向很重视对军权的掌握。开国以后，朱元璋陆续剥夺了许多旧将的兵权，让自己的几个儿子直接掌握。对那些在外带兵打仗的将领，朱元璋则把他们的妻儿家眷接到京城。名义上是保护这些将领的家眷，实际上则是把他们扣留在京城当做人质。

其实在完成对开国老将的"清理"之后，该死的已经都死了，活着的也都知趣地躲得远远的，对朝廷已经构不成威胁。可是有一人却始终让朱元璋不能放心，这个人就是蓝玉。他带兵多年，在军中威望甚高，而且现在拥有兵权。

在开国以前，蓝玉就已经战功赫赫，开国以后更是南征北战，几经生死。蓝玉的军队纪律严明、作战勇敢、所向披靡，敌人只要听说是蓝玉的部队到了，都不战先怯，有的甚至望风而逃。蓝玉也从当初的侯爵变成了如今的凉国公。蓝玉性格豪爽，喜欢结交朋友，光干儿子就有几百个，具体有多少连他自己也记不清了。

树大则必然招风，本来蓝玉带兵多年，朱元璋就对其不放心，圣恩之下蓝玉又昏了头脑，变得飞扬跋扈起来。朱元璋每想起徐达临死之前那个生日上蓝玉的表现，就火冒三丈，还没有谁敢对他朱元璋如此无礼过。

这一日，刑部递上来一道奏章。说定远有一人当街行凶，官府派人前去捉拿，没想到那人竟派来家丁抵抗，打死官府数十名兵士。朱元璋看完了奏章很是纳闷，于是便招来刑部侍郎询问。

"你说说看，我大明律法如此严格，却为何还有这般刁民如此霸道？"朱元璋实在不解。

"皇上，臣之所以把这案子呈上圣裁，就是因为它太棘手了。"刑部侍郎说道。

"这是为何啊？"朱元璋更加不明白了，这案子虽说性质恶劣，但极为好判，确实用不着呈给我啊。

"皇上您注意到没？这件案子发生在定远，定远是凉国公蓝玉的家乡，这案件中行凶之人正是蓝玉的义子。蓝玉维护手下义子是出了名的，臣怕处理不当会引起凉国公的不满，所以才交给皇上裁决。"刑部侍郎说道。

"蓝玉好大的胆子。他的义子犯案你们都不敢办，那要是他蓝玉自己犯案呢？朕令你把蓝玉这个义子缉拿归案，斩立决。蓝玉要是敢横加阻拦，你就让他来找我。"朱元璋道。

刑部办案效率还真高，不几日便擒获蓝玉那个行凶的义子。但他们并没有按皇上说的那样斩立决，而是擒获后立即差人通知了蓝玉，并告诉蓝玉要求情得去皇上那里。

蓝玉是个极讲义气之人，得知后立即前去向皇上求情。

"皇上，末将请求皇上放了我这义子。"蓝玉开门见山。

"蓝玉，你好大的胆子。你这义子行凶伤人，还打伤官兵。我还没追究你管教不严之罪，如今你却还敢来替他求情！"皇上激动地说道。这蓝玉胆子也真是大。

"皇上，我这义子虽然行凶伤了人，但他在战场上可是勇猛无比。攻打云南时，我因不慎被敌箭所伤，是他杀出一条血路把我救回军中，攻打北元时他更是失去一臂。他可是为大明江山立下大功的人啊。"

朱元璋越听越生气，就算你有了功劳，你就可以胡作非为了？义子尚且如此，你蓝玉还不知猖狂到什么程度。本想下令立即处决蓝玉这义子，可转身一看却看到了蓝玉那双坚毅的眼睛。朱元璋很快想到，对付蓝玉这种骄兵悍将绝不能以暴制暴，得动点心思。

于是朱元璋立即变得和颜悦色起来，对蓝玉说道："蓝玉啊，我念在你陪我多年南征北战的分儿上，今天就答应了你的要求。但你以后可要好好管教你的这些义子，下次再犯，定斩不饶。"

蓝玉立即跪地谢恩，说道："多谢皇上，我就知道皇上不会杀了他的。"

其实，这个时候的朱元璋已经决定要除去蓝玉了，他继续问道："都说你蓝玉带兵百战百胜，你可有什么秘诀啊？"

　　蓝玉本就是个骁勇之人，根本不懂得揣摩人心理，便完全放松了对皇上的警惕，笑道："皇上，末将带兵之所以攻无不克、战无不胜，主要是因为末将的军队纪律严明，将士们绝对服从命令。"

　　"那你说你战无不胜，现在如果把你的军队平分我一半，你认为我们谁会赢啊？"朱元璋开玩笑似的说道。

　　"皇上，不是末将夸口，如果真如你所说，那败的那个人肯定是皇上。"蓝玉极为自信。"是吗？还没打，你怎么就那么自信你一定能赢？"朱元璋不解地问道。

　　"皇上有所不知，末将的军队只会听从末将的调遣。皇上你的命令，恐怕他们也未必肯听。"蓝玉自豪地说道。

　　"是吗？那我真要好好见识一下。"朱元璋将信将疑，同时蓝玉的话也勾起了他的好胜心。他决定要亲眼看看蓝玉的军队到底有多厉害。

　　第二天一早，在蓝玉的陪同下，朱元璋早早便来到了点将台。台下早已集结了若干士兵，他们一字排开，个个精神抖擞，枪明戟亮。一阵鼓声之后，蓝玉高居点将台挥动手中军旗。再看台下的那些士兵，无论怎样左右游走，前冲后突，阵形丝毫不乱。朱元璋看了心中不禁暗叹，怪不得蓝玉的军队谁见谁怕。蓝玉带兵果然不同凡响，自己亲自训练也不过如此。

　　操练完毕，蓝玉又领着二十多人来见朱元璋。"皇上，这几个都是我蓝玉的义子。看看不错吧？上了战场，他们个个可都是骁勇无比啊。"蓝玉笑道。

　　朱元璋忽然想起昨天蓝玉曾说起他蓝玉的军队只听蓝玉的命令，今天刚好见证一下这话的真假。于是对蓝玉的义子们说道："诸位将军都是好样的，你们为我大明的江山出血流汗，我不会亏待你们的。你们先退下，我和蓝将军还有些话说。"

　　等朱元璋说完，再看蓝玉的义子们却丝毫没有动静。蓝玉也觉察出了不对，连忙大声说道："退下！"

　　众义子得令，赶忙退到一旁。蓝玉赶紧向皇上说道："皇上莫怪，这些将士听惯了末将的命令，一时不慎，还请皇上恕罪。"

"哈哈，看来我如果分你一半军队，果真和你交起手来，那我必败无疑啊！"朱元璋佯笑道，心中却是暗惊。这蓝玉的军队果然只听从他蓝玉的命令，有朝一日蓝玉若反，那可是太危险了，便更加坚定了要除掉蓝玉的决心。

洪武二十六年（1393），锦衣卫指挥蒋献告蓝玉"谋反"，说他与景川侯曹震等公侯企图趁朱元璋出宫举行"藉田"仪式时，发动兵变。

于是，刑部在朱元璋的暗示下开始网罗蓝玉的"罪证"。当初乡里的一个染匠张仁孙供到，他们出征回家，前去拜见蓝玉，蓝玉对他们说，要举兵反明，让张仁孙等备好兵器，准备接应，如日后事成，都封他们大官。

一时墙倒众人推，状告蓝玉谋反者每天都络绎不绝。

在如山的"事实"和大刑面前，蓝玉不得不承认准备伙同景川侯曹震、鹤庆侯张翼、吏部尚书詹徽等在皇上举行"藉田"仪式时发动兵变，刺杀皇上，趁机谋反。

"我冤啊，我要见皇上。皇上最清楚我了，是你们私用大刑我才不得不招的。"蓝玉狱中一直不停地在喊。

吏部尚书詹徽喃喃自语道："古往今来，冤死的人比活着的还要多。欲加之罪，何患无辞。君要臣死，臣不敢不死，只可惜我们临死才能真正明白这个道理啊。"

"朱元璋，你这个小人！我出生入死替你打天下，如今你坐稳了天下，就把我送进这大牢里来。老天不公啊！"蓝玉喊道。

朱元璋怕在行刑的路上出现差错，命人在狱中处死蓝玉，并灭其九族。

蓝玉一案牵涉一公、十三侯、二伯，连坐、族诛达一万五千人，史称"蓝狱"。朱元璋牢牢掌握了朝廷的军政大权，为了彰显君威，震慑世人，朱元璋特地下手诏，颁布了《逆臣录》，这一年朱元璋66岁。

胡惟庸案和蓝玉案被后世合称为"胡蓝之狱"。至此，朝廷之上的功臣们几乎被斩杀殆尽。

蓝玉死后，洪武二十七年（1394）十一月，朱元璋又找借口杀了

宋国公冯胜，二十八年（1395）二月，又杀了颍国公傅友德。这样，终洪武一朝，在明初开国功臣中，身为公侯而得以幸存的人仅有长兴侯耿炳文、武定侯郭英二人。

剥皮实草，惩治贪官不留情

朱元璋年轻时讨过饭，当过和尚，亲眼看到各地官吏贪赃枉法，欺压百姓，元朝朝廷放任不管，弄得民怨沸腾，到处揭竿而起。他深深懂得"官逼民反"的道理。他从元朝的灭亡中总结出一条经验，他说："元朝因宽容放纵贪官污吏，把江山丢掉了，如今我得了天下，若不用严刑峻法便不足以矫正积弊！"

在朱元璋看来，平民求的是安居乐业，饱餐无疾，而知识分子的欲望就多得多，他们寒窗苦读，为的就是升官发财，光耀门楣，真正胸怀天下、刚正不阿的官吏是少之又少啊。所以，在明朝初年，朱元璋对政府的财政把控严谨，他以为掌控了各级政府的财政，就可避免官员们贪污。他惩治贪官有两大独特的方法：一是查处窝案，一是施行酷刑。

朱元璋规定，每年各府必须把财政收支账目上报给布政司，然后布政司上报给户部，一级一级上报，直到户部审核合格，同意报销，整个过程才算结束。如果万一有数字对不上，那整个报销册便作无效处理。各布政司还得重新填写，然后盖上原衙门的印章才能生效。各布政司离京城路途遥远，近的也有千里上下，一个来回就得几个月。

为了达到户部的要求，同时又能免去来回奔波之苦，各布政司官吏在来京时身上都带着盖过官印的空白文册。万一有什么地方不合格，他们就在这些空白文册上随时填写改正。对于这种情况，户部也很清楚，在他们看来这样做双方都省了不少麻烦，合情合理。

洪武十五年（1382），户部官员和地方官府相互勾结，先在空白报表上盖印，然后再私自填上不实的支出数额，以达到中饱私囊的目的。朱元璋得知此事后，即刻下令处死了各地衙门中掌印的所有长官；对副长官则杖刑一百，并发配边疆。朱元璋下诏，一切贪污案皆要根据线索逐层详查，直至将案情完全查清，把贪污者彻底肃清。

除了查处窝案，朱元璋惩治贪官的另一个特色便是施行"剥皮实草"等残酷的刑罚。实际上，在《大明律》中已有很多惩贪的规则，可朱元璋还是亲自编撰了《大诰》，并使其效力在《大明律》之上。

《大诰》里规定，凡是贪赃六十两银子以上的，都要被处以剥皮实草的刑罚。每个府、州、县及区所衙门左边的土地庙便是执行刑罚的地方，人们称之为"剥皮庙"或"皮场庙"。执行者将贪污的官吏押至那里后，先将犯官头颅砍下挂于旗杆上向众人展示；然后再将人皮剥下，用稻草塞满之；最后，将头颅放进皮场庙里，将人皮草人儿摆在衙门公座的一旁。

按照规定，新官吏上任的第一天要去皮场庙实地观看，并在里面休息一晚，以接受警示。此外，还有墨面文身、挑筋、挑膝盖、剁指、抽肠、割鼻子、阉割、凌迟、族诛等三十余种残酷的刑罚。到了后期，朱元璋发现贪官日益增多，便直接下诏，凡是贪污者，不管贪污多少、情节轻重，统统处死。

在惩治贪污方面，朱元璋向来声势猛烈、果敢迅速。

洪武十八年（1385 年），御史余敏、丁廷举告发北平布政使司、按察使司官吏李彧、赵全德等与户部侍郎郭桓及胡益、王道亨等人勾结舞弊、吞盗官粮事件。朱元璋接到告发，下令逮捕他们，令法司拷讯。因事情牵连到礼部尚书赵瑁、刑部尚书王惠迪、兵部侍郎王志、工部侍郎麦至德等，于是将赵瑁等人弃市。最后自六部左、右侍郎以下，郭桓等数百人都处以死刑，追赃粮七百万石。"犯人"的供词牵涉到各布政使司官吏，入狱被杀者又有几万人。追赃又牵涉了全国各地的

许多大地主和中等以上的地主，地主们破产的不计其数。总的来说，郭桓的罪状有以下两个方面：

一是收受地方钱钞。郭桓等人在收受浙西地区的秋粮时，应合上仓 450 万石。但郭桓只上缴 60 万石上仓、钞 80 万锭入库，按照当时来计算，可抵两百万石，余有 190 万石未曾上仓，郭桓等人收受浙西等府钞 50 万贯，致使府、州、县官黄文通等通同刁顽共同作弊。

二是分受夏税秋粮，归己所有。应天等五府州县有数十万亩没官田地夏税秋粮，官吏张钦等通同作弊，并无一粒上仓，与郭桓等尽行分受。

总共算来，郭桓等人侵盗官粮约 700 万石。其所盗仓粮，"以军卫言之，三年所积卖空"。

案件定罪后，三吴一带、浙东西帅区的一些富豪名门多受牵连。其案件株连人之广，打击面之大，是朱元璋万万没有想到的。许多地主和官僚纷纷上告，表示不满和恐慌。他们当然不敢申诉买卖官粮这一严重犯法行为是应该的、合法的，而是指斥、攻击、告发处理这起案件的御史和法官，并说"朝廷罪人，玉石不分"。于是一时间舆论沸腾，情势严重。朱元璋也觉得这个矛盾如继续发展下去，对自己的统治十分不利，于是下诏分析郭桓等人的罪状，一面又将原审法官右审刑吴庸等人处以磔刑，以平息众怨。并下令："朕诏有司除奸，顾复生奸扰吾民，今后有如此者遇赦不宥！"以此缓解同地主官僚的矛盾。

在治理贪污时，朱元璋更是从不避讳官高势大者和自己的亲眷，就算职位再高、与他的关系再亲近，他也绝对不会曲意纵容。

华云龙是开国元勋，只因为在北平私自占用了元朝丞相的居所，就被免了职；朱元璋的三女婿（即安庆公主的丈夫欧阳伦），不顾朝廷禁令私自倒卖茶叶且贪赃纳贿，他家的奴仆周保还指使地方官员从民间征调来数十辆车子，帮助其主子私自运送茶叶。后来此事被一个小官揭发，朱元璋执意依据国法处死了欧阳伦，杀死了周保，并下了一道通敕令，遣人给那个揭发此事的小官送去，称赞了他不畏权势的精神。

朱元璋为了彻底整治当时混乱的财务状况，用心总结经验教训，施行了一套新的管理方法。

其中，最重要的一条便是在做钱粮等财务记录时，把汉字里的数字"一、二、三、四、五、六、七、八、九、十、百、千"分别改写成"壹、贰、叁、肆、伍、陆、柒、捌、玖、拾、陌、阡"。这项措施在封堵财务管理漏洞方面的确发挥了十分重要的作用，并且开创了中国历史上记录金额使用大写数字的先河。

后来，人们在现实生活中渐渐把"陌、阡"两个字改写成"佰、仟"。直到现在，这些金额大写字还被应用于财务往来中。

朱元璋除了严惩贪官外，还很重视嘉奖廉洁的官吏，以匡扶正气、压制邪佞。

清正廉洁的济宁知府方克勤对百姓的生活十分关心。某年夏季土地干旱，农民们正抓紧时间抗旱种庄稼，但当地的官军却要把农民征去修城，方克勤忙恳求中书省将此项徭役取消了。他在济宁为官三年，使得"户口增数倍，一郡饶足"，可他却生活得清寒贫苦、俭省朴实。他的一件布袍穿了十年都没换新的，而且一天仅一餐有肉。三年之后，方克勤入宫朝见皇帝，朱元璋为了表扬其廉洁，专门赐宴给他。

著名的秀才罗复仁是弘文馆的学士，一日，朱元璋微服出行时，看到罗复仁的住所很破旧，不禁慨叹道："好秀才怎么能在这么破旧的房子里住呢?"即刻将一座新房子赐给了他。

历经二三十年的治理，明朝官场之风渐渐变好，地方官吏的作风和治绩日益清明，社会秩序逐渐稳定，经济也随之得到发展。

"空印案"和"郭桓案"这两起整治贪污的案件，在封建社会里，虽然说不能完全杜绝贪官污吏，但它对安定社会秩序、澄清吏治，毕竟起了一定作用，确实为贪赃枉法之人敲响了警钟。

但这两起大案打击面过大，也冤杀了不少好人，因为朱元璋定案时没有证据，只是凭自己的怀疑就定罪。近年来，有的学者认为，"空印案"纯属是个捕风捉影、定性错误的案件。

在案发的时候，湖广按察使佥事郑士元受到牵连，其弟郑士利曾

上书为之鸣冤，朱元璋没有听其申诉，把他和郑士元都罚到江浦去做苦工。被处死的清官方克勤，就是后来建文朝大臣方孝孺的父亲，老百姓歌颂他是"我民父母"。前面提到的郑士元，不但刚直而且有才学。任职期间，荆、襄卫所军队掳掠妇女，官吏都不敢过问，他找到卫所军官，叫他们把掳掠的妇女全都释放。安陆有冤狱，他冒着触怒御史台的风险，替他们上书平反。这两位能干的清官，都因"空印案"被牵连而死。

极端专制，特务机关锦衣卫

朱元璋罢丞相，是对一千多年中央政治制度的一次重大变革。不设丞相，六部直接将全国政务奏请皇帝裁决，实际上是皇帝兼行相权。据说朱元璋每天要看两百多份奏章，处理四百多件政事，相当辛苦。由此，专制主义皇权到了朱元璋手中得到了空前的加强，他也成为历史上最有权势的皇帝之一。

封建专制的加强最终还要依赖制度变更。在地方，洪武九年（1376），朱元璋下令撤销行中书省，设立承宣布政使司、提刑按察使司和都指挥使司，分掌行政、司法、军事权力，三者地位平等，互不统摄，向中央负责。

在中央机构的改革中，洪武十三年（1380），他借口胡惟庸谋反，说："自古三公论道，六卿分职，并不曾设立丞相。秦置丞相，不旋踵而亡。隋、唐、宋因之，虽有贤相，然其间多有小人专权乱政。"这就是朱元璋废除丞相的理由。丞相的职责"掌丞天子，助理万机"，丞相帮助皇帝治理天下，并负责处理日常事务。到了明代则废除了丞相

第六章 铁腕治国，兔死狗烹

一职，朱元璋的目的在于裁撤掌管天下行政中枢的中书省，实现了大权独揽。不设丞相，提高六部职权，分掌天下事务，直接向皇帝汇报。同时将掌管全国军事的大都督府一分为五，改为前、后、左、右、中五军都督府，分领所属都司卫所部队，但无权调兵。

从此，皇帝既是国家象征，又是政府首脑，拥有最高的、绝对的不可分割的权力，把封建独裁制度推上了最高峰。朱元璋之所以能够推行一些极端主义的政策，皇帝权力的绝对化是个保障。

为巩固明朝统治，朱元璋采取了一系列措施，除大力惩治贪官污吏外，还设置了锦衣卫，专门负责"察听在京大小衙门官吏不公不法及风闻之事，无不奏闻"。锦衣卫设立于1382年，与此后的东厂、西厂一起构成了中国历史上著名的明朝特务统治机构。明朝时，特务统治的恐怖气氛始终笼罩着中原大地，在锦衣卫和东厂、西厂残酷的刑罚下惨死的仁人志士更是不可胜数。朝廷起初设立这些特务机构是为了强化专政集权，没想到它们最后却成了乱政毁国的根源。

明朝初期的军队编制较简单，卫和所是基本单位，每卫约统辖正规军士5000人，卫的下面设立所，又分成千户所、百户所，京城的禁卫军统辖48处卫所。朱元璋于1382年决定对禁卫军进行改编，设立亲军卫12个，锦衣卫在其中最为重要。

朱元璋在抗元时期所设的检校组织是锦衣卫的前身，专门负责打探和启奏京内所有衙门官员违反公正、法纪的事以及通过传闻得知的事。明朝初期，朱元璋设立拱卫司作为皇帝侍从军事机构，统率校尉，从属于都督府。后来经过拱卫指挥使司、亲军都尉府、仪鸾司的演变，朱元璋于1382年春天废掉了仪鸾司，改设锦衣卫，其下设有指挥使、指挥同知、指挥金事、南北镇抚司及千户等五个职位。

为了强化中央集权统治，朱元璋令锦衣卫专门执掌刑狱，授予其巡察缉拿的权力。锦衣卫不必经过司法部门即可进行探查、缉捕和审讯活动，是直接隶属于皇帝的亲军卫中的一个。

指挥使为锦衣卫的首领，担当此任的通常是皇帝的心腹武将，较少由太监担当。"掌直驾侍卫、巡查缉捕"是指挥使的职责。锦衣卫

还负责掌管侍卫、排列仪仗及跟随皇帝出外巡视，同传统意义上的禁卫军大致上没有区别，其中较为有名的是大汉将军。事实上，他们仅负责侍立于殿中传达皇帝的命令，同时担任保护守卫工作，通常皆高大魁梧、底气充足、声音浑厚，表面上看去威武而严肃，可起到一定的威慑效果。

在南北镇抚司下面设有五个卫所，卫所的统领官叫做千户、百户、总旗、小旗，一般军士则叫做校尉、力士。在履行缉捕盗贼、奸佞的职责时，校尉和力士被称做"缇骑"。缇骑的数量少则一千人，多则有六万人。锦衣卫官校大多由民间挑选出的强壮勇武、没有前科的百姓来充当，然后依靠才干与资历一级一级上升。

另外，锦衣卫的官职还准许世代承袭。锦衣卫最突出的特征便是穿的官服为金黄色，寓意其权力很高，这种官服叫做"飞鱼服"。同时，锦衣卫还有一个特点，那就是随身佩带着绣春刀。

作为明朝建立初期的皇帝，朱元璋和朱棣因其卑微的出身，对皇权的维护欲望超过了任何朝代的帝王，因此造成锦衣卫"巡查缉拿"的职能被无限扩大。

明初锦衣卫

最初，锦衣卫的职责仅限于探查各类情报、监视各级官吏、办理皇帝交办的案件。后来，为了巩固自己的皇权，也为了替后世子孙消除隐患，朱元璋毫无顾忌地杀害有功之臣，而刑部、大理寺、都察院等传统的司法机构却让他感觉调配起来多有不便。

因此，朱元璋提升了锦衣卫的保卫作用。南北镇抚司是承担侦缉刑事任务的锦衣卫机构，而其中的北镇抚司可以传递并处理皇帝亲自

审定的案件，可以设置自己的监狱，也就是诏狱，无需经过普通司法机构便能自行缉捕、审讯和处理决断。

根据明史所载，当时锦衣卫共有 18 种经常使用的刑具，如夹棍、脑箍、拦马棍、钉指等，杖刑也是其中的一项刑罚。锦衣卫在施行杖刑时很有讲究，若是行刑官仅说"打着问"，是说让执刑者不要打得过重；若说"好生打着问"，就是让执刑者打重一些；若说"好生着实打着问"，就是让执刑者不管犯人死活重重地打。通常情况下，凡是被逮进去的罪犯，皆得把 18 种刑具尝一遍。

"执掌廷杖"是锦衣卫的另一项重要职能。从明朝开始施行的廷杖制度是一项为了彰显皇帝威势和权力的残酷刑罚，是指皇帝用杖刑责罚犯颜上谏或者有过错的大臣。被下令施行廷杖的官吏会被脱去官服，然后反绑起双手押到午门受刑。不论是对受刑者的肉体还是心灵来说，廷杖之刑皆是很严重的伤害，而明朝皇帝却沉浸其中，自得其乐。

朱元璋在位期间，被廷杖致死的官员包括公侯朱文正、朱亮祖及工部尚书薛祥等。

职能被无限扩大以后，锦衣卫便遵照皇帝之意暗地里探查军情民心，所有不利于皇帝的言论都逃脱不了他们的眼睛和耳朵。那些对他们表露出不满情绪的人都有可能会被抓走，凡是被他们抓走的人都很难活着回来。

某些指挥使野心勃勃、心狠手辣，他们常常通过职务的便利挑起事端，一方面排除、压制异己，一方面也能当做个人晋升的资本。例如，成祖时的纪纲、英宗时的逯杲、武宗时的钱宁等人在各自执掌权力期间，不论是宰相藩王还是普通民众皆受到他们的监视，稍违背他们的命令便会家破人亡。

当时，整个国家都被一片恐怖的气氛笼罩着。北镇抚司大牢可谓臭名远扬，里面关押了众多清白无罪之人。死在锦衣卫残酷刑罚下的正义人士更是不可胜数。

更恐怖的是，这种肆意缉捕的现象几乎贯穿于明朝的始终，并破坏了皇帝和官僚机构间的关系，导致皇帝和文武百官、百姓、军队无

法同心同德。因此有人认为，明朝并非亡于流寇，而是亡于厂卫。除了享有很多特殊权力以外，锦衣卫还占有大量田地。直至宪宗执政时期，锦衣卫的权势才渐渐减弱。

历史上虽然也有像袁彬、牟斌那样耿直公正的指挥使，可是纵览明朝的锦衣卫，其主要职能仍是为明朝的极端专制统治做帮凶。由于锦衣卫的存在，明朝皇帝在压迫和限制士大夫阶层及普通百姓时就更加随心所欲了。然而，这样做的代价却是在很大程度上降低了社会活力，这也是拥有两百余年历史的明朝在政治和经济制度上不但没有什么进步，反而有所倒退的根本所在。

朱元璋的改官制，设立锦衣卫，都是为了更好地实现君主集权专制，让一切权力都归于皇帝之手。这一次的改革，进一步加强了秦、汉以来的专制主义中央集权。

文人末路，文字狱后万物枯

明初洪武年间，中国封建文化专制主义发展迅速，明太祖朱元璋利用手中的政治权力，对思想文化进行粗暴的干预，对当时和后世的社会发展产生了严重的消极影响。

明朝之初的文人士大夫可以分为四类：一是元朝遗民；二是元末战乱中曾为其他集团服务的人士；三是追随朱元璋的士人；四是隐居不出的士人。

历来新王朝建立后对于前朝遗民大多采取优惠态度，这是用以显示本朝的宽大和实行孔子的"忠恕之道"的。朱元璋却不同，《明朝小史》记载："帝既得天下，恶胜国顽民，窜人淄流，乃聚数十人，掘一泥坑，特露其顶，而用大斧削之。一削去头数颗，名曰'铲头会'。"这种残忍的杀人方法古今少见。

对于第二类人比对元朝遗民还要严酷。在元末群雄逐鹿之中，吴中四士——高启、杨基、张羽、徐贲都曾是张士诚的座上客，杨、徐还做过张士诚的官。后来，这四人都曾出仕明朝，但是没有一个有好下场。高启诏修《元史》后，授翰林编修，乞归。后因为苏州知府魏观建知府衙门时写"上梁文"而被腰斩。杨基入明曾官山西按察使，被谗削职，罚作劳役，死于工所。张羽入明曾官太常丞，因事被流放岭南，自投龙江而死。徐贲入明曾为给事中后任河南左布政使，后因犒军不时，下狱死。

明初面临的社会矛盾很多，而在统治阶级内部矛盾中，一部分旧地主阶级文人拒绝与新的王朝合作，由此引发朱元璋制造文字狱。这些文人仇视造反起家的朱元璋，如贵溪儒士夏伯叔侄，斩断手指，立誓不做官，当面骂明太祖"红寇"，后被送回原籍处死。

有的文人谢绝新朝的征召，实在无法推脱的，即使勉强来到南京仍不接受官职。如浙江山阴人杨维桢、江阴王逢就是如此。也有一些曾经在元朝或东吴做官的文人，却坚决不做明朝的官，如回族诗人丁鹤年、山阴的张宪、长乐的陈亮、庐陵的张昱等。一些封建文人对朱元璋的统治不满，朱元璋则在文字上找毛病，牵强附会，吹毛求疵，兴起文字狱，以打击这部分不合作者，树立他专制君主的权威，强化刚建立的王朝统治。

自从秦代焚书坑儒之后每代的文人士大夫都有因为思想、文字而遭受迫害的，但以明代的洪武，清代的雍正、乾隆三朝最为严酷。如果就此三朝而言，清代的"文字狱"中的有些个案从清政府的立场来说不完全是冤案，而洪武时的案子大都是冤案，因为这些"文字狱"绝大部分是地方官吏在年节或某个喜庆的日子向皇帝敬上祝贺的表章里的文字触犯忌讳所导致的。这些地方官吏的初衷都是要歌颂皇帝的，其所用的文字也都是要歌颂的。但是他们不懂得皇帝的忌讳，才自蹈死地。

朱元璋出身寒微，当过和尚，于是"光""秃"这类字词是最忌讳的，甚至也不能讲"僧"字。再加以推广，连同"僧"的同音字"生"也犯了忌。早年朱元璋参加了红巾军起义，当时元朝官吏及地主均称红巾军为"红贼""红寇"，被骂作"贼""寇"是朱元璋最痛恨的了。于是与"贼"字形相同、音相近的"则"字，也不许再提。

逢年过节或朱元璋的寿辰及其他皇家喜庆的日子，地方三司官和知府、知县、卫所官员，都要上表祝贺。学校的先生一般会代作祝文，满是歌功颂德之词，朱元璋很喜欢读。

从渡江到开国，文人起了很大作用，所以太祖认为要治国就要重用文人，世乱用武，世治宜文。有人指出：文人好挖苦毁谤。例如张士诚宠信文人，文人在他当王爷后，用"士诚"唤他，孟子云：诚小人也，可读成："士诚，小人也。"朱元璋还真相信了这些话，开始怀疑有些人用"僧""贼"等字在骂他。

随着统治阶级内部矛盾的发展，朱元璋对文人运用文字攻击他更加猜疑，于是便挑剔文字，将所谓犯忌的文人治罪或杀戮，洪武朝的文字狱便愈演愈烈。如浙江府学教授林元亮在为海门卫官作"谢增俸表"中有"作则垂宪"的话；北平府学赵伯宁给都司作的"贺万寿表"中有"垂子而作则"一语；福州府学训导林伯璟为按察使撰"贺冬至学"的"议则天下"；澧州学正孟清为本府作"贺冬至表"的"圣德作则"；桂林府学训导蒋质为布按二使作"正旦贺表"的"建中作则"，朱元璋把其中所有的"则"都念成"贼"，将他们一一治罪处死。常州府学训导蒋镇为本府作"正旦贺表"，内有"睿性生知"，朱元璋又将"生"字念作"僧"；怀庆府学训导吕睿为本府作"谢赐马表"中有"遥瞻帝扉"，将"帝扉"又读成"帝非"。这两个人也被处死。祥符县学教谕贾翥为本县作"正旦贺表"中有"取法象魏"，"取法"被朱元璋读作"去发"；亳州训导林云在为本州作"谢东宫赐宴笺"中有"式君父以班爵禄"一句，"式君父"被念成"失君父"；尉氏县教谕许元在为本府作"万寿贺表"中有"体乾法坤，藻饰太平"八个字，朱元璋将其中"法坤"认作"发髡"，"藻饰太平"看做"早失太平"；德安府训导吴宪在为本府作"贺立太孙表"中有"天下有道，望羽青门"两句，"有道"被看做"有盗"，"青门"被疑指和尚庙，于是朱元璋下令一律将他们处死。杭州府学教授徐一夔在贺表中有"光天之下，天生圣人，为世作则"。朱元璋大怒说："生者，僧也，骂我当过和尚。光，是薙发，说我是秃子。则即贼，骂我做过贼。"礼部官员左右为难，整日提心吊胆，只得求皇帝降一道表式，使臣民们遵守。洪武二十九年（1396），翰林院学士刘三吾、在春坊右赞善王俊华受命撰庆贺谢恩表式，颁布天下诸司，今后再碰上庆贺谢恩，如式录进，照规定表式抄录，只把官职姓名填在上面就可以了。

苏州知府魏观把知府衙门建在原张士诚的宫殿遗址上，被人告发，又发现新房上梁有"龙蟠虎踞"四个字，被朱元璋下令腰斩。金事陈养浩写诗"城南有嫠妇，夜夜哭征夫"，朱元璋恨他动摇士气，把他扔进水中溺死了。印度高僧释来复告辞回国，行前写了一首谢恩诗，诗中有两句："殊域及自惭，无德颂陶唐。"意思很明显，他生在异国（殊域），自惭不生在中国，觉得自己还没有资格歌颂大皇帝。但朱元璋的解释不同，他说："殊，明明指我'歹朱'。无德，明明指我没有品德。"于是释来复从座上客变为阶下囚，处斩。状元张信受命训导诸王子，以杜诗"舍下笋穿壁"四句为字式，朱元璋大怒，说堂堂天朝，却如此讥讽，下令腰斩。京师上元夜，市民以隐语相猜，有人画一赤脚妇人，怀抱西瓜，朱元璋微行见此，认为这是影射其淮西夫人马皇后，又命军士杀了很多居民。洪武朝的文字狱从个人禁忌发展到广义的禁忌，洪武三年（1370）发布了禁止小民取名用天、国、君、臣、圣、神、尧、舜、禹、汤、文、武、周、秦、汉、晋等字的禁令。

洪武二十六年（1393）又出榜文禁止百姓取名用太祖、圣孙、龙孙、黄孙、王孙、太叔、太兄、太弟、太师、太傅、太保、大夫、待诏、博士、太医、太监、大官、郎中字样。民间已习惯的称呼也要更改，如医生不许称太医、大夫、郎中，违者处以重刑。

朱元璋用严酷的刑法，先后杀了十几万的文人学士及相关联的亲朋好友。被诛杀的主要是国公、列侯、大将、宰相、部院大臣、

诸司官吏、州县胥役、进士、监生、儒士、文人、学者、僧、道和一般地主。

明初著名诗人袁凯曾以《白燕诗》闻名于时，入明，以荐授御史。当时明太祖朱元璋审完一些案子，常把这些案子的档案及量刑结论给太子看，太子往往予以减刑。朱元璋问袁凯："朕与太子孰是？"袁凯谁也不好得罪，只好说"陛下之法正，东宫之心慈"。朱元璋认为他老奸巨猾，首鼠两端，一度下狱。释放后，他感到做朝臣的艰难，又没有理由回归乡里，于是装疯，仆地不起。太祖派人用木钻钻他，他也忍住不动，被视为真疯。这样才被放归家乡。后来朱元璋又曾派使者到他家侦查，他当着使者的面唱《月儿高》小曲，吃狗屎，这样才幸逃一死。

文人士大夫要生存非得彻底去掉面子、泯灭自尊不可，连求生都如此艰难，更不要想追求历代儒者所倡导的文人士大夫应该具备的风骨了。文人士大夫只有彻底变成软体动物才能在这样的社会里生存，这不仅使文人士大夫优良传统中断，也导致了全民道德水准的下降，因为知识阶层的道德水准不单纯是他们自己的事，它关系着整个社会。

朱元璋还首倡以八股文取士，使明代无数知识分子摇头摆尾，死攻八股，至死不悟，"范进中举"就是最鲜明的写照。

这种以八股取士的制度，可以说吸收了秦始皇焚书坑儒、汉武帝独尊儒术、唐太宗开科取士思想的精华，达到了登峰造极的地步。此类观点，古来有识之士多有论及，顾炎武说："八股之害，等于焚书，而败坏人心，有甚于咸阳之郊所坑者但四百六十余人也。"

可以说，阉割中国知识分子之思想最为锋利的利刃莫过于明清时期的八股取士制度。八股文的题目限制在《四书五经》的范围内，要求士子代圣人立言，用古代圣贤的思想和口吻，不得越雷池一步，在形式上必须按照一定格式和字数填写，毫无自由发挥的余地。明清八股取士制度延续数百年，而今人却很少看到他们的八股文，是因为八股文的唯一用途就是考科举，此外无论公私文书、文史论著、抒情、叙事、说理等，都不可能采用八股体裁。明清一整套苛酷、烦琐而又等级森严、集中体现出专制政治全部精神的科举制度，最主要的功能就在于奴化、禁锢知识分子，使社会的这部分最活跃的精英力量萎缩、沉沦，他们被囚禁在程朱注疏、八股章句的枷锁中，战栗在文字狱和科场案的屠刀下，挣扎攀爬在从童生、秀才到举人、进士的层层阶梯上，根本就丧失了唐宋以前知识分子阶层的魄力和自主精神。

明洪武二十九年（1396），长达十三年之久的文字狱告一段落。

朱元璋推行的文化专制主义，如果说对当时巩固朱明王朝的统治曾起过一些积极作用的话，那么社会的负面影响却是巨大的。朱元璋以严酷的文忌文风禁锢思想，钳制言论，不许臣民议论朝政得失，只许歌功颂德，否则刀剑加之，身首异处。明初的文字狱，制造了许多冤案、错案，许多官吏和知识分子被诛杀，不仅削弱了明王朝的统治力量，而且在统治集团内部产生了巨大的离心作用。官吏文人中有许多人担心犯禁触忌，只得不谈政事，整日三缄其口，朝政因此日趋腐败。